Curar o ressentimento:
o mal da amargura individual, coletiva e política

© Éditions Gallimard, 2020
© Bazar do Tempo, 2023

Todos os direitos reservados e protegidos pela Lei n. 9.610, de 12.2.1998.

É proibida a reprodução total ou parcial sem a expressa anuência da editora. Este livro foi revisado segundo o Acordo Ortográfico da Língua Portuguesa de 1990, em vigor no Brasil desde 2009.

Edição ANA CECILIA IMPELLIZIERI MARTINS
Coordenação Editorial MEIRA SANTANA
Tradução MILENA P. DUCHIADE
Copidesque ELISABETH LISSOVSKY E JULIANA COSTA BITELLI
Revisão GABRIELLY ALICE DA SILVA
Projeto gráfico e capa BLOCO GRÁFICO
Assistência de design LÍVIA TAKEMURA E STEPHANIE Y. SHU
Acompanhamento gráfico MARINA AMBRASAS

Imagem de capa JUDITH LAUAND (*Sem título*, 2000)

CIP-BRASIL. CATALOGAÇÃO NA PUBLICAÇÃO
SINDICATO NACIONAL DOS EDITORES DE LIVROS, RJ

F633c
Fleury, Cynthia, 1974–
    Curar o ressentimento : o mal da amargura individual, coletiva e política / Cynthia Fleury
    Tradução: Milena P. Duchiade
    1ª ed. Rio de Janeiro: Bazar do Tempo, 2023.
    232 p.; 23 cm.

Tradução de: *Ci-gît l'amer : guérir du ressentiment*
ISBN 978-65-84515-40-6

1. Ressentimento – Filosofia. 2. Ressentimento – Aspectos políticos. I. Duchiade, Milena P. II. Título.

23-82947   CDD: 152.46
                   CDU: 159.942.5:32

Meri Gleice Rodrigues de Souza, Bibliotecária, CRB-7/6439

Rua General Dionísio, 53, Humaitá
22271-050 – Rio de Janeiro – RJ
contato@bazardotempo.com.br
www.bazardotempo.com.br

CYNTHIA FLEURY

CURAR O RESSENTIMENTO

o mal da amargura individual,
coletiva e política

Tradução
Milena P. Duchiade

I

O AMARGO
O que vivencia o ser do ressentimento

13 Amargura universal
14 O indivíduo e a sociedade diante do ressentimento:
o ronco da ruminação
16 Definição e manifestações do ressentimento
18 Inércia do ressentimento e ressentimento-fetiche
21 Ressentimento e igualitarismo: o fim do discernimento
24 A melancolia na abundância
27 O que Scheler ensinaria ao cuidado
29 Feminilidade do ressentimento?
30 O falso *self*
31 A membrana
33 A confrontação necessária
34 O gosto da amargura
35 Melancólica literatura
36 A multidão dos seres falhos
40 A faculdade do esquecimento
43 Esperar do mundo
46 O trágico do *thiasus*
48 A grande saúde: escolher o Aberto, escolher o Numinoso
51 Continuar a se espantar com o mundo
54 Felicidade e ressentimento
56 Defender os fortes contra os fracos
58 Patologias do ressentimento
62 Humanismo ou misantropia?
64 Lutar contra o ressentimento por meio da análise
65 Devolver o real valor ao tempo
67 Dentro da contratransferência e da terapia analítica
73 Em busca das fontes do ressentimento, com Montaigne

76 Notas

II

FASCISMO

*Em busca das fontes psíquicas
do ressentimento coletivo*

89   Exílio, fascismo e ressentimento: Adorno, I

95   Capitalismo, reificação e ressentimento: Adorno, II

98   Conhecimento e ressentimento

102   Escrita constelar e estupor: Adorno, III

106   A insinceridade de uns, a habilidade de outros

108   O fascismo como peste emocional: Wilhelm Reich, I

111   O fascismo em mim: Wilhelm Reich, II

122   Leituras historiadoras e psiquismos contemporâneos

129   A vida como criação: o Aberto é a salvação

131   A hidra

137   Notas

III

O MAR
Um mundo aberto ao homem

145	A declosão segundo Fanon
151	O universal sob o risco da impessoalidade
158	Cuidar do colonizado
162	A descolonização do ser
165	Restaurar a criatividade
169	Terapia da descolonização
174	Um desvio por Cioran
177	Fanon terapeuta
181	Reconhecimento da singularidade
186	Saúde individual e democracia
189	O golpe contra a linguagem
193	Dos recursos ao ódio
196	O *mundus inversus*: conspiracionismo e ressentimento
200	Em busca da expansão do Eu, I
202	O que a separação significa
204	Em busca da expansão do Eu, II: a democracia, sistema aberto de valores
207	O homem do subterrâneo: resistir ao abismo
219	Notas
229	Obras de Cynthia Fleury

Há aqui uma decisão, uma escolha, um axioma: esse princípio intangível, essa ideia reguladora de que o homem pode, o sujeito pode, o paciente pode. Não se trata nem de um desejo piedoso nem de uma visão otimista do ser humano. Trata-se de uma escolha moral, e também intelectual, no sentido de apostar que o homem é capaz, e, sobretudo, que o respeito devido ao paciente está igualmente colocado desse lado: ele pode, é agente, o agente por excelência. Ninguém se livra de sua responsabilidade, ninguém recusa ao outro sua capacidade para enfrentar o real e sair da negação. A vida, em seu cotidiano mais banal, chega tanto para contrariar quanto para afirmar isso. Já faz tempo que não confio apenas nos fatos para conduzir essa forma a que chamamos vida. A luta contra o ressentimento ensina a necessidade de uma tolerância diante da incerteza e da injustiça. Ao fim dessa confrontação, acontece um princípio de aumento de si próprio.

I

O AMARGO

*O que vivencia o ser
do ressentimento*

Amargura universal

De onde vem a amargura? Do sofrimento e da infância desaparecida, dirão alguns logo de saída. Desde a infância, acontece algo com o amargo, e esse Real que faz explodir nosso mundo sereno. Aqui repousa a mãe, aqui repousa o mar.[1] Cada um vai tecer seu caminho, mas todos conhecem o laço entre a sublimação possível (o mar), a separação parental (a mãe) e a dor (o amargo), essa melancolia que não se atenua por si só. Não acredito nos territórios essencializados – certamente alguns morrem dessa ilusão, ou por ela –, defendo os territórios dialetizados. O amargo, a mãe, o mar, tudo está entrelaçado – a mãe é também o pai, o parente, é o que está aquém da separação, aquilo do qual não queremos nos separar, o que só passa a fazer sentido à luz da separação, aquilo em que deveremos nos transformar, pais para outros, sejam eles nossos próprios filhos ou não, pais no sentido de que assumimos um pouco a necessidade da transmissão.

O amargo, é preciso enterrá-lo. E outra coisa frutifica sobre ele. Nenhuma terra será amaldiçoada para sempre: amarga fecundidade que vem para fundar a compreensão futura. Enterrar ou enfrentar o amargo, a pergunta não tem real importância: na clínica, com os pacientes, fazemos as duas coisas, uma e outra, uma depois da outra, uma apesar da outra; ali, também, sempre há algo que resta, como se o incurável se mantivesse, embora estâncias[2] onde a saúde da alma se reergue ainda existam. E, para o analisando, o desafio é tentar multiplicá-las.

Quando Melville deixa Ishmael falar, na abertura de seu livro dedicado à busca incansável pela baleia branca, é com essas palavras que descreve uma espécie de mal-estar que o oprime e, sobretudo, o recurso existencial pelo qual anseia:

> Sempre que começo a ficar rabugento; sempre que há um novembro úmido e chuvoso em minha alma; sempre que, sem querer, me vejo parado diante das agências funerárias, ou acompanhando todos os funerais que encontro; e, em especial, quando minha tristeza é tão profunda que se faz necessário um princípio moral muito forte que me impeça de sair à rua e rigorosamente arrancar os chapéus de todas as pessoas – então percebo que é hora de ir o mais rápido possível para o mar.[3]

Ir para o alto-mar... Melville escreve ainda: "Veja o grupo de pessoas que ali contempla a água",[4] e compreendemos que o tema do mar não é só um assunto de navegação, mas de alto-mar existencial, de sublimação da finitude e da lassidão, que desabam sobre o sujeito sem que ele saiba como responder – pois não há resposta. É preciso então navegar, atravessar, ir na direção do horizonte, encontrar outro lugar para se tornar novamente capaz de viver aqui e agora. É preciso se afastar para não perder a cabeça e não deixar rugir esse ressentimento crescente.

"Sem saber, quase todos os homens nutrem, cada um a seu modo, uma vez ou outra, praticamente o mesmo sentimento que tenho pelo oceano".[5] Ishmael bem sabe que não se trata de um assunto pessoal, que a necessidade de oceano vem suprir, para cada um, o sentimento de abandono original, sentimento que pontua sua vida, como um triste refrão a lembrar que a contagem regressiva existe e que não há sentido nem do lado da origem nem naquele do futuro, talvez somente exista nesse desejo de imensidão e de suspensão que podem representar a água, o mar, o oceano.[6]

"O que se vê? Plantados como sentinelas silenciosas por toda a cidade, milhares e milhares de pobres mortais perdidos em fantasias oceânicas."[7]

Enquanto essa fantasia predominar no homem, ela formará uma espécie de bastião contra uma escuridão mais interior e perigosa, ou seja, a amargura e sua cristalização definitiva, algo que deságua no ressentimento.

O indivíduo e a sociedade diante do ressentimento: o ronco da ruminação

Grande coisa, dirão vocês: toda pessoa conhece o ressentimento, e, sendo tão comum, esse mal não pode ser tão grave para o próprio indivíduo nem para a sociedade. De minha parte, defendo, como Cornelius Castoriadis, filósofo e psicanalista de ofício, a ideia de uma diferença radical entre os homens, em sua aptidão ou não, para manterem-se distantes de seu próprio ressentimento. Se toda pessoa pode reconhecê-lo, nem toda pessoa se torna o espaço de sua fossilização. Antes pelo contrário, o destino dos homens aqui se separa, bem como o destino das sociedades. "O que se pode visar na psicanálise de um indivíduo? Não certamente suprimir este fundo obscuro, meu inconsciente ou seu inconsciente – empreendimento que, se não fosse impossível, seria mortal; mas instaurar uma outra relação entre inconsciente e consciente [...]."[8] Da relação criativa e serena entre consciência e inconsciência surge a individuação de um ser, sua subjetivação, e aquilo que Wilhem Reich chamará mais tarde de "aptidão para a liberdade". Castoriadis lembra a verdade determinante da análise, não apenas para o sujeito, mas também para sociedade na qual vive:

> Toda a questão é saber se o indivíduo pôde, por um feliz acaso ou pelo tipo de sociedade na qual vivia, estabelecer uma tal relação, ou se pôde modificar esta relação de maneira a não entender suas fantasias como realidade, permanecer lúcido tanto quanto possível sobre o seu próprio desejo, aceitar-se como mortal, buscar a verdade mesmo que pudesse lhe custar etc. Contrariamente à impostura que prevalece atualmente, afirmo há um longo tempo que existe uma diferença qualitativa, e não somente de grau, entre um indivíduo assim definido e um indivíduo psicótico ou altamente neurótico que se pudesse qualificar de alienado, não no sentido sociológico geral, mas precisamente no sentido em que se encontra expropriado "por" si mesmo "de" si mesmo. Ou bem a psicanálise é uma trapaça, ou então ela visa precisamente esta finalidade, uma tal modificação desta relação.[9]

Depende daí o surgimento de um homem qualitativamente distinto de seus congêneres, um homem em posse de uma chave para o humanismo e a civilização correspondente.

Inversamente, no interior da alienação, nenhum homem pode participar da edificação de um mundo comum que não seja o avatar de um processo de reificação. O destino da psicanálise é tão terapêutico quanto político.

> O poder atual é que os outros são coisas, e tudo o que quero opõe-se a isso. Aquele para quem os outros são coisas é ele próprio uma coisa e eu não quero ser coisa nem para mim nem para os outros. Não quero que os outros sejam coisas, não teria o que fazer delas. Se posso existir para os outros, ser reconhecido por eles, não quero sê-lo em função da possessão de uma coisa que me é exterior – o poder; nem existir para eles no imaginário.[10]

Castoriadis traça o lamentável e bem conhecido retrato da dinâmica da coisificação, que organiza a sociedade, bem como as mais íntimas relações, pois essas são indissociáveis dos conflitos pulsionais situados no interior dos indivíduos. O desafio é o mesmo, tanto na escala individual quanto na esfera social: não considerar a si mesmo e ao outro como uma coisa porque, a partir de então, o mecanismo coletivo do ressentimento se consolidará e homens e sociedades cindirão seu destino segundo o viés ressentimista, tornando quase impossível a desalienação psíquica e social.

Definição e manifestações do ressentimento

Max Scheler definiu o ressentimento com grande clareza, em um ensaio redigido em 1912, às vésperas da Primeira Guerra Mundial, tempo terrível de pulsões mortíferas: "A experiência e a ruminação de certa reação afetiva dirigida contra um outro, que fazem com que esse sentimento aumente sua profundidade e penetre pouco a pouco no próprio coração da pessoa, ao mesmo tempo em que abandona o terreno da expressão e da atividade."[11]

O termo-chave para compreender a dinâmica do ressentimento é a ruminação, algo que se mastiga e mastiga novamente, com esse amargor característico de um alimento fatigado pela mastigação. A ruminação é, ela também, a de outra ruminação, no sentido de que se trata, de cara, de reviver uma "re-ação" emocional, que de início poderia ser dirigida a alguém em particular. Porém, com o ressentimento seguindo seu curso, a indeterminação do alvo se amplia. A detestação será menos pessoal, mais global: poderá atingir vários indivíduos que inicialmente não estavam envolvidos naquela reação afetiva, mas que passam a ser alcançados pela extensão do fenômeno. A partir daí, vai se operar um duplo movimento, que não deixa de lembrar aquele descrito por Karl Polanyi:[12] quanto mais o ressentimento se aprofunda, quanto mais a pessoa é impactada em seu âmago, em seu coração, menos ela mantém sua capacidade de agir, e a criatividade de sua expressão se enfraquece. Aquilo rói. Aquilo cava por dentro. E, a cada reavivar do dito ressentimento, a compensação se torna mais impossível, o desejo de reparação tornando-se, naquela altura, inalcançável. O ressentimento nos leva por esse caminho, sem dúvida ilusório e também bem áspero, da impossível reparação, quiçá de sua rejeição. É evidente que há reparações impossíveis que obrigam à invenção, à criação, à sublimação. Mas entrar no ressentimento é penetrar a esfera de uma mordida afiada, que impede a projeção luminosa, ou melhor, que valida certa forma de gozo do obscuro, por reversão, como numa estigmatização invertida. "Essa ruminação, essa revivescência contínua do sentimento, é, portanto, muito diferente da mera recordação intelectual desse sentimento e das circunstâncias que lhe deram origem. É uma revivescência da própria emoção, um re-sentimento."[13] De fato, como resistir ao contínuo de uma revivescência dolorosa? Vê-se aqui, aliás, que há um possível parentesco com o fenômeno do traumatismo, que produz uma "irrupção"[14] no psiquismo; na origem, aconteceu um ferimento, um golpe, uma primeira incapacidade de cicatrização, e a brecha, não preenchida, tornará mais tarde a lacuna mais ativa, às vezes aguda, às vezes crônica. E diante das pancadas, alimentadas pela ruminação, o trabalho do intelecto e a ajuda do razoável permanecem sem socorro.

Certamente não deveríamos desistir tão rapidamente da performatividade desse trabalho da razão, mas vamos abordar o argumento em sua justa medida. Aceitemos que é difícil resistir aos golpes de uma emoção triste, que beira a inveja, o ciúme, o desprezo pelo outro e, finalmente, o desprezo por si mesmo, o sentimento de injustiça, a vontade de vingança. Isso ruge, como escreveu Scheler:

> A palavra alemã que conviria seria *Groll*, que indica bem essa exasperação obscura, que ronca, contida, independente da atividade do eu, que gera pouco a pouco uma longa ruminação de ódio e de animosidade, sem uma hostilidade bem definida, mas prenhe de uma infinidade de intenções hostis.[15]

Groll é o rancor, o fato de *guardar rancor*, *mágoa*; e vemos como essa *mágoa* ocupa o lugar da *vontade*, como uma energia ruim substitui a energia vital, alegre, como essa falsificação da *vontade*, ou antes, esse impedimento da *boa vontade*, essa privação da *vontade de*, como esse mau objeto priva a vontade de uma boa direção, assim como priva o sujeito. Será preciso desfocalizar. Mas quando o ressentimento avança, a indeterminação se torna maior, e a desfocalização, mais difícil. Tudo fica contaminado. O olhar bate no que está à sua volta, não mais o atravessa. Tudo se torna bumerangue para reavivar o sentimento, tudo parece um mau sinal: um sinal que não está ali para escapar, mas para permanecer cativo da revivescência. O sujeito se torna "repleto"; perde sua agilidade, tão necessária para a possibilidade do movimento, seja este físico ou mental. Pleno demais, espremido, o sujeito chega ao limite da náusea, e seus sucessivos vômitos, suas vociferações serão inúteis: só poderão aliviá-lo por um tempo muito breve. Nietzsche falava de intoxicação,[16] Scheler evoca o "autoenvenenamento"[17] para descrever os *malfeitos* do ressentimento. Este provoca uma "deformação mais ou menos permanente do sentido dos valores, bem como da faculdade de julgamento". O impacto do ressentimento ataca, portanto, o sentido do juízo. Este último é viciado, corroído por dentro; o apodrecimento está ali. A partir de então, produzir um julgamento esclarecido se torna difícil, embora fosse a saída redentora. Trata-se de identificar o eco, a aura do ressentimento, mesmo que esse termo seja excessivamente digno para designar o que ocorre ali, melhor seria falar de uma irradiação, uma contaminação servil, a qual, com o passar do tempo, vai procurando justificativas dignas desse nome. A faculdade de julgar se coloca então como serviçal da manutenção do ressentimento, e não de sua desconstrução. Tal é o aspecto viciado do problema, que emprega o instrumento possível da libertação – a faculdade do juízo – como o próprio fator de manutenção na servidão e alienação. Pois há sim servidão antes da pulsão mortífera. A moral dos "escravos" já se faz presente aqui, no ato de submeter-se à ruminação.

Inércia do ressentimento e ressentimento-fetiche

Podemos e devemos nos alimentar de outro modo, recusar os alimentos estragados. Mas, aqui, a carniça é a preferida. A preferência pelo avariado é essencial no processo, pois o ressentimento não é assimilável a uma resposta, a uma legítima defesa, a uma simples reação. Ele remete, inclusive com alguma frequência, a uma não reação, a uma renúncia em agir. Consiste em ter guardado em si – não que não se deva guardar nada em si; é preciso ter "suspendido" o tempo, para odiar mais e de modo mais duradouro. É preciso penetrar nesse tipo muito específico de esperança que é a vingança, aqui também uma esperança avariada, mas cuja força de animação pode ser muito ardente. "Para haver verdadeiramente vingança, é preciso, igualmente, um tempo mais ou menos longo, durante o qual a tendência em responder imediatamente e os movimentos de cólera e de ódio correlatos fiquem retidos e suspensos."[18]

Para fazer o ressentimento desaparecer, não basta reagir imediatamente. Na verdade, o ressentimento não envolve somente a re-ação, ou a ausência de re-ação; ele remete à ruminação, à escolha de ruminar ou à impossibilidade de deixar de ruminar. Não é simples decidir entre uma definição de ressentimento que o coloca ao lado da *impotência* e outra definição que admite existir uma escolha para a *impotência*. Trata-se certamente de um problema de grau e de invalidez criados pelo ressentimento, mais ou menos aceito. Pode-se cair na armadilha do ressentimento, mas também tentar dele se livrar, recusar contentar-se com a gosma que ele produz. Estar no fio da vingança, ruminar, mas ainda estar *sobre* esse fio o bastante para não mergulhar totalmente, para não desejar afundar ali completamente.

Além disso, a vingança não é o ressentimento: é terrível e igualmente contaminante; porém, continua endereçada, determinada, o que indica que ela pode eventualmente ser saciada. "O desejo de vingança cessa com a realização da vingança", acredita Scheler. Não estou tão certa. Mas a vingança sabe se deslocar e encontrar um novo objeto. Abandonar esse tipo de dinâmica mortífera, essa energia viciada, pode ser chamado de qualquer coisa, menos de algo simples. Entretanto, nada parecido acontece com o ressentimento. Seu próprio objeto parece ser o impedimento de qualquer superação moral; seu objetivo é inscrever-se na falência, inscrever no seio da falência aquele que tenta criar uma solução.

Algumas psicoses persistentes permitem observar isso muito bem: como o paciente compromete toda sua energia de modo a impedir a solução, a provocar a falha do médico ou da medicina, a só produzir um impasse sem saída. Nenhuma superação é aceita; certamente aceitá-la produziria um novo desmoronamento, que não se quer assumir. Então, a disfunção passa a ser preferível enquanto modo de funcionamento. Única aptidão do ressentimento, na qual é mestre: azedar, azedar a personalidade, azedar a situação, azedar o olhar.[19] O ressentimento impede a abertura, ele fecha, encerra, *exclui*, não há saída possível. O sujeito talvez esteja fora de si, mas em si, corroendo-se, e, a partir daí, corroendo a única mediação possível voltada para o mundo.

Mesmo se o ressentimento do ter (a inveja) e o ressentimento do ser (o ciúme) são cabíveis de diferenciação, sua combinação é possível. Eis a conclusão do ressentimento: roer a interioridade da pessoa e não apenas esse desejo de aquisição, sacudi-lo em sua postura identitária. "A inveja não estimula nossa vontade de adquirir: ela a enerva", prossegue Scheler, e quanto mais a inveja cresce, mais ela torna o sujeito impotente, mais ela provoca a derivação de seu "mal-estar do ter" para um mal-estar ontológico, bem mais devastador: "posso lhe perdoar tudo; exceto você ser quem você é; exceto porque não sou o que você é; exceto por eu não ser você. Essa inveja recai sobre a própria existência do outro; existência essa que nos sufoca enquanto tal, e representa uma queixa intolerável."[20] Aqui, a armadilha se fecha sobre o sujeito. Pois, mesmo que fosse possível acreditar que ter/possuir (bens) seja capaz de apaziguar alguém, ninguém se ilude quanto à capacidade de apaziguamento de um sujeito corroído pelo ódio de outro, nutrido por uma fantasmagoria transbordante.

Quando o sujeito tropeça nessa falha, que logo deriva para uma falha de seu próprio eu, a cura, a extração para fora dessas garras se torna extremamente complicada. É preciso considerar como ideia reguladora que a cura é possível; no entanto, a clínica é certamente insuficiente em seus cuidados, na propagação contínua de seus cuidados. O terapeuta é humano: é preciso levar em conta essa insuficiência estrutural da cura. É impossível superar o ressentimento sem que a vontade do sujeito seja acionada. Pois é precisamente essa vontade que falta, que é enterrada a cada dia pelo próprio sujeito, para evitar que ele enfrente sua responsabilidade, seu fardo na alma, sua obrigação moral de superação.

Somente a destruição do outro pode então trazer algum gozo, produzir um "princípio de prazer" que permita encarar uma realidade que não pode ser suportada, pois é julgada injusta, desigual, humilhante, indigna do mérito que lhe é atribuído. O ressentimento é um delírio vitimário, delírio não no sentido de que o indivíduo não seria uma vítima – potencialmente, ele o é –, mas delírio porque ele não é, de forma alguma, a única vítima de uma ordem injusta. A injustiça é global, é indiferenciada, claro, ela lhe diz respeito, mas a complexidade do mundo torna impossível o destino preciso, o endereçamento da injustiça. Além disso, vítima em relação a quê, a quem, a que tipo de valores e de expectativas? Afinal, uma coisa é encarar a si mesmo como uma vítima de modo temporário, reconhecer-se num dado instante enquanto tal, outra coisa é consolidar uma identidade exclusivamente a partir desse "fato", cuja objetividade é duvidosa, e cuja subjetividade é certa. A partir daí, trata-se efetivamente de uma "decisão" do sujeito, a de escolher a ruminação, o gozo diante do pior, quer essa escolha seja consciente ou não – em geral, não o é. Há "delírio" porque há alienação, não percepção de sua responsabilidade na queixa reiterada, delírio, pois o sujeito não percebe que está manobrando, ele mesmo, a mecânica da ruminação. Ele rejeita a desfocalização, a renúncia à ideia de reparação, pois sabe que a reparação é ilusória, pois nunca estará à altura da injustiça ressentida. É preciso encerrar, e o sujeito não quer encerrar. Tal é, sem dúvida, a definição de "queixa" proposta por François Roustang,[21] esta última estando sempre dissociada do sofrimento. A queixa é o "prestar queixa"; certamente é louvável do ponto de vista jurídico, mas, no campo psicológico e emocional, será preciso separar-se dessa queixa, para não ser corroído por ela e ficar confinado numa fúria que consome. Lembremos também do ensinamento freudiano a respeito da negação da realidade, que não deixa de evocar o que ocorre no ressentimento. O sujeito enamorado pelo ressentimento não chega a negar a realidade, uma vez que sofre por conta dela, mas esse sujeito lida com o seu ressentimento como poderia fazê-lo com um "fetiche".[22] Para que serve o fetiche? Precisamente para substituir a realidade que é insuportável para o sujeito. Dito de outro modo: se é tão difícil para o sujeito desapegar-se de sua queixa, é porque ela funciona como um "fetiche", lhe propicia o mesmo prazer, cria um véu, permite que a realidade possa ser suportada, mediada, des-realizada. O único real que pode ser vivido se torna a queixa, dado o princípio de prazer que ela aciona, e o ressentimento-fetiche age então como uma obsessão. O ressentimento não serve apenas para manter a memória do que foi ressentido como uma ferida, ele permite o gozo dessa memória, como manter viva a memória de um castigo.

Ressentimento e igualitarismo: o fim do discernimento

Scheler descreve perfeitamente: o ressentimento usa a faculdade de juízo para desvalorizar tudo o que poderia levá-lo a se reformar – logo, a desaparecer. O ressentimento possui uma capacidade de autoconservação muito poderosa:

> O homem médio só se satisfaz com o sentimento de possuir um valor pelo menos igual ao dos outros homens; ora, ele adquire esse sentimento seja pela negação, graças a uma ficção, das qualidades daqueles com quem ele se compara – quer dizer, por um tipo de cegueira perante eles; seja ainda, e trata-se do próprio âmago do ressentimento, por meio de um tipo de ilusão que transmuta até mesmo os valores capazes de atribuir um coeficiente positivo aos termos de sua comparação.[23]

Saber reconhecer sua igualdade em relação ao outro sem precisar negar as qualidades que este possui seria, então, algo sadio. Uma primeira indicação para a elaboração de um antídoto contra o ressentimento remete à noção de igualdade ressentida. A estrutura do ressentimento é igualitária: surge, é claro, quando o sujeito se sente desigual; mas ocorre sobretudo quando ele se sente lesado, posto que considerado igual. Sentir-se desigual não basta para produzir tal estado de espírito. A frustração se desenvolve num terreno adubado pelo *direito*. Eu me sinto frustrado, pois acredito naquilo que me é devido ou é meu por direito. Para experimentar um ressentimento, é necessária a crença em um direito. Essa ao menos é a tese de Scheler e dos herdeiros de Tocqueville, que consideravam que a democracia era em essência um regime provocador de ressentimento, justamente porque a noção igualitária era uma questão estrutural.

Não se trata aqui de negar a necessidade da igualdade para evitar o ressentimento – isso faz ecoar a "ultrassolução"[24] da escola de Palo Alto, que consiste em matar o doente para erradicar o mal: "operação bem-sucedida, paciente falecido." Retomemos a citação de Scheler: se o homem médio só se satisfaz com o sentimento de possuir um valor igual ao dos outros homens, isso não significa que ele o possua, mas antes que ele conserve uma ilusão. Dito de outro modo, o "mundo comum" se mantém ao permitir que cada um tenha o direito de se iludir a respeito de seu próprio valor. Aliás, o que sem dúvida torna o homem em "médio", o que faz com que ele fixe residência na mediocridade, é sua incapacidade de reconhecer o valor dos outros, ao mesmo tempo que acredita que isso contribuirá para que ele escape de sua insuficiência. Mas inventar sua superioridade nunca bastou para produzir superioridade. Saber admirar, saber reconhecer o valor dos outros é, inversamente, um antídoto real contra o ressentimento, apesar de exigir, num primeiro momento, uma força interior mais elaborada. No entanto, depreciar os outros não basta para o ressentimento. É preciso um passo além, o estabelecimento da acusação. Como esta última não possui um objeto real, ela descamba para a delação, para a desinformação. É preciso produzir um bom cadáver, já que não houve homicídio. A partir daí, o outro será culpado. Uma forma de "depreciação universal" é então desencadeada.

Esse "recalque total" dá início a "uma total negação de valores", dirá ainda Scheler, "uma animosidade odienta e explosiva".[25] Pois também é isso, estar "prenhe", prenhe de uma explosão, prenhe de algo inflamável, impregnado por uma deflagração que pode tudo atingir, sem discernimento; pois tal é o objetivo do ressentimento, o fim do discernimento: não mais buscar um ponto de equilíbrio, visar à *tabula rasa*, sem outro projeto. Espalhar-se como uma mancha de óleo, não mais agarrar a origem do mal, sua causa, não saber mais como "contar um causo" sobre seu mal – a partir daí, será ainda mais complicado acalmá-lo –, ampliar a dimensão do dano na medida que o universo de soluções se reduz, produzir um *ethos* invertido, uma "predisposição geral" para gerar hostilidade, assim como outros produzem uma acolhida do mundo, regredir, produzir uma involução, já que a evolução parece por demais ameaçadora e sinônimo de perda.

É lógico que o discernimento será atingido quando o sujeito permitir que seu ressentimento "transborde". O discernimento é a ação de separar, de colocar à parte, de diferenciar para melhor perceber a especificidade das coisas, de não generalizar, e ainda, de maneira mais simples, "conseguir distinguir de modo claro, através dos sentidos, perceber claramente, conhecer distintamente, discriminar, diferençar, avaliar, apreciar, medir".[26] É uma disposição da saúde, testemunha de uma saúde psíquica e física do homem, a disposição daquele que "aprecia" a complexidade de uma razão e não se sente diminuído por ela. Discernir e ressentir podem, às vezes, até mesmo se assimilar, precisamente na medida em que o sentido de discernir será a capacidade de ressentir plenamente, sem confusão, de sentir e de reconhecer, de identificar sem confundir.

Fica claro que nossos tempos dificultam a aptidão para o discernimento, embora não o impeçam. Mas a saturação da informação, em especial a falsa, e o reducionismo que permeia as novas formas do espaço público (sobretudo as redes sociais) alimentam assaltos incessantes contra o discernimento, que não possui, estruturalmente, boas condições para resistir. Discernir pressupõe tempo, paciência, prudência, uma verdadeira arte do escrutínio, da observação, da espreita: discernimos ao prender a respiração, nos tornando mais silenciosos, ao nos fazermos videntes e não *voyeurs*, desaparecendo para deixar que a coisa observada possa se comportar naturalmente. Discernir supõe retirar-se, ali onde o sujeito ressentido vive em si mesmo como o primeiro protagonista da trama. O discernimento foi por muito tempo um valor inteiramente espiritual, jesuíta,[27] que permitia ao homem esclarecer suas motivações[28] e purificar suas emoções. Em Inácio de Loyola ou Francisco de Sales, Deus é o que permite discernir. Deus ou, precisamente, a graça divina, esse tempo que vai permitir a transformação interior do sujeito. Aqui, claro, a filosofia opera a secularização da noção de discernimento, e o Estado de direito digno desse nome – o contrato social – deve apresentar-se como protetor do tempo necessário para operar a transformação de si mesmo e do mundo. A perda do discernimento é o primeiro sintoma das patologias narcísicas e dos distúrbios psicóticos.

Afinal, não acreditemos que exista algum objeto digno de ruminação. Nenhum objeto salva a ruminação de seu triste destino de enfraquecimento do homem, nem mesmo o aprendizado da morte. Esse dito famoso, "filosofar é aprender a morrer", pode nos levar a crer que deveríamos, a cada instante, recordar de nossa finitude, fazê-la tintilar como um sino fúnebre para nos tornarmos capazes de amar tudo, de tudo demolir. Nada disso. Montaigne, um dos grandes defensores dessa necessidade de aprender a morrer,[29] na trilha de Sócrates, nos alerta a respeito de um possível contrassenso: com o avanço da idade, descobre-se que o aprendizado da morte é tudo, menos uma ruminação, e que inversamente, ao ceder a ela, beira-se o erro. "Vendo os esforços de Sêneca no sentido de preparar-se para a morte, e como se retesa a fim de conservar sua segurança [...]. Sua agitação febril, tão amiúde renovada, denota a que ponto era nervosa e excitável."[30] Ou seja, acreditar que a morte é o objetivo da vida não consegue nos excluir precisamente de uma agitação mortífera. A ruminação da morte não produz uma análise libertadora da morte. "Perturbamos a vida com a preocupação de morrer e a morte com a preocupação de viver; uma nos aborrece, outra nos apavora."[31] Montaigne opta então por uma definição igualmente essencial da morte, mas rejeita que esta seja a finalidade da vida. Não é um "objetivo", mas um simples "fim". A metafísica encontra-se em outro lugar, ela retorna para o lado da invenção da vida.

A melancolia na abundância

Scheler vê o regime democrático como um espaço mais inclinado estruturalmente para o ressentimento. Tocqueville, em sua época, já havia percebido algo semelhante ao apontar esse mal que se abate sobre o homem, o igualitarismo, e o fato de que ele se torna tão mais sensível à igualdade quanto mais a equalização das condições avança. Eis um fenômeno lógico, mas dificilmente canalizável. A menor desigualdade fere a vista, dizia ele, e a insaciabilidade do indivíduo, em termos de igualitarismo, é devastadora. Já então chamava esse mal de melancolia no seio da abundância:

> Quando a desigualdade é a lei comum de uma sociedade, as mais fortes desigualdades não impressionam os olhos; quando tudo está mais ou menos no mesmo nível, as menores desigualdades os ferem. É por isso que o desejo de igualdade se torna cada vez mais insaciável à medida que a igualdade é maior. Nos povos democráticos, os homens obterão facilmente certa igualdade; mas não poderiam alcançar a que desejam. Esta recua cada dia diante deles, mas sem nunca se furtar a seus olhares e, retirando-se, os atrai em seu encalço. Eles creem sem cessar que vão pegá-la, e ela escapa sem cessar de seus braços. Eles a veem bastante de perto para conhecer seus encantos, não se aproximam o bastante para desfrutar dela e morrem antes de terem saboreado plenamente suas doçuras. É a essas causas que convém atribuir tanto a melancolia singular que os habitantes dos países democráticos manifestam com frequência no seio de sua abundância como aqueles desgostos da vida que às vezes se apossam deles no meio de uma existência confortável e tranquila.[32]

Eu retorno sempre a esse trecho,[33] pois ele me parece ser a chave do comportamento democrático imaturo, comportamento perverso que chega para apodrecer o que há de mais excepcional nesse regime – a saber, sua exigência de igualdade e seu esforço para torná-la concreta.

Seria essa perversão inevitável? Não acredito. A questão é educacional. Tudo acontece no âmbito do "governo de si mesmo" (Foucault), único horizonte que permite um "governo dos outros" digno desse nome e que respeite o desafio igualitário da democracia. Para Scheler, o ressentimento não é, evidentemente, o fruto de uma democracia perfeita, mas de uma democracia que falhou – o que acaba por ser sempre a realidade de uma democracia, mesmo que ela não precise ser validada enquanto tal. "Haveria pouco ressentimento numa democracia onde, tanto socialmente quanto politicamente, a tendência fosse a igualdade das riquezas."[34]

O ressentimento é produzido por um afastamento entre direitos políticos reconhecidos e uniformes e uma realidade de desigualdades concretas. Essa coexistência entre um direito formal e a ausência de um direito concreto produz o ressentimento coletivo. Não há dúvida alguma sobre isso. Diferentemente de Scheler, porém, acredito num ressentimento mais estrutural no homem, pois, numa situação econômica igualitária, ele se desloca na direção do reconhecimento simbólico e exige cada vez mais igualitarismo ou projeta sobre o outro sua aversão. Essa aversão remete, com efeito, a fatores pessoais não analisados. Isso não significa que nossas sociedades não sejam produtoras de um potencial de ressentimento,[35] decorrente da renovação das desigualdades. Sentir-se ofendido, humilhado, impotente, produz, num primeiro momento, um recolhimento sobre si mesmo, até mesmo uma espécie de aceitação subsequente de um nocaute: em seguida, felizmente, o sujeito se levanta. Mas se os golpes perduram, se são repetitivos e dão a impressão de estarem sendo desferidos por um número crescente de indivíduos, uma elite, por exemplo, a ofensa se torna o próprio mundo, mundo-prisão, que transforma o sujeito em seu cativo, e o sentimento de fatalidade se impõe.

Há aqui dois caminhos possíveis: de um lado, o definhamento de si mesmo; do outro, a inversão do estigma, ou seja, a reivindicação vitimária, o fato de passar a se definir desde logo como "ofendido" e de empregar a identidade vitimária de modo tirânico – o ressentimento enquanto primeira via para o terror. A violência da carga de Scheler contra o igualitarismo não deixa de lembrar a de Nietzsche, que vê neste último a "moral dos escravos" que desejam o enfraquecimento dos outros para experimentar um sentimento igualitário. Por trás da exigência de igualdade inofensiva, esconde-se muitas vezes, segundo tais pensadores, uma perversão igualitarista, o medo de não estar à altura, essa terrível paixão triste: "somente aquele que tem medo de perder exige a igualdade universal!"[36] Essa é certamente uma visão muito conservadora e depreciativa da igualdade – percebida como o único atalho para o igualitarismo –, que omite o igual valor da dignidade humana. Entretanto, a análise que ela faz do ressentimento é correta, pois revela bem o processo de falsificação dos valores em jogo, procedimento que não deixa de lembrar o da sofística, cuja eloquência muitas vezes tende a mascarar uma fraqueza do espírito. O ressentimento pode estar articulado com a eloquência, mas geralmente ambos se separam rapidamente, pois há um parentesco entre a cultura e os valores. Negar todos os valores obriga a menosprezar a cultura ou o intelectualismo.

Scheler continua sua análise e nomeia esse homem médio um "fraco". É preciso entender aqui uma fraqueza da alma, que, muito rapidamente, vai precisar de uma aprovação da massa para sentir-se legítima. "Ele sente logo necessidade de sistematizar seu julgamento." De fato, o julgamento, não sendo nada além de uma opinião avariada, precisa de volume para fornecer a consistência que lhe falta e, assim, ir buscar nos outros um pouco desse potencial de ressentimento. E sabemos todos que a fraqueza da alma não é desconhecida de ninguém. O homem do ressentimento é "um fraco: não saberia permanecer solitário com seu próprio julgamento [...]. A universalidade ou o consentimento de todos vai então substituir a verdadeira objetividade dos valores".[37]

Experimentar a solidão pode constituir uma barreira contra o dano causado pelo ressentimento, na medida em que, por um lado, ela permanece um ato que permite o acesso à individuação e, por outro, porque um indivíduo que opta por enfrentar a solidão, apesar de possivelmente experimentar uma imensa amargura, torna-se menos danoso para quem está próximo, já que está confinado em si mesmo. Ao buscar a aprovação de todos, o homem do ressentimento mostra em que armadilhas do conformismo se encontra aprisionado. O julgamento apresenta-se com frequência como um espírito crítico desmedido – o fenômeno assemelha-se ao conspiracionismo paranoico –, mas na verdade está ao rés do chão. Trata-se de uma falsificação dos valores, pois se apresenta também como um novo ordenamento de valores, destituindo a hierarquia dos valores atuais; e falsificação ainda porque pode resvalar o relativismo moral ou o niilismo.

É conhecida a tese de Nietzsche, refutada por Scheler, do cristianismo como "a fina flor do ressentimento". Porém, um ressentimento poderia estar na origem de uma nova moral e, mais especificamente, de uma moral moderna, típica das atuais sociedades burguesas, cujo ideal é a própria burguesia – tal é a tese de Scheler, que se coloca como antimoderno. Ele defende, aliás, um cristianismo muito elitista, quase aristocrático, antitético do "humanitarismo moderno"; sua essência não é democrática, como costuma às vezes ser interpretado, sobretudo ao se apoiar na noção de amor cristão. Para Scheler, o cristianismo é absolutamente estranho a qualquer ideia de igualdade de valores dos homens; como prova disso, basta a distinção entre inferno, paraíso e purgatório. Tudo isso pode estar perfeitamente correto; ainda assim, o cristianismo defende uma dignidade equivalente entre os homens e encara o perdão como uma possibilidade.

O reforço atual do individualismo pode igualmente produzir um terreno fértil para o ressentimento, na medida em que o indivíduo se desgarra e começa a vislumbrar a sua responsabilidade somente sob a condição de distingui-la da dos outros. O primeiro reflexo é tornar os outros responsáveis pela disfunção percebida; o segundo reflexo, considerar que não somos responsáveis pelas falhas dos outros. O indivíduo não quer mais carregar consigo a responsabilidade coletiva, ao passo que, cada vez que lhe é oferecida a possibilidade de assumir uma responsabilidade individual, ele a encara como uma responsabilidade coletiva disfarçada. Em suma, o ressentimento é essa manobra psíquica astuciosa que consiste em considerar que se trata sempre da culpa dos outros e nunca da sua. Cada um é convidado a encarar suas escolhas, mas, assim que surge a possibilidade de reconhecer sua própria responsabilidade, cada qual se enxerga imaculado. Reside aí a diferença entre uma moral cristã, que conecta todos os homens a partir de sua responsabilidade, e a moral democrática individualista, que responsabiliza os indivíduos. "A ideia cristã de solidariedade moral da humanidade implica não só que somos todos pecadores em Adão, e todos absolvidos em Jesus, mas também que devemos todos nos sentir solidariamente responsáveis por nossas faltas, [...] que nós todos participamos dos méritos dos santos e que as pobres almas podem ser salvas graças às ações morais de seus próximos." Inversamente, a moral dos escravos, como Nietzsche a descreve, "busca sempre reduzir a responsabilidade ao mínimo, explicar a falta do indivíduo por uma atividade extrínseca, e defende não dever nada a ninguém".[38]

O que Scheler ensinaria ao cuidado

Enfrentar o desafio de defender uma solidariedade coletiva, um sentimento comum de responsabilidade, mesmo quando esta parece não nos dizer respeito, e ao mesmo tempo advogar um individualismo da responsabilidade, real, sem tentar mascará-la, ao convocar apenas a do outro: nada disso é tarefa simples. Tal é o desafio de uma maturidade assumida: humildade suficiente para carregar seu fardo; lucidez o bastante para não afundar no ressentimento a partir do momento em que os demais não assumem o seu próprio fardo. Face ao ressentimento do homem médio, Scheler condena tanto o "humanitarismo burguês", a falsa compaixão, o "isso me causa pena", distorção total da moral cristã, a internacional dos bons sentimentos, diria Althusser, ou ainda o que ele mesmo define como altruísmo desviado, que zomba das palavras.

Scheler seria certamente um adversário feroz da "ética do cuidado";[39] ou melhor, de sua visão paródica e caricatural, segundo a qual a etiqueta de "vulnerável" se torna permanente, e o assistencialismo como modo de vida passa a ser produzido em série. A fórmula é de Goethe, retomada por Scheler, que teme que o mundo se transforme num "vasto hospital" onde cada um se torna "o enfermeiro de seu vizinho", ou ainda a analogia muito expressiva entre a "legislação social" e a "poesia de hospital".[40]

A denúncia conservadora do socialismo é facilmente reconhecida nesses termos, bem como os desvios que uma ética do cuidado deve igualmente aprender a evitar – ou seja, a promoção de um amolecimento moral travestido de compaixão comunicacional. Para além do enrijecimento do pensamento direitista, a crítica de Scheler permite justamente manter a vigilância sobre seu próprio amolecimento, ao mesmo tempo que conserva seu sistematismo à distância. Uma prova disso é a crítica da visão socializante do cristianismo, que o transforma em antessala da democracia e, mais especificamente, de um regime igualitarista: Jesus não é, de forma alguma, um republicano que defende o amor ao próximo como outros defenderiam os direitos humanos, sustenta Scheler, revelando-se assim tão ideólogo quanto seus adversários. Scheler volta a ser nietzschiano ao recordar que o amor do Cristo é tudo menos morno, pois não exalta naturezas "incapazes de hostilidade", ou, como diz Nietzsche, "animais de rapina domesticados".[41]

Aqui também, é interessante notar que o ressentimento não pode se satisfazer da incapacidade de hostilidade, mas da escolha deliberada em não afundar nela e superá-la. Assim como, na clínica, a passagem ao ato é associada a uma incapacidade de agir (apesar da ilusão de ação), é preciso também entender que a recusa da violência permanece um ato, uma ação, e não uma covardia. Recusar a hostilidade, rejeitar a violência não é dado somente aos "fracos"; antes remete a uma firmeza da alma – em todo caso, deve procurar remeter a ela. Assim, cada um pode verificar, apoiando-se tanto na história quanto nos fatos da atualidade, que aqueles "incapazes de hostilidade" só permanecem assim de maneira conjuntural, e que, havendo a menor possibilidade de expressá-la sem ter de pagar o seu preço, a hostilidade será novamente vomitada. É preciso, pois, permanecer vigilante. O ressentimento é um veneno que se torna ainda mais letal ao se alimentar do tempo para crescer e ganhar as profundezas do coração dos homens. Scheler[42] lembra que o amor, na concepção cristã, é um ato que procede do espírito e não da sensibilidade, ou seja, da decisão, de um sentido do dever e da responsabilidade.

Feminilidade do ressentimento?

O fato de que as mulheres estejam, segundo Scheler, mais expostas ao perigo do ressentimento não deve ser encarado do ponto de vista essencialista; ele se refere à estrutura patriarcal na qual elas estão inseridas, ou melhor, aprisionadas. O rancor permanece como a arma dos "fracos": "falar mal" continua a ser a maneira mais confortável para produzir uma performatividade expressiva, sobretudo quando o agir foi confiscado. O conservadorismo de Scheler, um bocado rançoso, deve ser desconstruído, bem como seu antissemitismo. Sua ode à mulher "mais propriamente feminina" encantará talvez aqueles que desprezam a modernidade emancipadora e feminista; ela tem, pelo menos, o mérito de mostrar que uma descrição muitas vezes justa do ressentimento não nos protege necessariamente de nosso próprio ressentimento, e que o trabalho de desconstrução deve sempre começar dentro de si. Isto posto, é bom lembrar até que ponto as patologias estão inseridas em sua época e como dificilmente são divisíveis, mesmo se algumas dentre elas se baseiem em fatores pessoais.

Tomemos, por exemplo, a histeria. Durante muito tempo, ela foi feminilizada, embora remeta, em especial, a um tipo de condicionamento específico imposto por muito tempo às mulheres: a redução de seu mundo, o confinamento à esfera privada e à miudeza, o aprisionamento ao ambiente doméstico, a interdição da grandeza do mundo. Atualmente, na clínica, as histerias persistentes nas sociedades democráticas são tão masculinas quanto femininas, pois remetem – que lástima! – a um destino mais igualitário na submissão. Gostaríamos que a submissão tivesse reduzido seu espaço nas sociedades ditas modernas, o que, de fato, aconteceu sob certos aspectos; não obstante, isso ocorreu ampliando seu círculo de impacto, incluindo de modo mais evidente os homens. Daí então essa virada flagrante, que faz com que os portadores do ressentimento não sejam mulheres, bastantes ocupadas com a tarefa de verificar os primeiros passos de sua emancipação – mesmo quando meio apagada, ela é bem real –, mas antes os homens "médios", se quisermos retomar o qualificativo de Scheler. São os desqualificados, aqueles que são chamados com desprezo de "supranumerários", os "inúteis", aqueles que já "tiveram", ou que simplesmente guardam o sentimento de "ter tido", e que hoje constatam somente a perda.

O falso *self*

A nostalgia do ter pode ser um verdadeiro veneno para a alma. Esse rancor, Donald W. Winnicott o descreve como um dos elementos essenciais para definir o "falso *self*" – essa personalidade falsa inventada pelo sujeito para se defender contra aquilo que considera ameaçador para sua identidade, sua saúde, sua vida psíquica. Técnica básica de dissimulação, por vezes necessária, mas que não pode perdurar. A partir desse momento, o falso *self* cria raízes e se torna cada vez mais difícil distingui-lo do *self*. Marc Angenot situa a questão no cerne de sua descrição do "eu ressentimista". "O Eu do ressentimento é uma espécie de falso *self*, de personalidade-simulacro, cheia de teimosias, arrogâncias, rancores e hostilidades, por trás de que se dissimula um Eu verdadeiro frágil, gregário e servil."[43]

O conceito de falso *self* é determinante para apreender a natureza psíquica do homem do ressentimento: como ele não age, antes reage, do mesmo modo ele não é, ele se disfarça, mesmo quando não tem consciência do que faz. Aliás, continua permanentemente a recusar o exame de sua própria consciência e não aceita considerar que cabe a ele qualquer parcela de responsabilidade em relação à situação em que se encontra. O falso *self* opta pela má-fé para todo sempre, e ali fica aprisionado:

> Desvia-se completamente do caminho interior que deveria ter seguido para ser verdadeiramente um eu. Todo o problema do eu, do verdadeiro, se torna como que uma porta condenada no mais fundo da sua alma. Ele tem apenas relações cautelosas com a pouca autorreflexão que faz, ele teme que o que estava escondido no fundo reapareça.[44]

Outro ponto decisivo para compreender o falso *self* é a sua submissão. Trata-se do critério que ele compartilha com o ressentimento: o sujeito pratica o falso *self* para se esconder daquilo que ele acredita ser a força do outro ou o desejo do outro, que tratará então de contentar; ele cai no ressentimento quando esse desejo revela-se inalienável, não manipulável pela sua astúcia. Winnicott descreve vários graus de falso *self*, dentre os quais alguns não representam ameaça para a interioridade do próprio sujeito, na medida em que esse a protege dos ataques externos e da toxicidade do ambiente. Por trás desse falso *self* perdura o "*self* verdadeiro", consciente da cisão autoimposta, sem sofrer os efeitos dessa violência, sabendo que ela não será duradoura e que será preciso dela se livrar para prosseguir no caminho do verdadeiro agir.

A membrana

Um retorno à vontade de poder de Nietzsche permite perceber o tamanho do desafio moderno: a confrontação com o vazio, a "absoluta inconsistência da existência"[45] e a superação da erosão provocada por esta última. A modernidade é sem dúvida o momento em que o homem se torna sujeito, ou melhor, se torna mais consciente da noção de sujeito, noção ilusória e contraditória, mas que abre para a possibilidade de *agency*, uma tentativa de se tornar agente, sem enganar-se a respeito de seu próprio controle. Logo, a modernidade, como encontro com a ausência de sentido e a possibilidade, completamente pessoal, de criação de um sentido, o qual desaparecerá com frequência e poderá, por vezes, se entrelaçar em algum sentido mais comum e coletivo, ainda que não seja necessariamente capaz de responder a todos os desafios exigidos para "fazer sentido".

Inútil atirar-se na "conclusão exorbitante" do niilismo, pois ali também está a crença. Quando o "nada faz sentido" se torna sistemático, toma ares de crença e assina a presunção do homem: "*extirpamos* de nós as categorias de *fim*, *unidade*, *ser*, com as quais incutimos um valor no mundo – e então o mundo aparece como *sem valor...*"[46] Penetrar profundamente essa crença poderia, aliás, levar ao ressentimento; é melhor, portanto, desconfiar, permanecer vigilante diante da possível força do sentimento, deixar o "*em vão*"[47] bem longe, ou só raramente flertar com ele, com muita parcimônia. Nietzsche diz:

> A pergunta do niilismo, *para quê?*, decorre do nosso hábito até agora, pelo qual o fim aparecia colocado, dado, exigido, a partir de fora – a saber, por uma qualquer *autoridade sobre-humana*. Depois que se desaprendeu a acreditar nesta, procura-se, segundo o velho hábito, uma *outra autoridade* que saiba falar *incondicionalmente*, que *possa ordenar* fins e tarefas.[48]

Temos aqui algo em comum com o ressentimento, algo que se refere ao exterior, um descentramento que, na realidade, não o é. O descentramento se limita simplesmente a deslocar o centro do poder, a fazer de si próprio um submisso em relação ao exterior. Não que o sujeito nunca esteja submisso em relação ao exterior – inegavelmente ele está. Mas ele não está submisso de modo tão irredutível. O ressentimento, bem como o niilismo, esquece dessa verdade primeira de que há um dentro e um fora, uma fina membrana que separa o indivíduo e o mundo, o si e o fora de si. Tal membrana preserva o homem da loucura, quando ele é confrontado com a obrigação da submissão, da violência ou do vazio. Ele se extrai. Certamente, a membrana é ínfima, certamente pode ser danificada, e a erosão de si testemunha sua erosão possível: mas ela permanece, na maior parte do tempo, ainda presente. O desaparecimento dessa membrana psíquica só ocorre em casos extremos: tortura, obrigação de atos de crueldade contra pessoas que amamos, travessia do impossível que obriga o sujeito a propriamente cindir-se, talvez definitivamente.

"Temos mais liberdade do que jamais tivemos de olhar para todas as direções; não vemos limites em parte alguma."[49] O sentimento comum hoje é bastante diferente e gera uma nova angústia, aquela derivada de um vazio, claro, mas também de algo pior, a ilusão de uma completude que murcha e deixa o sujeito pasmo. No entanto, um simples retorno à clínica de pacientes, em especial a de jovens pacientes, revela que o sentimento de vazio continua a causar vítimas, que esse espaço moderno e "imenso" não é fácil de ser apreendido, que a juventude se arrebenta ali, o todo e o nada aparecendo, num primeiro momento, como indiferenciados e demandando precisamente o esforço de uma vida para distingui-los. As técnicas nietzschianas de aturdimento para enfrentar o vazio são extremamente engenhosas. Aqui, compreende-se que ressentimento e entretenimento não são afinal tão estranhos – este último sendo o caminho escolhido pelos mais "fracos" para evitar o vazio e a incapacidade de superá-lo.

O entretenimento permanece sendo uma maneira medíocre de resistir aos ataques do ressentimento, ao apresentar um tipo de eficácia imediata, mas de curta duração. É preciso realimentá-lo a toda hora. Afinal, é bastante lógico que o risco de indigestão seja o contrário da digestão, da capacidade de lidar com e caminhar em direção à síntese possível. O contrário desse terrível sentimento de vazio, continua Nietzsche, "é a embriaguez, quando o mundo inteiro parece ter se concentrado em nós, e sofremos de uma plenitude excessiva".[50] Como uma plenitude poderia ser excessiva? Eis a prova de que ela está viciada, não passa de uma paródia de plenitude, e que caímos na armadilha das "astúcias da contabilidade" para "acumular nossos pequenos prazeres" na esperança de acalmar nosso sentimento de vazio, enquanto ao longe já se ouve o ronco do ressentimento dos outros, daqueles que já passaram pelo caminho dos pequenos prazeres, faltando dizer que eles foram, no entanto, confiscados.

O ressentimento também nasce do divertimento abortado, da vontade frustrada de entretenimento, da ilusão de acreditar que o sujeito poderia ter evitado enfrentar sua própria solidão, que ele poderia ter evitado derramar a integralidade de sua infelicidade sobre os outros – mas isso é absurdo, na medida em que esses "outros" vivem e se veem como iguais sujeitos não responsáveis por ele, acossados pelo sentimento de vazio e tentando ocupar-se somente de sua própria sorte. Há no ressentimento, ao menos em sua permanência, em seu aprofundamento, em sua instalação no coração do sujeito, uma negação de responsabilidade, uma delegação integral a outrem da responsabilidade do mundo e, portanto, de si; em suma, uma ilusão magistral, um esquecimento da membrana que separa o dentro e o fora.

A confrontação necessária

O ressentimento é um fracasso da alma, do coração e do espírito. Não obstante, convenhamos: uma relação com o mundo que não tenha passado por tal prova não pode ser considerada aguerrida. É preciso ver o ressentimento apontar para o horizonte a fim de compreender o desafio de uma subjetivação que procura librar-se disso. Penso que essa questão, na cura psicanalítica, é a mais substancial de todas. Montaigne, em sua sabedoria, reconhece que uma virtude que não seja objeto de tentação do vício não seria talvez assim tão grande. Nesse sentido, pode-se considerar que o ressentimento constitui um desafio para toda alma que busca se afirmar como alma virtuosa.

> Mas a virtude soa um não sei quê de maior e mais ativo do que se deixar conduzir tranquila e pacificamente pelo rastro da razão graças a um feliz temperamento. Quem, por ter um caráter naturalmente fácil e suave, desprezasse as ofensas recebidas faria coisa muito bonita e digna de elogio; mas quem, picado em carne viva e indignado por uma ofensa, se munisse das armas da razão contra esse furioso apetite de vingança e por fim o controlasse depois de um grande conflito faria sem dúvida muito mais. Aquele agiria bem, e este agiria virtuosamente; uma ação poderia se chamar bondade, a outra,

virtude. Pois parece que a palavra virtude pressupõe dificuldade e oposição, e não pode ser exercitada sem combate.[51]

Resistir ao apetite de vingança, entrar em conflito com o próprio ressentimento e não com o objeto do ressentimento – o que corresponderia a uma falsificação do combate –, ter consciência da ofensa e, no entanto, superá-la, não se submeter a ela, eis aí algo "ativo", que demanda ao mesmo tempo uma capacidade de simbolização e uma capacidade de comprometimento com o mundo ao redor. Montaigne não se coloca de forma alguma como o mais virtuoso dos homens, longe disso. Ele possui essa humildade deliciosa, muito real, porém incomplacente, perante sua insuficiência. Terá sabido domar o ressentimento dentro de si, ou talvez tenha tido a sorte de não ser por demais confrontado, seja pelas agruras da vida, seja pelas agruras da alma; ele responde pela segunda hipótese: "Se eu tivesse nascido com um temperamento mais desregrado, temo que minha vida teria sido lamentável, pois não experimentei muita firmeza em minha alma para conter as paixões acaso tivessem sido um pouco veementes."[52] Montaigne atribui seu feliz destino a alguma probidade natural. Não obstante, reconhece em si mesmo uma aversão essencial à veemência nefasta; na verdade, não sente qualquer prazer em permitir a expressão de seus vícios, e os mantém à distância, por meio de um caráter alerta e bem eficaz: "Os meus, separei-os e confinei-os para que fiquem isolados, o mais possível e não encorajo meu vício exageradamente." Não acalentar seus vícios, escreve, retomando Juvenal, demonstra um esforço sobre si, a obrigação de conter aquilo que transborda, de tomar para si a responsabilidade.

O gosto da amargura

Não ceder ao ressentimento. Sublimar o incurável e resistir à devastação que pode produzir, pois é possível transformar o ressentimento em simples desencantamento, em melancolia, e retirar-se do mundo. Montaigne também ensina a arte da amargura, o *savoir-faire* com a amargura, sem submeter-se à ilusão de pureza ou do absoluto. Isso não é fácil, pois a amargura altera o paladar. "Tudo que usufruímos é alterado",[53] escreve, para finalmente recordar Lucrécio, poeta da natureza, muito consciente da febre que agita o homem: "Da fonte dos prazeres, jorra uma espécie de amargura que atormenta, mesmo em leito de flores."[54]

Eis a especificidade da vida humana: desenhar-se sobre um fundo de finitude e de insuficiência. Todo prazer, todo momento de alívio, é sempre efêmero, não cura nada de modo definitivo, pois a verdade final retumba, inelutável. Sem falar dos golpes de vida, que salpicam a de cada um e alteram de novo o gosto da vida. Seria preciso poder apreciar o gosto da amargura: essa seria, com certeza, a lição estoica por excelência. Não suscitar a amargura; entretanto, uma vez que ela surja, saber prová-la sem desfalecer: "Dá-me um [vinho] mais amargo", escreve Catulo.[55] Eis que Montaigne nos descreve a alegria como uma forma de "severidade", bem afastada das imagens edulcoradas da felicidade publicitária, sempre ligada a um preço, um *pretium doloris*,[56] poderíamos dizer. A amargura é o preço a ser pago por essa ausência de ilusão; contudo, ela confere uma espécie de pureza ao gosto restante. Sem dúvida, a escolha é essa: uma ilusão total sem amargura, que impede qualquer percepção do gosto verdadeiro, ou uma amargura real que, uma vez já sublimada, deixa transparecer uma doçura possível, terrivelmente sutil, completamente vulnerável, de grande e magnífica raridade.

Melancólica literatura

A amargura foi um grande objeto da literatura, em específico da poesia. Verlaine representa sem dúvida um de seus experimentadores mais talentosos, mesmo quando o gosto que ele deixa seja mais picante do que delicado. É o horizonte dos *Poemas saturnianos*,[57] essa grande ode aos filhos de Saturno, que têm "grande parte da bílis e das vis desgraças", cuja imaginação não é apenas uma aliada como pode tornar-se razão inepta, e não saber o que fazer com esse "triste ideal em ruínas". Mas a própria ode trai o fracasso, pois, ao narrá-lo, ela não se resume a ele. Pelo contrário, ela se lança e estende para as almas outro céu. Graças a Verlaine, sua amargura se faz espuma das ondas, paisagem total, possibilidade de colorir o mundo, camafeu de aparência triste, cujos encantos aparecem para aquele que lhe emprestar um olhar mais atento.

Victor Hugo, tão hábil na sublimação, soube retratar esse homem preso na amargura que, porém, não cede e apoia-se nela para se tornar outro. Fala dos homens-oceano. Ao descrevê-los, pensa em Dante, em Shakespeare, em Michelangelo, esses ilustres, talentosos, gênios que atravessaram os fluxos e refluxos da vida, esse "vaivém" terrível, esse "som de todos os sopros, essas sombras escuras e essas transparências, essas vegetações próprias ao abismo".[58]

Ei-los, os homens-oceano, que fabricam a obra imensa, que tocam a graça quando estão diante do abismo. Não se trata do abismo produzir, num passe de mágica, seu contrário. De forma alguma. Ele os chama "as águias na espuma", aqueles que são capazes de "um tal nível após a catástrofe", aqueles que não cedem ao naufrágio, pois há naufrágio. "E olhar essas almas é como olhar o oceano", continua. Essa é certamente uma das mais belas homenagens que podemos prestar aos que experimentam a amargura e descobrem seu estranho sabor; eles sabem também aumentar nosso mundo, sabem nos reconectar a ele, enquanto nos debatemos nas redes de nosso desamparo, sem estilo.

Nietzsche diz as coisas de outro modo, pois, nele, a amargura se tornou aridez; mas a convivência com os poetas é real: "Sabemos que o desaparecimento de uma ilusão não cria imediatamente uma verdade, mas sim um novo fragmento de ignorância, um alargamento de nosso espaço vazio, uma ampliação de nosso deserto."[59] Nem Saturno, nem o oceano, antes o deserto. "Nosso" espaço vazio, "nosso" deserto; a singularidade e o próprio se instalam de modo imperceptível, nem sempre agradável. Ali ainda resta algo do sujeito, de si próprio, mesmo nesse vazio que não parece estar endereçado a nós. Mas o próprio fato de ser a priori humano faz com que haja um endereço. Acreditar no endereço é um engano, assim como esquecer que o sujeito não passa de um ponto de vista entre uma infinidade de outros, sabendo que ele possui inúmeros outros pontos de vista possíveis sobre o tal deserto. Permanecemos, para cada um de nós, a única mediação possível do mundo, pelo menos aquela irredutível. Não é possível não passar por si mesmo. Inventamos o "nós/a gente"[60] para nos distanciarmos, com justa razão. Buscamos o si em desaparecimento para tentar nos aproximar do real e dos outros, mas todo caminho é um caminho do si: para alguns, essa é a triste realidade; para outros, pode ser outra coisa, a tentativa de ultrapassar a "moral dos escravos", se retomarmos o registro nietzschiano, ao inscrevê-lo no legado de Hegel.

A multidão dos seres falhos

Muitas coisas para anotar a respeito dessa moral da insuficiência que se compraz a si mesma. "A multidão de seres falhos é tremenda, pior ainda sua despreocupação beata, sua segurança (a ausência de interesse pela evolução coletiva do homem) como tudo pode desmoronar."[61] A multidão dos seres falhos, em Nietzsche, faz eco ao rebanho, ao "populacho", aos "escravos", falando claramente: àqueles que rejeitam a prova, escabreiam-se face à dificuldade, recusam a frustração e recusam a prova vital, no sentido de que esta pode levar à morte do sujeito. A tese nietzschiana pode parecer binária, pois certamente não há, de um lado, o senhor e o escravo, de outro; porém, a dialética de ambos existe, no interior de cada um, como estipula Hegel:

> Só mediante o pôr a vida em risco, a liberdade se conquista; e se prova que a essência da consciência de-si não é o ser, nem o modo imediato como ela surge, nem o seu submergir-se na expansão da vida.[62]

O risco de morte não é figurado, é bem real: o sujeito se torna senhor porque combate, porque enfrenta um risco que pode derrubá-lo, que um outro se recusará a enfrentar com medo de vacilar, o que produzirá então justamente uma vacilação: esse é o escravo. Para Nietzsche, o ressentimento é exatamente a maneira de pensar da massa, do homem vil, do homem não diferenciado, que se vitimiza, embora seja ele o responsável por essa indiferenciação, pois escolheu de modo deliberado a ausência de risco, o divertimento – o termo nietzschiano é a embriaguez. O ressentimento é um amolecimento da alma, isso nos parece contraintuitivo, pois é de tal modo asqueroso que sua acidez arde e pode gerar a ilusão de um gosto intenso. A "multidão dos mal--vindos", diz ainda Nietzsche, o rebanho contra o homem de exceção. Compreendemos o medo de constituir-se como exceção, ou melhor, o ardente desejo de ser excepcional sem pagar o preço por isso: desejar pagar o preço do rebanho e almejar a distinção, isso não funciona. Voltamos aqui à noção de *pretium doloris*, indispensável para a subjetivação ou saída da menoridade. O risco vital do pensamento, o risco de uma separação irremediável, o sujeito não pode deixar de assumi-lo, se quiser tentar a aventura subjetiva:

> A rebelião escrava na moral começa quando o próprio ressentimento se torna criador e gera valores: o ressentimento dos seres aos quais é negada a verdadeira reação, a dos atos, e que apenas por uma vingança imaginária obtêm reparação. Enquanto toda moral nobre nasce de um triunfante Sim a si mesma, já de início a moral escrava diz Não a um "fora", um "outro", um "não eu" – e este Não é seu ato criador. Esta inversão do olhar que estabelece valores – este necessário dirigir-se para fora, em vez de voltar-se para si é algo próprio do ressentimento: a moral escrava sempre requer, para nascer, um mundo oposto e exterior, para poder agir em absoluto – sua ação é no fundo reação.[63]

Escolher o ressentimento consiste exatamente em escolher a não ação, em instalar o regime compensatório sobre o imaginário e não sobre o real. Da mesma maneira, é constituir-se "em oposição a" e não perceber o esgotamento estrutural de tal situação, pois situar-se sempre em relação a um outro é enfraquecer seu sujeito, torná-lo dependente, viver em uma espécie de panóptico do qual se é o primeiro prisioneiro. É viver como "*segundo de*",[64] como "valete-serviçal", como quem sofre a consequência, como um estrangeiro. Isso provoca doença. Comparar-se o tempo todo acaba por transformar a si mesmo em uma medida, ou melhor, acaba por fazer o sequenciamento de seu próprio ser para que este possa ser comparado ao do outro, ele próprio incomparável, posto que singular. Porém, a vontade de se comparar trai o vazio que nos anima, o medo de não sermos nada; então buscamos e comparamos a fim de verificar que somos melhores ou, inversamente – o que equivale a um tipo de alienação diferente, igualmente danosa –, que se é inferior, e logo isso se torna tão insuportável que será preciso viciar os valores e depreciar o outro para invalidar essa comparação que nos devolve uma imagem tão ruim de nós mesmos.

Assumir o *pretium doloris* não é somente enfrentar o risco do pensamento ou da ação, é também renunciar à necessidade de reparação. Assumir o risco de não reparar a injustiça cometida é parar de esperar a reparação como um *deus ex machina*, liberar-se da expectativa, do ponto de vista emocional, e não apenas teórico. É encarar o risco de cicatrizar sozinho suas feridas, apesar de nossa notória insuficiência, que faz com que não sejamos os melhores médicos para nós mesmos; ainda assim, será preciso resolver a questão.

O limiar inaugural da decisão é ter a coragem de não mais esperar a reparação. Não necessariamente perdoar, mas desviar-se da expectativa obsessiva de reparação, isto é, não ficar trancado na necessidade de reparação. Abandonar a queixa, a justiça dessa queixa, assumir o risco, não capitular, resolver-se que a ferida estará em outro lugar, não ali, na troca medíocre com o outro. Renunciar à justiça – não à ideia de justiça, mas à ideia de ser o braço armado dela ou de que outros o sejam. Haverá talvez justiça, essa busca pode existir, no entanto, com a única condição de não fomentar o ressentimento, o ódio do outro como motor. Toda a nossa história, nosso caminhar histórico civilizacional, está construída em cima disso. Portanto, não é nada simples abandonar esse motor clássico da história e inventar outro percurso, o de uma justiça que se pauta pela ação, compromisso, invenção, sublimação, e não pela reparação. Claro, os protocolos de reparação são essenciais e cabem às instituições, incluindo tudo o que acontece de modo insuficiente nesse processo. Constituem com frequência o núcleo central das políticas públicas. Mas, aqui, evocamos o indivíduo, como ele escapa ao seu próprio ressentimento, como ele foge à prisão da injustiça social e daquela formada por suas próprias representações mentais, ou como ele finalmente compreende que não se repara aquilo que foi ferido, quebrado, humilhado; repara-se, na verdade, "em outro lugar" e de "outro modo": aquilo que vai ser reparado ainda não existe.

Nietzsche dá um passo além na denúncia, ao considerar que a modernidade fez triunfar os doentes, os fracos, os medíocres, o rebanho, que ela instalou o ressentimento de modo global. Essa denúncia do tempo moderno, oposto a um hipotético e valoroso tempo antigo, pode ser facilmente desconstruída, e, sobretudo, uma denúncia assim, quase absolutista, termina por ser contraproducente. Usemos da interpretação, categoria altamente nietzschiana, para perceber a vastidão de seu pensamento e do que se segue a ele. Escolher o ressentimento é escolher o rebanho dentro de si, é mirar nos outros a marca do azedume, como para melhor fazer ecoar o seu próprio. Nietzsche fala do instinto do rebanho. "O homem do ressentimento não é franco, nem ingênuo, nem honesto e reto consigo. Sua alma olha de través; ele ama os refúgios, os subterfúgios, os caminhos ocultos, tudo escondido lhe agrada como seu mundo, sua segurança, seu bálsamo; ele entende do silêncio, do não esquecimento, da espera, do momentâneo apequenamento e da própria humilhação."[65] Certamente o homem do ressentimento não percebe o logro, certamente não tem consciência da *mirada dirigida ao pequeno*, do enfraquecimento escolhido, justamente por estar ocupado em experimentar a febre do azedume e acreditar em seu poder mágico, já que agora ele opta com frequência pela crença mágica, aquela que acredita numa reparação caída do céu, mesmo pertencendo ao time dos mais ateus. Mas ressentimento e superstição caminham juntos, e aqueles tomados pelo ressentimento acreditam na reparação da injustiça sem ter de passar pelo único remédio da ação. Acreditam que a reação pode promover a reparação. Acreditam num inimigo, naquele inventado de cabo a rabo – vamos reconhecer que, pelo menos para uma alma sadia, não é simples ter inimigos.

Claro, qualquer um pode ser levado a encarar o que acredita representar um imenso perigo: um bárbaro ou simplesmente um inimigo, no sentido de que este último quer destruí-lo. Será então impossível, pelo menos se deseja autoconservar-se e proteger aqueles que ama, enfrentar esse outro e ter esperança de derrotá-lo. Mas não se trata disso. O ressentimento fabrica inimigos, não para defender-se deles, como se eles quisessem destroçar o homem do ressentimento, mas para, justamente, poder desejar a morte desses mesmos inimigos. Por óbvio, os homens do ressentimento reivindicarão o contrário, ao explicar que a vida deles é prejudicada exatamente por esses famosos "outros". Mas a verdade é bem mais dura: os inimigos não são inimigos, pois o mesmo ideal os atravessa e atravessa também os homens do ressentimento; estes últimos desejam ocupar o lugar dos assim chamados inimigos, o que demonstra bem que a própria categoria de inimigos foi usurpada.

> Imaginemos *o inimigo* tal como o concebe o homem do ressentimento – e precisamente nisso está seu feito, sua criação: ele concebeu "o inimigo mau", "o mau", e isto como conceito básico, a partir do qual também elabora, como imagem equivalente, um "bom" – ele mesmo![66]

Se considero que a luta contra o ressentimento constitui o objetivo primeiro da cura analítica, acredito também que a reparação não se encontra ao fim desse caminho. Não é raro que os pacientes cheguem ao consultório com esse desejo: reparar, re-viver, viver novamente como viviam antes do drama, antes do trauma. Depois entendem que não haverá marcha à ré, que haverá criação e não reparação, que na falta de criação, só haverá regressão. De fato, o que buscam nessa fantasia do retorno é a despreocupação de uma vida, é a ilusão da felicidade, às vezes a própria felicidade... e isso continua sendo possível. Mas essa felicidade nunca será aquela antiga felicidade. Será algo que nunca existiu; e aferrar-se a esse desafio é algo impressionante, isto é, criar o que nunca existiu. É normal sentir-se vacilante, duvidar. Mas recuperar algum tipo de saúde significa retomar o caminho da criação, da emergência possível.

A faculdade do esquecimento

Para apreender o princípio do ressentimento e seu funcionamento, Nietzsche, Freud e Deleuze se unem e descrevem o seu duplo movimento, consciente e inconsciente. A partir do esquema freudiano da hipótese tópica, compreende-se como uma excitação, enquanto traço, foi recebida e guardada na memória pelo inconsciente e, em seguida como ela é, de certo modo, revigorada por uma nova excitação contemporânea: aí então o traço "momentâneo" se faz mais "duradouro".[67] Na ausência de revigoramento consciente, o ressentimento não existiria: permaneceríamos abaixo do inconsciente, algo mais traumático, porém não necessariamente submetidos ao ressentimento. Ao comentar Nietzsche, Deleuze recorda que o esquecimento é, para o filósofo alemão, uma capacidade das almas nobres.[68] Poderíamos lembrar a capacidade de recalque, mas ele não é exatamente o mesmo que o esquecimento: não possui sua inocência.

É inegável que o verdadeiro esquecimento pode também ter uma força, pois permite que dele resulte outra coisa, a emergência de algo distinto. Seria uma espécie de dinâmica inconsciente de regeneração, exceto na hipótese de um déficit cognitivo, é claro. O esquecimento foi por tempo demais encarado apenas do ponto de vista da consciência, apesar de possuir, por si só, imenso poder vital sob o aspecto do inconsciente e, em seguida, de sua validação pela consciência. De fato, se a consciência esquece e o inconsciente mantém, o sujeito pode se sentir constrangido e viver aquilo que se denomina precisamente o retorno do recalcado. Contudo parece ser bastante difícil buscar deliberadamente o esquecimento: um esquecimento voluntário continua sendo esquecimento? Também é evidente que aqueles que experimentam o ressentimento não se esquecem; mas atenção para o contrassenso que considera o homem do ressentimento como garantidor de uma memória, como aquele que nunca esquece o que aconteceu. Não se trata disso. A excitação recebida pelo homem do ressentimento é irremediavelmente mediada por ele. Ou seja, o que foi recebido não é necessariamente o que houve; em todo caso, é apenas uma ínfima parte. O problema não está no fato de que ele não se esquece nunca, mas antes no fato de que aquilo que fica guardado na memória estará desde logo falseado, ainda mais pelo revigoramento de sua consciência; esta, aliás, não necessitará do mesmo objeto para se revitalizar, por conta da efusão desde o início do ressentido. Já vimos antes, o ressentimento pode rapidamente dispensar um objeto e, portanto, uma memória. Se não se encontra no esquecimento, situa-se na falsificação, não pelo fato de a excitação recebida ser necessariamente diferente da realidade original, mas porque lhe falta humildade quando se acredita no que ela, a falsificação, recobre e não faz a distinção. Não fazer a distinção no nível inconsciente é algo que pode ser recuperado justamente ao trabalhar a partir do inconsciente – trata-se do trabalho analítico. No entanto, não fazer a distinção no nível consciente é propriamente insuficiente; tal é a enfermidade profunda do ressentimento: permitir ser enganado por si mesmo e acreditar, para coroar o conjunto, que não houve esquecimento, quando na verdade se esqueceu a própria confusão operada por ele.

A faculdade de esquecer é um caminho para se proteger do ressentimento, dada a dificuldade essencial que consiste em não cobrir o esquecimento com o único desejo de esquecer.

> Mesmo o ressentimento do homem nobre, quando nele aparece, se consome e se exaure numa reação imediata, por isso não envenena: por outro lado, nem sequer aparece, em inúmeros casos em que é inevitável nos impotentes e fracos. Não conseguir levar a sério por muito tempo seus inimigos, suas desventuras, seus malfeitos inclusive – eis o indício de naturezas fortes e plenas, em que há um excesso de força plástica, modeladora, regeneradora, propiciadora do esquecimento.[69]

Certo é que a consciência real do trágico, a compreensão profunda dessa noção, e de certo modo sua aceitação, não para justificá-la nem para provocá-la, mas simplesmente para perceber que há uma diferença essencial entre o sujeito e o real, entre aquilo que chamamos verdade e o real em si, diferença essa que designa o cerne da obra literária e filosófica de Nietzsche. E aqui também há grande distinção entre levar-se a sério e a simples compreensão do trágico.

Para Jankélévitch, os termos são bastante próximos para descrever uma mesma realidade, mesmo podendo parecer o inverso. Quando Jankélévitch escreve o seguinte: "Inútil crer-se trágico, basta ser sério", ele designa o mesmo que Nietzsche, isto é, uma compreensão bastante fina do real e de sua dor, um sentido inevitável do *pretium doloris* e uma ausência de recuperação sentimental ou vitimária, quiçá discursiva, desse sentimento. Inútil se levar a sério, inútil dissertar sobre a seriedade; basta uma aceitação que não descamba para a renúncia complacente e reacionária do ressentimento. Aliás, trata-se de outro significado do "basta" que emerge. Um "basta" não vingativo, testemunha da obrigação moral de seguir em frente, para que novamente se desdobre um gesto de conhecimento.

Nietzsche recorda um equívoco de Aristóteles relativo à assimilação entre o trágico e as paixões tristes, como o terror e a compaixão: "Tivesse ele razão, então a tragédia seria uma arte perigosa para a vida: ter-se-ia de fazer recomendações em relação a ela como em relação a algo suspeito e prejudicial à sociedade."[70] A arte, ao se colocar a serviço da infâmia, estaria negando a si mesma. Inversamente, a tragédia é um "tônico" – pelo menos deve ser percebida assim –, uma oportunidade para a dinâmica catártica, e não apenas uma repetição ruminatória. Dito de outro modo, o sentido do trágico é o de dirigir-se para a ação, e não para a simples reação, que é o exato contrário da ação. "Os gregos [...] não eram *resignados*." "A predileção por *coisas problemáticas e temíveis* é um sintoma de *força*. [...] O prazer na tragédia assinala épocas e caracteres *fortes*."[71]

Sublimar o trágico é certamente mais confortável – digamos, mais evidente – para o artista. O desafio parece mais complicado para o não artista, aquele que não fez da sublimação um quase-reflexo técnico e metodológico; ele precisa experimentar a via artística por si só, a sua própria, que não se transformará necessariamente em obra literária ou artística, embora se refira ao mesmo processo libidinal e de investimento no mundo, numa mesma aptidão para perceber o trágico, mantendo-se distante de seu possível veneno.

Esperar do mundo

Nietzsche afirma: o homem que escapa do ressentimento não escapa de uma vez, é sempre fruto de um trabalho. E a obra precisa ser sempre refeita: a vigilância está sempre ali, para obrigar-se à sublimação e não se contentar com uma simples inspiração. Eis uma das definições freudianas da cultura: "A sublimação do instinto é um traço bastante saliente da evolução cultural, ela torna possível que atividades psíquicas mais elevadas, científicas, artísticas, ideológicas, tenham papel tão significativo na vida civilizada."[72] A sublimação é essa aptidão necessária do sujeito individual, isolado ou preso nas malhas da sociedade; é essa habilidade de compor com suas próprias neuroses e com as dos outros, estas últimas ainda mais difíceis de digerir. Trata-se de um talento quase alquímico para fazer com as pulsões algo além do pulsional regressivo, virá-las em direção a um além delas próprias, empregar conscientemente a energia criadora que as percorre.

Pois é preciso compreender que a energia é escassa, renovável, mas que cada sujeito tem um ritmo próprio de renovação, e que queimar sua energia com objetos impróprios consome e coloca em perigo a resiliência ecossistêmica. "Como um indivíduo não dispõe de quantidades ilimitadas de energia psíquica, tem de dar conta de suas tarefas mediante uma adequada distribuição da libido."[73] A análise permite compreender o funcionamento libidinal do ser: como sua energia focaliza neste ou naquele objeto e como, ao focalizar em demasia determinado objeto, ela se consome, gira no vácuo, sem a possibilidade de se recarregar; como enfim é preciso aprender "a adequada distribuição da libido", pois é a mesma energia que percorre o corpo e o espírito, o investimento na sociedade e aquilo que alguém é capaz de esbanjar fora dela. Aqui, as regras variam de acordo com os seres, alguns sabendo empregar tal energia na escrita, na vida pública e na sexualidade. Outros, inversamente, devem "escolher"; ou melhor, sendo constrangidos pelo fato de essa energia não ser infinita, e de que é preciso então orientá-la, é preciso escolher, mesmo que a vontade fosse a de fazer de outro modo.

Freud pôde deixar à solta seu sexismo ordinário, que se apoiava, aliás, em um fenômeno próprio de sua época – a saber, a ocorrência de quadros de histeria mais frequentes entre as mulheres do que nos homens. O erro freudiano[74] foi essencializar a mulher e não perceber que existe o momento histórico. Se a mulher fica no ressentimento, não é por não ser mais o objeto da atenção masculina – ao menos, em parte –, mas, sobretudo, por se perceber privada de seu próprio investimento libidinal. Ora, toda pessoa impedida de abordar o mundo por meio de sua libido morre lentamente e recai no ressentimento, como um processo de defesa. De resto, é aqui que o cruzamento entre esforço pessoal e esforço societal se torna determinante. É claro que existem condições estruturais que produzem ressentimento. Isso não significa, porém, que seja preciso submeter-se a isso; deve-se antes reconhecer que a situação é mais difícil para aquele – e frequentemente para aquela – que se vê confrontado com tais condições. É, assim, dever da política e de um Estado de direito digno desse nome a produção de condições que não reforcem o ressentimento e permitam que um maior número de pessoas consiga investir no mundo de modo libidinal; não se trata somente de permitir aquilo que Winnicott designa como esperança de uma expectativa que será atendida pelo mundo, mas também da disposição dos meios para alcançá-la.

Para Winnicott, ultrapassando a etapa primeira do desenvolvimento da criança, a preocupação materna primária torna-se uma metáfora do trabalho terapêutico: "o que fazemos na terapia, é tentar imitar o processo natural que caracteriza toda mãe com seu próprio bebê." "Um bebê, isso não existe", escreve Winnicott, para ressaltar que um bebê não existe sem a mãe ou sem uma pessoa que ocupe esse lugar e que cuide dele. Com Winnicott, o indivíduo deixa de ser uma unidade isolada: "No início, o indivíduo não é uma unidade. Para o observador externo, a unidade é o conjunto ambiente-indivíduo."[75] Para definir o cuidado materno, Winnicott recorre à noção de devoção para destacar seu caráter ilimitado, não discriminante, infinito e de algum modo providencial.

A saúde mental de cada criança é possibilitada pela mãe, enquanto esta se preocupa com a criação de seus filhos. A palavra "devoção", se despida de seu sentimentalismo, pode ser usada para descrever o fator principal sem o qual a mãe não pode dar sua contribuição, a adaptação sensível e ativa às necessidades de sua criança – necessidades que, no início, são absolutas. Essa palavra também nos indica que, para ser bem-sucedida em sua tarefa, a mãe não precisa ser muito esperta... A saúde mental, portanto, é o produto de um cuidado incessante que permite a continuidade do crescimento emocional.[76]

A devoção não é um ato teórico, é um dom de si, irrestrito, uma maneira de estar totalmente disponível, totalmente atenta. Isso não remete somente às ações que a mãe pode propiciar em termos de cuidados essenciais, do tipo *handling* [manejo dos cuidados corporais]; remete igualmente ao sentimento de segurança que a criança pode experimentar em consequência da atenção que recebe da mãe. O bebê se sente "carregado, sustentado", protegido, e esse apoio – esse cuidado – permite que elabore um primeiro contato com o mundo. "O bebê não sabe que o espaço que o cerca é mantido por você [a mãe]. Você toma cuidado, para que o mundo não o machuque, antes que ele o descubra! Com uma calma cheia de vida, você segue a vida em seu bebê e em você, você aguarda os movimentos que ele faz, os movimentos que conduzem à sua própria descoberta."[77] O apoio da mãe é aqui o apoio do mundo, na medida em que o recém-nascido pode descobrir o mundo sem ser traumatizado por ele. O mundo não se torna mundo sem esse apoio inaugural da mãe. Em seguida, a separação poderá acontecer e a criança poderá construir sua própria relação com o mundo. "Muitas coisas dependem assim da maneira pela qual o mundo será descoberto pelo bebê e pela criança. A mãe normal pode começar e continuar esse trabalho extraordinário que é apresentar o mundo em pequenas doses, não porque ela seja sábia, como um filósofo seria, mas simplesmente porque ela está dedicada ao seu bebê."[78] É aqui que a saúde psíquica do indivíduo vai se desenhar – não integralmente, é claro, mas, de todo modo, maus-tratos ocorridos nesse período da infância serão profundamente danosos para o futuro sujeito, na medida em que essa falha inaugural será reforçada na falta de ferramentas capazes de superá-la. Durante a infância, a mãe fornece "as razões para acreditar que o mundo é um lugar no qual existe a esperança de encontrar aquilo que é esperado, imaginado e necessário".[79]

De fato, nenhum indivíduo pode se apoiar na obrigação do Estado de direito de produzir as condições que não reforcem o ressentimento, na medida em que isso tudo não existe sem o esforço contínuo dos indivíduos, trabalhando para criar meios de luta contra o ressentimento. Contudo, o indivíduo *por si só* não é o *único* responsável pela disfunção democrática, especialmente por sua complacência ao considerar que a manutenção das estruturas que alimentam o ressentimento é coisa pouca. "Esperar pelo mundo" não é recusar a frustração, mas apenas inscrevê-la numa ordem de significação possível de simbolização. Se o indivíduo estiver convencido de que não tem nada a esperar do mundo, a foraclusão[80] se opera, e isso vai alterar sua faculdade de "receptividade para a alegria e o sofrimento". Eis o sujeito destinado ao "torpor original" e ao "gradual entorpecimento".[81]

O trágico do *thiasus*[82]

O ponto de virada, contraintuitivo, está em contrapor o sentido próprio do trágico ao ressentimento e opor a justa compreensão da tragédia ao espírito de seriedade de enxergar aí a possibilidade de um desafio à alegria. De fato, a tragédia supera *a minha* tragédia. A tragédia é trágica, universal, e o *Eu* não se sustenta diante dela: ele não pode competir com o desenvolvimento da tragédia, e, sobretudo, o *Eu* não é, originalmente, capaz de enfrentá-la. Não se encontram no mesmo campo. Dizer *Eu* é colocar o mundo como *meu* mundo: isso é certamente necessário para o sujeito, mas não pode constituir a palavra derradeira. Pois então, o caminho se divide entre o ressentimento, de um lado, e o igualmente absurdo complexo de superioridade, do outro: em suma, ilusão *versus* ilusão. Pode-se dizer *Eu*; mas a justa individuação deve nos levar a ultrapassar tal postura e tentar a aventura de um *Eu* em desaparecimento, à la Mallarmé.

Mallarmé não é chamado em socorro por acaso. Antes de tudo, é autor de um processo inaugural de *compagnonnage*,[83] e é também quem ajuda Deleuze a perceber o sentido do trágico em Nietzsche, a ampliar a visão tradicional do trágico. É verdade que o *deus ex machina* é com frequência considerado como aquilo que não deixa saída, aquilo que se abate sobre o homem e não permite nenhum refúgio possível. Ali, o trágico toma ares de *lance de dados*,[84] tão ruidoso, abrupto, impossível quanto prenhe de um potencial por vezes ainda refratário à sublimação ou ao deciframento.

Diz Deleuze: "A mensagem feliz é o pensamento trágico; pois o trágico não está nas recriminações do ressentimento, nos conflitos da má consciência nem nas contradições de uma vontade que se sente culpada e responsável. O trágico não está nem mesmo na luta contra o ressentimento, a má consciência ou o niilismo. Nunca se compreendeu, segundo Nietzsche, o que era o trágico; trágico = alegre. Outra maneira de colocar a grande equação: querer = criar. Não se compreendeu que o trágico era positividade pura e múltipla, alegria dinâmica. [...]. Trágico é o lance de dados."[85] Esse é um pensamento que é preciso tentar viver, sem deixar-se seduzir meramente por sua poesia.

Na clínica, diante do luto do ser amado, da criança, em relação à tristeza, até mesmo diante do traumatismo cruel que penetra e fere para sempre o psiquismo, é preciso tentar a vertente, muito áspera, do sentido compreendido do trágico. Em geral, isso é impraticável nos primeiros tempos do tratamento, e mesmo muitos anos depois. Mas o que é terrivelmente surpreendente, e que traduz a diferença moral e intelectual entre os seres, é que, um dia, isso ocorre para alguns. Ninguém é capaz de prever quando, ninguém pode garantir que esse dia virá, pois nada é mais incerto. No entanto, é isso, o tempo *redescoberto*: é a lembrança distante do que já foi, mas é também o esquecimento, o espaço para outra coisa, algo que será igualmente vasto ou não. É a possibilidade de uma alegria, como a possibilidade de uma ilha: é a permanência, ao lado dela, de uma tristeza definitiva; e é a mobilidade do sujeito que atravessa esse lugar. E Nietzsche nos remete às figuras de Dionísio e de Zaratustra, as mesmas do conhece-te a ti mesmo, no sentido de que a primeira é mais dolorosa, a segunda mais alegre, ambas metamórficas, ambas apelando ao múltiplo e à visão de uma unidade mais criadora, menos absoluta.

Para tornar compreensível a figura dionisíaca, tentei muitas vezes explicá-la por seu *thiasus*. Dionísio é um, mas não é apenas um; ele é múltiplo no interior de si próprio, e também relacional, ligado àqueles que o acompanham, como tantos pedaços de si mesmo, como tantas sequências de vida e como tantos estrangeiros que nunca serão ele e vice-versa. É a corrente dos disformes, da velhice e da juventude, a corrente que não se deseja, que resiste à toda normalização e, sem dúvida, a todo desejo de ser formada enquanto tal – caso contrário, seria apenas uma farsa. O *thiasus* nos permite conceber uma visão do sujeito menos ilusória, mais poética, mais humilde, bem como a baixa expectativa de uma estética que atenda nosso orgulho. Há qualquer coisa de arcaico nesse cortejo, algo absurdo, e, no entanto, dá para sentir que acontece ali uma liberdade possível, uma alegria possível, ao mesmo tempo que tudo é dor, que há ali realmente um desaparecimento dos dominados, que o ressentimento, finalmente, se calou.

A grande saúde: escolher o Aberto, escolher o Numinoso

Pode-se considerar que um dos modos de fazer calar a dominação, embora não de maneira definitiva, é precisamente ter acesso à criação. Aquele que cria deixa de ser dominado; nesse sentido, é livre, mesmo quando sua criação está a serviço de um objetivo institucional ou estatal, ou até ideológico, pois a criação coloca-se de igual para igual com a instituição, já que ela desempenha algo no tempo, cria tempo, dura. E o que se joga nessa duração não pode ser circunscrito ao ponto inicial, a partir do único endereço institucional do criador. Fazer apelo à criação é penetrar num tempo sobre o qual não se terá indefinidamente controle, é libertar o domínio, mesmo quando se acredita ser possível instrumentalizar a obra. Uma obra verdadeira emancipa-se de fato. Assim, escolher a obra é sempre escolher o Aberto, como poderia escrever Rilke, é escolher o que não pode ser ofuscado pelo ressentimento, aquilo sobre o que este não tem alcance, pois o infinito de sua abertura impede, de modo resoluto, a sujeição à qual o ressentimento quer ceder.

Recorri com frequência à noção de Aberto, elaborada por Rilke, para endossá-la e conferir-lhe uma função clínica a princípio ausente. O Aberto tem a ver, no poeta, com o Real, o não sintetizável, a desestabilização profunda, mas igualmente com a calma, aquela calma do olhar do animal que ele tanto gosta de descrever em suas elegias. O Aberto pode ecoar ainda a noção de "numinoso" de Rudolf Otto, retomada por Jung em sua correspondência – isso tudo para continuar a falar de sua função terapêutica. Escolher o Aberto, escolher o Numinoso, equivale a escolher o princípio de individuação contra o ressentimento; equivale a colocá-lo definitivamente "fora", como aquilo que resiste à pulsão mortífera, como se a pulsão de vida, criadora, tirasse o vitalismo desse "fora": existir (sair de), estar fora do ressentimento.

> Você está totalmente certo: o que me interessa antes de mais nada em meu trabalho não é tratar as neuroses, mas me aproximar do numinoso. Não deixa de ser verdade que o acesso ao numinoso é a única terapia verdadeira e que, ao alcançar as experiências numinosas, somos libertados da maldição representada pela doença. A própria doença assume um caráter numinoso.[86]

Existe certamente em Otto, Freud, Jung e até mesmo em Rilke uma dialética entre o Numinoso, o sagrado, o espiritual, mais ainda do que com a ideia de conhecimento, julgada certamente racional demais ou baseada numa visão muito estreita da razão. Por outro lado, é certo que o Numinoso e o Aberto dialogam com a noção de *imaginatio vera* [imaginação verdadeira, criativa, ativa], que é indissociável do processo de aumento do Eu, ele próprio matricial ou articulado com o processo de individuação. Uma vez mais, a *imaginatio vera* se relaciona antes com a noção de discernimento do que com a de imaginário. Escolher o Aberto, resistir ao ressentimento é escolher a via criadora do discernimento. Veremos mais adiante a função clínica, terapêutica do discernimento. Discernir é um ato indispensável à saúde, algo que remete ao diagnóstico correto.

A obra cria o ar, a abertura, a janela, ela cria a fuga à qual não se resistirá, pois parece tão natural, feita para si mesma, dinâmica por apenas existir: é vida em sua pureza vitalista. "O homem trágico é a natureza em seu mais alto grau de força de criação e conhecimento, e, por essa razão, parindo com a dor."[87] Contra o instinto de vingança, a força criadora, ou mesmo que fosse apenas o instinto do jogo, o lance de dados, não o dado do relativismo, mas o dado das saídas, das possibilidades, das metamorfoses, das vidas reabertas, quando já pareciam trancadas e atingidas por um vazio, que é apenas uma ferida. Não, não se trata de brincar com as palavras quando se diz tudo isso, ao apelar seriamente à poesia de Nietzsche ou de Mallarmé, ao ouvir Deleuze dissertar sobre o metamórfico dionisíaco, ele, o adepto da *dobra*. Trata-se simplesmente de ler ou escrever o que é dito no espaço analítico – repito, esse espaço não pertence exclusivamente à psicanálise –, no espaço que coloca a análise, o terceiro, os terceiros, o Si, o Eu, o inconsciente, o *thiasus*, o sentido do trágico, a verbalização abortada e, em seguida, impedida, a sublimação impossível, insustentável, e então, um dia, realizada sem que isso tenha sido realmente conscientizado simultaneamente, o tempo redescoberto, os tempos redescobertos.

Tal é a saúde, a grande saúde nietzschiana: aqui, no exercício clínico que é o meu, a retomada da tentativa – única repetição viável – de se extrair do ressentimento, de obrigar-se ao capacitário, de terminar por senti-lo, sem ter de passar pela obrigação, de produzir um gesto, um *ethos*, um estilo: finalmente, um dia, fazê-lo, e não perder tempo algum para comentá-lo ou mesmo para se alegrar disso, alegrar-se somente do mundo, da vida, de qualquer parte, de um Eu que desaparece bem ali, sem mais perceber seus ferimentos de maneira aguda.

Tomemos o capítulo "O jogo do pensamento" em *A conversa infinita*, de Maurice Blanchot, que vai estruturar a noção de "experiência-limite": a saber, "essa resposta que o homem encontra quando decide colocar-se radicalmente em questão".[88] Blanchot, aquele mesmo que postulou a falta estrutural do nascimento, nos diz que, afinal, o homem é "tudo", que ele é, em seu projeto, esse "tudo" inseparável de uma sociedade que se livrou de sua servidão. E o que é esse "tudo"? Precisamente um "jogo do pensamento", precisamente buracos – diria Lacan – ou então dados, lances de dados. O que importa, nessa metáfora, é o lance, e também as suas infinitas combinações, não somente aquela que foi jogada. "Oh, dados lançados do fundo da sepultura em dedos de fina noite dados de pássaros de sol."[89] É a ideia de um destino, e a de um lance também, de um destino do qual se pode sair por um lance – quem sabe. Parece Mallarmé, mas é Blanchot quem solta a explicação, afiada até, da poesia, de um salto no destino. O que se joga é apenas *a própria possibilidade de jogar*. Não há outro *ganho*, ele recorda. Mas *essa possibilidade de jogar* cria a conversa infinita entre as almas, e esse é um movimento insurrecional, diz Blanchot, ao situar a escrita como o momento da insurreição: "A insurreição, a loucura de escrever."[90]

Tal é a diferença entre a ruminação e a repetição, que pode fundar um estilo. Pensamos na poesia de Péguy, claro. Quanto a ele, impossível evocar o vício de ruminação e impossível também negar que há, na *repetição* de Péguy,[91] em seu emprego estilístico sem igual, o *amor fati* [amor do destino] de Nietzsche, o sentido da eternidade e sua dança possível com o indivíduo, ao superar os tormentos do ressentimento. Bruno Latour estudou a importância do estilo repetitivo de Péguy para mostrar que ele inventa um lugar qualquer, um lugar de grande estabilidade, de um tempo que joga para si, pois permite a sublimação: "o que é natural se reproduz; o que é interessante passa e não permanece; o que é mentiroso é repisado; o que é essencial se repete. O que importa permanece presente e logo é retomado, sem cessar, para não passar, e, sobretudo, é retomado de modo diferente para não ser repisado [...] A repetição extrai do tempo o ser."[92] Pela repetição, pelo estilo, podemos habitar outro mundo, distinto daquele que nos cerca, um mundo em ligação com o passado, com a permanência das almas que nos antecederam, e cuja vastidão continua a trovejar dentro do estilo. Caso fosse preciso fazer uma comparação, mesmo que insuficiente, ela se daria pelo lado do vínculo que existe entre ritual e repetição, ou essa capacidade que possui o ritual de nos projetar na imanência, essa ligação com o transcendente. O ritual permite habitar o mundo. A repetição estilística permite habitar o mundo,[93] exatamente ao criar, a partir de dentro ou em outro lugar, um espaço-tempo sobre o qual este último não possui qualquer controle.

Existe um ponto dificilmente superável no pensamento de Nietzsche, bem destacado por Deleuze; pois ele tem razão quando designa o espírito de vingança, quiçá o ressentimento, como o grande motor da história moderna. O espírito de vingança parece ter prevalecido sobre tudo – a metafísica, a psicologia, a história. "Devemos compreender que o instinto de vingança é o elemento genealógico de nosso pensamento, o princípio transcendental de nossa maneira de pensar", comenta Deleuze.[94] Mas será então necessário concluir que o ressentimento é o único motor possível da história? Será ainda possível fazer história fora do ressentimento? Seria esse o empreendimento nietzschiano, segundo Zaratustra: fazer a história de outro modo, não fazer o início nascer no ressentimento? Seria esse o caminho proposto pela concepção do eterno retorno, o novo princípio civilizacional? A história, tal como a conhecemos, não foi somente a do ressentimento? Que este seja bem real, até mesmo inerente à dinâmica histórica, não resta a menor dúvida; que ele não tenha sido "viciado" justamente por uma dinâmica histórica menos viciada parece também ser algo possível. Mas o desafio, de todo modo, está posto, e responder a ele é bem difícil: como fazer história sem o ressentimento? Creio que seja uma questão essencial, pois não se trata de negar a existência do ressentimento, ou mesmo a sua necessidade; é importante, porém, ver como sublimá-lo para não deixar que ele conduza, sozinho, a dança histórica. A civilização humanista situa-se no passo à frente, o do enfrentamento do ressentimento – não a sua negação, mas antes a sua superação. Eis o caminho que separa a História da Ética, ou daquilo que tentamos definir como civilização humanista, precisamente uma história que não se contenta em seguir unicamente a esteira do ressentimento. "O homem é condenado a trabalhos forçados da temporalidade", ele possui sua "residência obrigatória no devir."[95] Como dizer de um modo melhor o que disse Jankélévitch sobre a obrigação de engajamento na história? Como, melhor do que ele, dizer que o sentido do passado se situa no futuro, ou, ainda, que seja preciso lembrar-se do futuro para construir o tempo presente e não mergulhar no desânimo face à barbárie? "O céu dos valores é um céu dilacerado",[96] escreve ele ainda, o que nos consola de termos, afinal, renunciado à ilusão suprema da pureza.

Continuar a se espantar com o mundo

Um dos pontos fundamentais das "características" do ressentimento é o fato de não mais saber ver, de perder o acesso a um olhar claro sobre as coisas, de perder essa capacidade de deslumbramento e, mais simplesmente, de admiração – logo, não se trata somente de uma cegueira, mas antes de uma deformação de tudo, como se o sujeito furasse os olhos, como se perdesse o acesso à sua própria generosidade.

Em Descartes, a generosidade é matricial e protege contra as paixões tristes (cólera, inveja, ciúme). O artigo 156 de *As paixões da alma* permite compreender como essa qualidade humana protege contra o ressentimento, no sentido de que este é uma espécie de ponto de convergência entre a inveja, o ódio e a cólera:

> Os que são generosos dessa forma [...] são inteiramente senhores de suas paixões, particularmente dos desejos, do ciúme e da inveja, porque não há coisa cuja aquisição dependa deles que julguem valer bastante para ser muito desejada; e do ódio para com os homens, porque os estimam a todos; e do medo, porque a confiança que depositam na sua própria virtude os tranquiliza; e enfim da cólera, porque, apreciando muito pouco todas as coisas dependentes de outrem, nunca concedem tanta vantagem a seus inimigos a ponto de reconhecer que são por eles ofendidos.[97]

Antes da descrição da generosidade, virtude operacional da luta contra os desregramentos das paixões, há a noção da admiração (artigo 53), a primeira das paixões primitivas. Ela se define não apenas pelo espanto diante das coisas raras e extraordinárias, como também implica a sua manutenção. Poder-se-ia, aliás, considerar que a admiração é aquilo que se opõe ao duplo movimento do ressentimento, funcionando de modo similar: há uma forma de excitação primeira e subsequente uma duplicação dessa excitação, em uma versão mais conscientizada. A dialética se coloca da seguinte maneira: a admiração aumenta nossa capacidade de atenção, quiçá de amor, porém o psiquismo que recebe essa excitação é, ele próprio, produtor de admiração. Sabemos que é impossível dissociar, na admiração, o olhar do sujeito daquilo que está sendo especificamente admirado. O admirável pode não ser admirado, da mesma forma que se pode admirar algo que não seja admirável. Quando Descartes convoca a admiração, ele já a liga insensivelmente à generosidade, para que esta seja menos falha e que confira ao sujeito maior capacidade de regulação de suas próprias paixões.

Deleuze retorna ao tema da incapacidade de admirar, respeitar e amar dos sujeitos "enamorados" pelo ressentimento.[98] Digo "enamorados", pois há algo de encantamento perverso entre eles: deixam-se encantar pelo ressentimento, assim como outros se deixam encantar pela admiração, ou melhor, pelo fanatismo, o entusiasmo transbordante que esconde um desejo de reconhecimento, por óbvio. A admiração, acoplada à generosidade e à humildade, em sua versão mais cartesiana, não constitui fanatismo, mas antes um sentimento razoável: aprender a olhar para o mundo ou para o outro, admirá-los percebendo neles a singularidade que permite aumentar seu próprio aprendizado geral, o que remete a essa aptidão bem conhecida da filosofia: a capacidade do espanto (*admiratio*) ou do questionamento, livre de toda tentação de depreciação. Admirar é provocar um despertar dentro de si, ampliar a capacidade cognitiva, permitir a mobilidade do corpo e do espírito, permitir, portanto, o agir. Muito interessante, a análise de Deleuze demonstra como o homem do ressentimento, a partir de uma incapacidade de admirar, passa para uma incapacidade de respeitar o que quer que seja, não apenas o objeto de sua depreciação. Isso é, aliás, bastante lógico: se a admiração confere ao sujeito uma capacidade bastante indeterminada de ampliação de seu espírito e de seu campo de ação, inversamente o ressentimento produz um estreitamento da alma, igualmente indiferenciado. "O mais surpreendente no homem do ressentimento não é sua maldade e sim sua repugnante malevolência, sua capacidade depreciativa. Nada lhe resiste. Ele não respeita seus amigos nem seus inimigos. Nem mesmo a infelicidade ou a causa da infelicidade."[99] Tudo se torna pequeno. Até a desgraça se torna pequena, à proporção que ela se torna culpa de outro. Tudo é medíocre. E ao acreditar que se está cercado pela mediocridade, é lógico que não se consiga, afinal, resistir a ela; a podridão alcança o homem do ressentimento, mesmo que ele não perceba o tamanho do perigo.

Um sentido adequado de autoconservação deveria levar à percepção de que é importante preservar algum espaço a salvo da podridão, nem que fosse para ali se abrigar; até essa operação, contudo, parece impossível. Sem dúvida, ela se realiza, mas apenas numa das traduções políticas do ressentimento: a saber, o fascismo, que, contra esse ressentimento, vai estabelecer uma espécie de muro, de fortaleza, numa ilusão purificadora, no interior da qual uma nova comunidade, livre de suas escórias, se alojará. Esse ao menos é o discurso que justifica a necessidade fascista. O regime populista, por si só, muitas vezes não ultrapassa o limiar de uma tentativa perversa da admiração: ele se mantém no registro único da passividade-agressividade, bem conhecido pelos "perversos medíocres".[100]

Verdade é que não é simples aceitar que suas dores, embora sendo sérias, não devam ser levadas a sério. Trata-se de um trabalho, um esforço sobre si próprio, bastante desagradável, pois é preciso afastar-se – aquela distância que assumimos em relação às desgraças do mundo e que, logo, não nos é estranha, com esse detalhe que não se trata necessariamente de colocação à distância, mas ignorância, falta de empatia ou de consideração – de egoísmo, em suma. Achamos que levamos a sério as desgraças do mundo, mas a realidade é bem distinta: nós não as levamos a sério. Quando finalmente levamos a sério nossas próprias desgraças, o ridículo e a impertinência da coisa toda se tornam ainda mais flagrantes. Não adianta, é mesmo difícil, pois é preciso jogar para longe esse dardo emocional que nos perfura.

Uma vez mais, não se trata de dizer aqui que essa dor deva ser negada, ou talvez que os espíritos "fortes" sejam aqueles que se mantêm prontamente distantes desse sentimento. Trata-se apenas de defender a obrigação de "colocação à distância", a obrigação ética e moral de não falsificar de maneira prolongada seus julgamentos, e preservar não só a saúde pessoal, como também aquela mais coletiva, ligada ao sentimento democrático. Esse é um exercício quase estoico, "aristocrático", posto que recorra ao "melhor" de si mesmo – se a relação elitista deve ser preservada, é antes de tudo consigo mesmo, com essa ideia que se pode impor a si mesmo uma disciplina, um método, um objetivo ético. "O respeito aristocrático pelas causas da infelicidade faz corpo com a impossibilidade de levar a sério suas próprias infelicidades."[101] A frase é de Deleuze, mas poderia ser de Nietzsche. E ela ecoa o estilo de Jankélévitch, para quem o "sério" é, de fato, sério exatamente porque implica a responsabilidade do sujeito e não seu desengajamento. Dito de outro modo, porque ele não se desembaraça das desgraças do mundo e que, face às suas próprias desgraças, não tenta ser ainda mais trágico nem tenta colocá-las na frente do palco, ou dramatizá-las ou ainda instrumentalizá-las. Age de acordo com a tomada em consideração da desgraça do mundo e não mais acredita estar agindo quando se contenta em apenas *sentir*[102] sua própria desgraça.

Felicidade e ressentimento

Definição viciada do infortúnio e, por extensão, de modo bastante lógico, definição viciada da felicidade. Primeira reviravolta, muito típica, daquele que não ama, que deseja ser amado e que o absurdo da coisa não incomoda.

> Quer ser amado, alimentado, dessedentado, acariciado, adormecido. Ele, o impotente, o dispéptico, o frígido, o insonioso, o escravo. [...] Considera, portanto, como prova de notória maldade que não o amem.[103]

O dispéptico é aquele que não sabe digerir, que sofre com a acidez do estômago que não passa. Nada passa, nada é digerido – a má digestão é um *leitmotiv* clássico para Nietzsche e para Deleuze. Ele quer ser amado, tal como uma criança que deseja isso ferozmente e que, diante da menor contrariedade, afunda-se em meio a gritos ou lágrimas, pois o outro produziu um ato que a frustrou, ou seja, um ato que pode ter gerado um desapontamento pelo simples fato de ela não ter sido considerada uma finalidade, apenas um ato não endereçado, indiferente.

O que é aceitável na criança, e que pode e deve ser corrigido, não o é num adulto firmemente instalado em seu sentimento de "direito a": eu, que não respeito nada, nem mesmo a você, tenho direito ao respeito. Definição viciada da felicidade, pois, doravante, só interessa a sua materialidade, as famosas provas, especialmente as que ultrapassam o mero simbolismo, este também desacreditado. "O homem do ressentimento é o homem do lucro e do proveito."[104] Os que pensam então que a coisa será mais simples, pois bastaria suprir com abundância o homem do ressentimento, isto é, dar a ele o que ele espera em termos materiais para poder curá-lo, ficarão desapontados. Nada basta para esse tonel das Danaides.[105] Quando o ressentimento se expressa plenamente, já vimos, o ressentimento do ter e o ressentimento do ser não mais se dissociam: não se pode curar o segundo por meio do primeiro, mesmo que o "ter" possa parecer infinito, o que ele nunca será. Aquilo que é dado nunca será o bastante.

Tal é o perigo de um ressentimento claramente desenvolvido: ele não está mais apto a negociar, trocar, conciliar. Ele tem uma concepção rentista da felicidade, concepção "passiva", retomando os termos de Nietzsche e de Deleuze. A felicidade, escreve Deleuze, aparece sob a forma de "entorpecente",[106] isto é, de uma substância que gera vício e permite iludir-se e fugir do real, instrumentalizar a alegria, obtê-la sob encomenda, mas toda alegria sob encomenda é falsa alegria e prazer mais e mais volátil. A felicidade, logicamente, para toda ética, é um esforço, é inseparável de um trabalho sobre si mesmo, de um aperfeiçoamento da alma, não está isenta de sofrimento, é uma forma de consciência capaz de sintetizar o todo, com suas falhas, e de desenvolver, apesar disso, uma potência de afirmação de si e da vida. O homem do ressentimento não busca tal definição de felicidade, bastante trabalhosa, bastante comprometida em termos de elaboração subjetiva. Ele busca o imediato, o que pode ser encomendado já ou encomendado remotamente, a felicidade à disposição, a felicidade-objeto, e não a felicidade-sujeito. Em suma, sua pergunta é: "o que é que eu ganho, com essa tal felicidade?", e não "como me tornar outro?". Esplêndida fórmula de Deleuze, que lembra o disparate daquele que não quer admirar, embora deseje ser reconhecido: "O homem do ressentimento é o homem do lucro e do proveito. [...] é ele que exige um lucro das ações que não faz."[107] Daí o último vínculo, aparentemente contraintuitivo, mas – já o dissemos – bem conhecido dos funcionamentos perversos, a passividade, o desejo de benefícios se liga com a agressividade,[108] e o círculo se completa: quanto mais passivo for, tanto mais agressivo será.

Defender os fortes contra os fracos

A "aranha" está na praça. Está ali e nada poderá aplacar sua voracidade. A aranha,[109] a tarântula, é assim que Nietzsche denomina a impossível digestão de sua própria infelicidade, ou melhor, daquilo que se julga como tal, pois é surpreendente observar na clínica como os grandes sofrimentos que se abatem sobre os seres, em sua pura objetividade – luto, separação, doença, abandono, tortura, estupro, traição etc. – não recobrem necessariamente o leito do ressentimento. Os sofrimentos caem e derrubam o sujeito. Ele está no chão, mais baixo do que o chão, em outro lugar para alguns, na impossibilidade de retornar para o mundo, na impossibilidade até do ressentimento – esse ressentimento parece tão despropositado. Alguns o atravessarão, mas, para a maioria, será sobretudo uma deportação total, uma separação definitiva, um fora do mundo que se abateu sobre eles. Depreciar não faz sentido. Há um buraco, um vazio imenso, até mesmo um abismo, e um Eu que mergulha ali, mas não há necessariamente uma aranha.

É evidente que aqueles que se alimentam da aranha de Louise Bourgeois[110] a percebem ao mesmo tempo em seu medo e possivelmente como outras coisas também. A arte de tecer: não se pode negar a obrigação e o valor da coisa. Caso se decida acompanhar a metáfora de Nietzsche, será para mostrar como a arte de tecer não pode ser reduzida a formar uma armadilha para eventuais presas. A aranha precisa do socorro do artista para superar a finalidade de sua própria teia, para inventar-lhe outra. Pensamos em Tomás Saraceno,[111] para quem a teia é obra, onde nada está preso, e o olhar se torna admirativo, surpreso. "Não banquem os espertos comigo",[112] diz o homem enamorado pelo ressentimento, que tece sua teia, para melhor nela se enredar: mesmo modo de ser e de reagir, entre o paranoico e o conspiracionista, que sempre encara sua burrice como se fosse inteligência, exatamente por esta ser uma dinâmica histérica de entrelaçar e de interpretar os sinais, sempre na mesma direção. O raciocínio do ressentimento é uma coisa que cada um pode experimentar facilmente e que se apoia na ruminação.

"Sempre se tem que defender os fortes contra os fracos."[113] A frase é de Nietzsche e deu margem a numerosas interpretações, muitas delas fascistizantes. Com Deleuze, percebemos uma outra compreensão da fraqueza, aquela do ressentimento, fortemente presente em Nietzsche, ou mesmo em Hegel, baseada nos mesmos pressupostos que estruturam a dialética do senhor e do escravo. O forte é também o forte em si, não necessariamente o poderoso no mundo real, ele é até mesmo o inverso, pois o ressentimento é potente e trai a fraqueza das almas, daqueles que renunciam ao seu agir, ao acusar os outros. O desmoronamento dos fortes, a inevitável promoção dos medíocres, esse é o triunfo do ressentimento, e pode-se compreender que esse desmoronamento já seja pessoal, no sentido de que aquilo que é promovido pela sociedade não é especificamente o melhor de si mesmo, mas o "vil", outro termo nietzschiano que se opõe, aqui também, à noção de nobreza da alma. A citação nietzschiana foi muitas vezes instrumentalizada para promover, inversamente, os que já são os mais poderosos e buscar ali uma magnífica justificativa para suas faltas. "Defender o forte contra o fraco" não se identifica, de modo algum, com a defesa do poderoso, do ponto de vista político, contra o vulnerável, o desprovido. A equação é mais sutil, e o combate é antes de tudo interior, espiritual. Defender o forte é defender a obrigação de uma sublimação do ressentimento, custe o que custar: é validar o fato de que a aniquilação não pode ser a última palavra da história de uma experiência de ressentimento.

Uma vez mais, o ressentimento pode ser atravessado, mas sucumbir a ele, permanecer indefinidamente enredado nele, é produzir o escravo dentro de si, é submeter-se à paixão mortal. O ressentimento é uma deterioração da moral, embora queira se travestir de sua pompa, pois separa o homem de sua ação.[114] Sem dúvida, nem toda separação entre o indivíduo e seu agir pode ser reduzida ao ressentimento, pois senão a reflexão não passaria de ressentimento, e a lei seria somente a arma dos medíocres, o que ela não é. Criar mediação já é simbolizar e, possivelmente, sublimar.

Patologias do ressentimento

Quando se trata de definir o ressentimento clinicamente, conhecer os critérios estabelecidos pelo Manual DSM-IV[115] pode ser útil. O ressentimento não aparece claramente definido enquanto tal, mas constitui o núcleo duro de diversos transtornos, dentre os quais está o assim chamado "transtorno desafiador de oposição", muito típico de alguns adolescentes e caracterizado por uma atitude negativista sistemática, hostil e vingativa. A pessoa acometida por esse transtorno nunca reconhece seus erros, provoca os outros de modo agressivo, tem acessos de cólera não controlados, apresenta uma atitude de má-fé patológica, é de uma suscetibilidade exacerbada, desafia qualquer forma de autoridade, desobedece sem se dar conta do sentido dessa desobediência; em suma, encontra-se trancafiada num comportamento negativo recorrente, sem nunca propor alguma solução nem questionar seu próprio comportamento. Seu ressentimento é permanente e posiciona o sujeito no papel de vítima-carrasco.

Por outro lado, esses adolescentes foram muitas vezes mais ou menos diagnosticados anteriormente como portadores de transtornos da atenção e hiperatividade. É interessante notar que o transtorno agravado de ressentimento pode coroar um déficit de atenção, na medida em que o sujeito não sabe mais se alimentar do olhar sobre as coisas, não é mais capaz de observar com atenção e, por extensão, considerar o que vê como alimento espiritual, não podendo assim efetuar seu trabalho compensatório. Inversamente, o que é visto provoca irritabilidade, é identificado como algo "hostil" ou que coloca em perigo a identidade do sujeito, que, por sua vez, não se julga à altura ou se considera vítima ou excluído, ou discriminado, não podendo se beneficiar do que os outros têm. O antagonismo que estrutura a postura do ressentimento está frequentemente associado a esses transtornos de atenção, o que é bastante lógico, pois a concentração, para existir, necessita de uma forma de assentimento, de acolhimento, propriamente distinto da postura antagonista. Compreender algo, aprender a conhecer, simplesmente surpreender-se, tudo isso necessita de uma atenção prévia. A partir do momento que o sujeito está confuso, não pode produzir tão facilmente essa atenção, algo que seria, no entanto, benéfico e protetor. Vê-se, então, por que preservar a atenção, a qualidade dessa atenção torna-se essencial, pois esta é matriz de inúmeros comportamentos cognitivos e sociais.

O ressentimento aparece igualmente na infância, como transtorno associado, quando ocorre uma angústia de separação,[116] o que é uma primeira incapacidade para enfrentar a frustração parental. Questões cruciais se dão na educação, o que talvez não impeça o aparecimento do ressentimento, mas forneça ao sujeito capacidade para resistir a ele e quiçá ultrapassá-lo: conseguir separar-se, compreender o sentido da frustração, compreender sua libertação possível, e não só seu aspecto deficitário, é um ponto-chave para orientar os comportamentos futuros. A educação é um aprendizado da separação, dessa aptidão para produzir futuramente uma autonomia, consciente de sua interdependência e de sua real solidão. Esse jogo sutil de amansar a distância, o corte, a simbolização, ou seja, aquilo que permite cortar sem fazer desaparecer, aquilo que permite manter a presença do que está ausente, é também isso que falta no ressentimento. Há uma incapacidade de simbolizar: é preciso a coisa ali, é preciso a materialidade para poder acreditar. É preciso *ter*, o fato de *ter* para validar que o fato existe. Ora, é estritamente impossível ter *sempre*, sem mesmo recordar a ideia de que isso é antinômico com a saúde do homem, que necessita de movimento, deve ser móvel, separado, simbolizante.

Essa frustração sublimada, Freud lhe dá um nome, o nome de cultura, de civilização:

> É impossível não ver em que medida a civilização é construída sobre a renúncia instintual, o quanto ela pressupõe justamente a não satisfação (supressão, repressão, ou o quê mais?) de instintos poderosos. Essa "frustração cultural" domina o largo âmbito dos vínculos sociais entre os homens; já sabemos que é a causa da hostilidade que todas as culturas têm de combater.[117]

Reprimir seus instintos e entender essa "repressão" não como uma sujeição, mas uma libertação. Percebe-se isso rapidamente, pois aquele que vive sob o domínio das pulsões tem esse sentimento de alienação, o sentimento de não controlá-las. Mas o inverso pode igualmente ser verdadeiro, e é aqui que a educação se torna essencial, não para falsificar a natureza da sujeição, mas para postular que não há liberdade fora de um meio, no seio de uma confrontação com os outros, com restrição; ou seja, a liberdade não significa ser todo-poderoso, se trata de desalienação em relação às próprias pulsões e às dos outros. A liberdade se define como nossa capacidade de agir, de manter a iniciativa mesmo no interior de um ambiente que não é exclusivamente o nosso, sabendo, porém, que Freud estabeleceu o inconsciente, ou seja, o fato de que o sujeito não é senhor em sua própria casa, que muitas vezes ignora o jogo das pulsões das quais é o objeto.

Hiperatividade, déficit de atenção, déficit da capacidade de se separar, de aceitar a frustração e de ser capaz de sublimá-la, déficit de simbolização – a esse conjunto de transtornos, é preciso acrescentar o que é clássico na esquizofrenia, isto é, o transtorno esquizoafetivo (típico da bipolaridade) e os delírios associados à perseguição, conforme definição do DSM-IV.[118] O tema central desse delírio envolve a crença de estar sendo vítima de conspiração, traição, espionagem, perseguição, envenenamento ou intoxicação com drogas, estar sendo alvo de comentários maldosos, de assédio ou estar sendo impedido em sua busca de objetivos a longo prazo. Para sustentar o delírio, o sujeito pode transformar de maneira exagerada pequenos acontecimentos em torno do foco do delírio. O foco desse delírio frequentemente se concentra em alguma injustiça que deve ser remediada por ação legal ("paranoia querelante"), podendo a pessoa afetada envolver-se em repetidas tentativas de obter satisfação, apelando a agências governamentais. Os indivíduos com delírio persecutório com frequência expressam ressentimento e raiva, podendo recorrer à violência contra aqueles que supostamente os prejudicam.

Vê-se aqui a dificuldade com a qual os clínicos são muitas vezes confrontados e mais ainda o universo da justiça. Provocar a justiça é um ato necessário e não necessariamente patológico. É preciso afirmá-lo e repeti-lo. Mas a "paranoia querelante", a saber, essa vocação ultraprocessual, esconde a vontade, ou melhor, a crença de que a lei tudo pode e obrigatoriamente dará razão à pessoa que acredita ter sido lesada; ou seja, a lei não passaria de um superEu que impõe aos outros aquilo em que ela, a pessoa, acredita – logo, o inverso da lei; e encontramos aqui novamente o argumento nietzschiano que considera que o desejo pela lei pode ser o coroamento do ressentimento. Essa loucura processual, essa mania, é justamente estranha àquele que não é movido pelo ressentimento; logo, obter reparação por meio da lei é praticamente impossível para ele, na medida em que não considera a lei uma dinâmica pessoal de reparação. Pedir justiça não é fazer justiça. Vemos então que nossa relação com a lei é geralmente muito viciada, e que a fetichização da lei, bastante conhecida em alguns países, corrobora essa tese. Compreende-se melhor como essa contradição – menosprezo pela lei e reivindicação absoluta desta última – encontra-se no cerne do ressentimento, que não percebe a natureza de seu delírio, ao desejar aquilo que ele pretende repudiar. Isso não significa que devamos dispensar a lei; porém, é preciso certamente dela manter uma grande distância e só recorrer a ela em *ultima ratio*.[119]

Reencontramos a contradição interna ao homem do ressentimento e suas pulsões de *amódio*.[120] Pulsões que fazem ecoar sua natureza passiva-

-agressiva, ainda aqui muito característica das personalidades negativistas e opositoras. Novamente, é preciso lembrar que é possível dizer de uma pessoa que ela se encontra no ressentimento a partir do momento em que um transtorno recorrente e invasivo aparece, e não apenas por ter atravessado esse mesmo sentimento. O que caracteriza o comportamento psicótico é sua fixação, não a travessia por ele. É preciso entender aqui o binômio passividade-agressividade de modo geral, e não apenas na relação interpessoal. Por exemplo, no ambiente de trabalho, a pessoa pode ser passiva-agressiva, ou seja, ela procrastina, se sente mal por estar procrastinando e, apesar disso, é incapaz de passar para a ação; ela só consegue viver o desprazer de sua inação, ao mesmo tempo que considera que não é responsável por tal inação ou até mesmo demonstra-se incapaz de identificar a reação a uma ausência de ação. A teimosia, a ineficiência voluntária, tudo isso pode se relacionar com a atitude passiva-agressiva. São as características descritas pelo DSM-IV. Sabe-se que a resistência à opressão pode se revestir desse tipo de inação, porém será de uma maneira muito diferente, na medida em que uma resistência ativa pode deliberadamente dissimular, procrastinar e se descomprometer para melhor preparar um novo investimento voltado para a ação, e não para uma encenação. Exemplo clínico clássico descrito pelo DSM-IV:

> Um empregado que recebe de seu chefe documentos a serem analisados antes de uma reunião prevista para a manhã seguinte vai extraviar ou perder esses documentos, em vez de retrucar que ele não dispõe de tempo suficiente para cumprir a tarefa. Esses sujeitos se julgam mal recompensados, mal avaliados e mal compreendidos; queixam-se sem parar junto aos colegas. Em caso de dificuldades, consideram que o comportamento dos outros é o responsável pelos seus próprios fracassos. São mal-humorados, irritadiços, impacientes, brigões, cínicos, céticos e opositores.

Interessante notar aqui que todo conflito direto é evitado, pois demandaria uma forma de ação – a oposição por meio de argumentos, eventualmente reconhecendo que falta tempo para realizar uma ação, assumindo assim o risco, diante de outro indivíduo igualmente "brigão", de ser encarado como um "insuficiente". A partir daí, torna-se preferível reforçar a disfunção em vez de enfrentá-la, e uma suposta perda é então inventada, ou seja, a obra do acaso contra o qual não se pode fazer nada, e assim estar certo de que não poderão acusá-lo de incompetência. Essa é uma atitude comum, porém infelizmente ineficaz no geral, pois desvendada com facilidade, já que os indivíduos que recorrem a esse estratagema o fazem com frequência e arruínam assim a própria hipótese de mero acaso. Ao serem desmascarados, sua agressividade se torna ainda maior e pode facilmente evoluir para uma acusação de discriminação e de recolhimento numa atitude vitimária e de ressentimento.

É preciso, pois, compreender que o que torna agressivo o homem do ressentimento é justamente a chamada para a ação, isto é, sua interpelação direta para o interior da situação. Para ele, é estritamente insuportável ser chamado à responsabilidade, isto é, ser conduzido à possibilidade subjetiva de constituir-se como um agente. A agressão aumenta, caso ele seja solicitado a desempenhar um papel eficiente[121] nessa hipotética ação. Eis um ponto importante na clínica para lutar contra o domínio do ressentimento: não exigir, num primeiro momento, a produção de um resultado, pois se ele não for obtido, provocará uma decepção ainda mais difícil de ser suportada. É importante, de modo quase comportamentalista, recolocar o indivíduo "nos eixos", recolocá-lo simplesmente no eixo da ação, no seu eixo, a partir do que ele é com suas insuficiências. O chamado ao desempenho eficiente é perverso, e utilizá-lo na terapia seria igualmente perverso. Antes de estabelecer um objetivo, uma finalidade para a ação, é preciso retomar, de modo mecânico, vitalista, o caminho do agir: por exemplo, simplesmente caminhar, colocar-se em movimento, e, durante essa marcha, tentar desenvolver uma atenção.

Isso não é nada simples; aceitar a humildade desse tipo de iniciativa já representa um passo imenso. Ora, como já visto, há uma real perda de humildade nos indivíduos atingidos pelo ressentimento. Descobre-se – mas se trata mesmo de uma descoberta? – que a humildade é uma capacidade, e não uma insuficiência; é uma versão conscientizada da falta que é a nossa, sendo ao mesmo tempo uma tentativa de rejeitar a desresponsabilização sem, no entanto, recair no delírio da onipotência, achando que é possível fazer essa falta desaparecer. A falta, eis a grande questão do nascimento. Nascer é sentir falta.

Humanismo ou misantropia?

Sempre pensei ter nascido muito cedo, mas devo reconhecer que, mesmo mais tarde, teria me saído igualmente mal encaminhado (para brincar aqui com o sentido lacaniano do termo).[122] Talvez não se devesse nascer, pode escrever um Cioran, em *De l'inconvénient d'être né*.[123] E cabe a Blanchot descrever o incurável: "Nascer é, depois de ter tido todas as coisas, de repente faltar de todas as coisas, e, primeiro, faltar do ser [...]. É em torno da falta e da exigência dessa falta que se forma sempre o pressentimento daquilo que será."[124] Aqui a dialética se coloca novamente entre aquilo que acontece na formação do sujeito e o que acontece na história pessoal e inegavelmente coletiva. Em Blanchot, existe esse mito original do pleno, essa ilusão que só dura um instante – terá a criança consciência desse momento? Certamente, é esta a primeiríssima infância, a impossibilidade da separação, de "fazer mundo", por extensão, a ausência de consciência da falta, o pleno, mas o pleno na total dependência, fora da consciência, na impossível individuação. Haverá, então, por exigência da educação e da cultura, a exigência da falta, um passo em direção à sublimação da falta, a recusa de sua negação e da sua não superação.

Teria escrito um único livro, pois aqui também encontro a tríade *imaginatio vera – pretium doloris – vis comica*:[125] a falta, a exigência da falta, a dureza do caminho, a incógnita do resultado, logo feita resiliência, operada pelo início imaginativo, individuação em marcha, mas escárnio total do percurso, um entre tantos, um de muitos. Mas não se deve permanecer trancado na misantropia, é preciso fugir dela. Sejamos honestos, não sei se a misantropia é menos humanista do que o próprio humanismo. Não estou tão certa, embora não tenha escolhido ou ousado escolher essa via, pois uma contradição muito forte se impõe rapidamente: sua própria vida, o não valor de sua própria vida, que é preciso então fazer desaparecer imediatamente. Outros levarão a lógica até o fim, uma lógica de exterminação do outro, antes de exterminarem-se a si mesmos, ainda que a história demonstre que são raros aqueles com a mirada tão pura voltada para o extermínio; geralmente, durante o caminho, a mirada enfraquece, escolhe entre aqueles que devem ser exterminados e os que devem ser poupados. O extermínio escolhido à la carte revela-se, afinal de contas, um humanismo bem enfraquecido, que não coloca à prova suas próprias fraquezas, que se satisfaz com elas, que não busca a confrontação com suas pulsões. Por essa razão, e em última instância, escolhi o humanismo do riso, não o riso extravagante, esse riso que desaparece, esse talvez sorriso, real, mas que está desaparecendo, algo que não fraqueja, mas que não busca a grandeza a qualquer preço, pois então ela seria manchada. Aqui também é duro ter de abandonar o sonho do pleno, do eu imenso, do eu apto à satisfação, é duro abandonar esse sonho sem abandonar-se a si mesmo, sem renunciar à obrigação do trabalho consigo mesmo.

Lutar contra o ressentimento por meio da análise

Já o disse antes: o desafio da luta contra o ressentimento me parece a questão mais relevante da análise. Na terapia, inúmeras coisas serão verbalizadas: a questão da origem e de nossa relação com ela, com a família, os pais, a sociedade cultural da qual fazemos parte. O sujeito vai tentar compreender aquilo que não entendia, o que ele mesmo julgava insignificante, quando havia na verdade uma chave explicativa possível ou ao menos uma parcela da explicação. Ele vai verbalizar, e por meio dessa verbalização, será capaz de desatar os nós do real, descobrir uma parte da "verdade", embora esta seja insuficiente para finalizar a "cura". A cura não se restringe apenas à reparação e ao retorno ao estado anterior. Canguilhem formulou claramente: a cura está ligada à invenção de uma nova norma de vida a ser produzida – é criação. No nível orgânico, o sujeito vai estabelecer um protocolo terapêutico para recuperar sua própria homeostasia; no nível simbólico, acontece, de certo modo, um processo semelhante, com a diferença de que este último revela ainda mais sua semelhança com a dinâmica criadora. Para manter tal impulso, tal possibilidade vital da resiliência, mesmo quando prejudicada em seu vitalismo, é importante produzir uma "verdade capacitária". Não se trata de uma mentira nem de uma omissão, mas de um modo de dizer, de fazer ouvir, de se preocupar com a consequência produzida pela "verdade". Novamente, nada aqui é simples, pois o sujeito é quem primeiro interpreta tudo o que é dito, seja por ele ou pelo seu analista, a fim de consolar-se em sua situação presente.

A propensão a rejeitar a interpretação, o que poderia evitar o marasmo, é, aliás, muito típica dos comportamentos[126] próprios ao ressentimento: inútil revirar a verdade em todos os seus esconderijos, buscar o que existe de mais capacitário em sua enunciação, o esforço de nada adianta. O sujeito resiste a enunciar, resiste à solução: ele já conheceu ou já fez aquilo, ele que geralmente não tem feito nada há bastante tempo. O sujeito já conhece, já fez, já tentou e não funcionou. Ele não dirá que fracassou, somente que "não funciona": "Eu sei, já tentei, não funciona." Em sua versão mais social, mais coletiva, o ressentimento repercute a mesma atitude: trata-se de validar coletivamente o fato de que algo não funciona; não se trata da ótica de propor algo que vai dar certo, mas antes de destituir o que não funciona e erigi-lo em objeto de ódio, focalizando nele toda a sua energia, apesar de tal objeto simbolizar um vazio.

Voltemos, contudo, à verdade capacitária. O meio mais seguro para produzi-la não é propor uma interpretação. Claro, os pacientes têm a expectativa de uma formulação "mágica", mas este é o modo mais seguro para o fracasso, pois tal formulação, não sendo endógena, ou seja, não tendo sido produzida pelo sujeito, não será reconhecida como adequada. Não creio que o analista e o analisando estejam a tal ponto dissociados que cada palavra seja identificada com o seu portador. Na análise, tudo está ligado, tudo se coinventa, se correvela. Isto posto, é importante preservar, em primeiro lugar, a verbalização do paciente, de modo a mais facilmente desencadear nele o poder de agir ou ao menos o sentimento de que poderá agir. Para isso, é fundamental que seja ele o responsável por "desenrolar" e, se necessário, atravessar seu próprio silêncio e o do analista. É uma prova difícil, que por vezes cria o sentimento de um novo abandono. O paciente encontra-se desamparado junto ao seu analista e deve enfrentar, novamente, o silêncio deste último, um eco de seu próprio silêncio. Daí a abordagem capacitária, não estritamente formalista: nem todo mundo está imediatamente apto ao silêncio, tampouco é capaz de transformá-lo de maneira criativa. Assim, a arte está em produzir uma palavra que vai restituir a confiança sem, contudo, orientar o sujeito, e que convide igualmente o sujeito a atravessar seu silêncio, a compreender que existem em seu interior recursos para pensar, para esclarecer aquilo que se acredita saber ou não. Esse pequeno raciocínio sobre a verdade capacitária é necessário para não produzir contrassensos e supor que ela seria a substituição da palavra do analisando pela do analista. De modo algum. Quando o ressentimento se encontra fortemente presente, a ação é incrivelmente difícil, a ponto de quase ficar comprometida. Não acredito que o ressentimento possa ter a última palavra na análise. Pelo contrário, penso que a manutenção do ressentimento prova que não há análise, mesmo quando ela, de fato, aconteceu, e que a farsa prosseguiu no exercício analítico. Isso acontece com frequência e promove um nível de dificuldade ainda mais elevado, posto que autorizado pela análise supostamente sacramentada: graças à pseudoanálise, o homem do ressentimento poderá deixar correr solto seu ressentimento, travestindo-o de outro diagnóstico.

Devolver o real valor ao tempo

É certo que não há somente a linguagem para elaborar a experiência ou a sublimação. Há também a experiência em si, a capacidade de experimentar, de transformar a vida em vivência própria. Para Maurice Blanchot, ambas as formas se mesclam, na medida em que a experiência designa o cerne da obra, a escrita enquanto tal, bem como a perseguição incansável da experiência, da vida, daquilo que foge, do que se esvai, do enfraquecimento da vida que beira a inércia, própria a toda obra. Na análise, decerto por consequência da educação (ou de qualquer outra palavra atribuída à educação), nesse olhar sobre si mesmo, mediado pelo mundo e, por isso, ampliado, não se olha mais para si mesmo como alguém que se olha – isso seria ridículo e tedioso, mesmo que muitos pensem que só se trata disso na análise: olhar para si mesmo; pelo contrário, o olhar se amplia, a visão clareia, pois a análise já é a antessala da experiência, uma possibilidade de aprender ou de reaprender a experimentar. E o ressentimento é aquilo que não sabe mais vivenciar a experiência; é somente viver e que tudo passe, restando apenas a amargura, a insatisfação; o ódio pelos outros resseca a alma e torna árido qualquer território – e, mais ainda, nossa capacidade mediadora.

Reencontrar o caminho da experiência, isso parece ser tão simples; e, de fato, é, mas o preço a ser pago pela experiência não é nulo. Para viver uma experiência, é preciso tempo, é preciso reencontrar um tempo que se desdobra, e esse desdobramento do tempo acontece primeiro no espírito, na vontade de esticar o tempo. E o tempo, sabemos, é produto raro nas sociedades. Alguns, porém, consideram que têm tempo de sobra: são os adolescentes que se sentem espremidos em sua vida, em seu território. A literatura está cheia desses seres em trânsito, que aspiram a um outro lugar, pois o tempo vazio os consome, e que conservam o sentimento de apodrecer em pé. Porém, não se trata do caso de que eles têm tempo de sobra; trata-se do fato de que não sabem o que fazer com ele, pois ainda foram pouco iniciados na arte da sublimação, na exigência da falta.

Certamente, uma vez ou outra, nos encontramos todos nesse estado que estupidamente assimila o tédio e o tempo. Acusamos o mundo, o ambiente ao redor, a família, a nossa vida pobre naquele momento, a parca liberdade que possuímos, a prisão domiciliar – nada disso é falso, mas permanece insuficiente para nós. Aliás, se não descobrirmos o valor do tempo e seu aprendizado, o ressentimento inevitavelmente ressurgirá ao fim da jornada que, supostamente, nos extrairia do marasmo. Mas não se deve acreditar, é claro, que escapar ao ressentimento é sentir uma doce plenitude. Nietzsche já disse que a grande saúde tem uma dimensão dionisíaca, isto é, não é estranha ao desmembramento. O convalescente terá sempre um sabor de exílio na boca, a sensação de ser um fugitivo permanente, de estar sempre fugindo de sua história. O desafio está em apaziguar esse sentimento: o sucesso consistirá em amansá-lo e conquistar, assim, algum repouso. Diante do exílio, haverá pelo menos esse outro polo, formado pela experiência, ainda que ela não lhe seja totalmente estranha.

A verbalização reativa o mal, mas também o acalma; quando o sentimento de exílio é forte em demasia, há poucas coisas que possam resistir a ele. Não obstante, há ainda a palavra, a sua própria, refinada pelo esforço analítico, que pode dar enfim um sentimento de refúgio. Uma sessão pode também servir de moradia, *habitat*. Essa aptidão não é certamente o privilégio do tratamento analítico, é uma das verdades profundas da escrita, da leitura, da palavra da obra, como regra geral. Não se assimila à "palavra cotidiana",[127] como escreve Blanchot, que é insignificante e escapa; esta é a característica do cotidiano, da atualidade, dessas palavras incessantes de todos os dias, que não param de comunicar sem que alguém realmente escute alguma coisa. A função fática, em suma, não é irrelevante: ela joga um papel importante, especialmente frente à angústia – ela a acalma, ainda que de maneira efêmera. Face a uma ansiedade canalizada, é preciso algo além, uma palavra mais interiorizada, mais conscientizada, certamente mais silenciosa, que se estende, que pode acolher.

Dentro da contratransferência e da terapia analítica

Há um fenômeno que não é exatamente o ressentimento, mas que pode resvalar nisso, ao menos se não for canalizado: trata-se daquele sentimento de forte amargura que nasce no analista quando, ao tentar acompanhar o analisando em seu trabalho, ele se torna o próprio objeto – às vezes, por um instante, às vezes, de maneira crônica – do próprio ressentimento. Emerge então um sentimento misto: ao ser ferido pelo analisando, mesmo que não o reconheça, pode acontecer que um conjunto de emoções pouco agradáveis apareçam, e elas deixam uma espécie de rastro, espremendo o analista entre o sentimento de conhecer perfeitamente o que está acontecendo, como uma velha e bem conhecida lição da psicanálise, e a obrigação de prosseguir, decorrente de seu dever como terapeuta, ou até de enfrentar tal sentimento para produzir algo viável no analisando, bem como nele próprio. Winnicott definiu esse momento, que provoca um nó no estômago e constrange o espírito, como "o ódio na contratransferência".[128]

Uma anedota autobiográfica e comentada frequentemente, ligada, às vezes, à noção de reparação,[129] outras vezes, à contratransferência "odiosa",[130] descreve a ambivalência desse sentimento em Winnicott criança. Ele está, na ocasião, com uma boneca da irmã, cujo nariz ele destrói com um pequeno martelo; além disso, o que ele julga ainda mais insuportável, a mesma boneca, o pai a usa como um ventríloquo para brincar com o filho e cantarolar uma cantiga, enquanto o coloca *em cena com a irmã*: "Rosie diz a Donald/ Gosto de você, Donald/ Donald diz a Rosie/ Não acredito em você." Winnicott comenta assim a sequência:

> Eu sabia que precisava quebrar essa boneca, e uma grande parte de minha vida se baseou no fato incontestável de que realmente havia cometido esse ato, não bastando desejá-lo ou projetá-lo. Me senti provavelmente um pouco aliviado quando meu pai, com a ajuda de vários fósforos, conseguiu esquentar o nariz de cera da boneca o suficiente para remodelá-lo. Foi assim que o rosto voltou a ser um rosto. Essa primeira demonstração de um ato de restituição e de reparação me impressionou vivamente e talvez tenha me tornado capaz de aceitar o fato de que eu – querido e pequeno ser inocente – tinha efetivamente sido agressivo, diretamente em relação à boneca e indiretamente em relação a esse pai de temperamento estável que acabava de entrar em minha vida consciente.

Não ser esse querido e pequeno ser inocente é uma descoberta de todos os dias, que se prolonga ao longo da vida. De forma alguma inocente enquanto indivíduo, de forma alguma inocente enquanto analista, de forma alguma inocente enquanto analisando, mas sempre corroído por essa falta de inocência, podendo negá-la, mas nunca se conformando em aceitá-la. A partir daí, abre-se o caminho da reparação. Mas o verdadeiro caminho da reparação não é o da repetição: não se pode reafirmar sem parar a falta de inocência, contentar-se em reconhecê-la e pedir desculpas, mesmo para denunciá-la. Essa maneira de tomar consciência de sua não inocência tem ares de falsa modéstia. Reconhece-se sua própria insuficiência não para tentar superá-la, mas para sentar-se em cima e julgá-la, afinal, suficiente. Trata-se de um ponto bem descrito por Deleuze, quando convida o leitor a desconfiar daquele que se descreve como não estando à altura de um outro qualquer, julgando-o magnífico e, ele próprio, indigno. Eis a versão mais estilizada do ressentimento, a grande declaração de inferioridade. "Devemos desconfiar daqueles que se acusam diante do que é bom ou belo, pretendendo não compreender, não serem dignos: sua modéstia dá medo. Que ódio do belo se oculta em suas declarações de inferioridade!"[131] Reconhecer a forma de crueldade de que somos capazes de praticar é um momento necessário, assim como a obrigação de superá-lo também o é.

A metáfora da reconstituição do rosto é determinante. Não deixa de ecoar a posterior concepção ética de Lévinas, que tem como eixo a questão da face do outro. Odiar o outro é acabar por lhe recusar sua identidade de sujeito, um rosto, a dignidade de um outro que não sou eu, é identificá-lo a um detrito, um resíduo. E o que fazer com isso, senão descartá-lo? Restituir a face faz parte da dupla reparação: a do sujeito que se deixou tomar pelo ódio, e a do outro, que pode sofrer seus cruéis desvarios. Compreender da mesma forma que a reparação pode vir graças a um outro, aquele mesmo pelo qual algo da hesitação foi desencadeado. E, no entanto, esse é o movimento da alma de Winnicott, sua muito jovem capacidade de cair em si, de escapar da pulsão de ódio que o oprimia. E percebe-se igualmente como um analisando pode não suportar um analista com temperamento estável e que acaba de entrar em sua vida consciente.

O comentário de Voyenne sobre a noção de ódio na contratransferência é esclarecedor sob vários aspectos. Primeiro, porque faz recordar a verdade freudiana que vê na contratransferência um obstáculo para a operacionalização da análise. É certo que se trata de um teste absolutamente total; todo analista talvez sonhe em ser esse ponto de neutralidade e de perfeita imparcialidade, sobre o qual tudo escorre. Seria isso ao menos possível? Se não é o caso, pode-se então perguntar o que estaria inventando o analista que acredita escapar da violência da contratransferência, em que tipo de ilusão analítica ele se enredou. Confrontar a questão não garante o sucesso, mas é testemunha pelo menos de alguma lucidez do analista. Nesse sentido, a supervisão[132] é recomendada por Freud para permitir ao analista a correção da acusação que pode surgir quando a contratransferência não é superada.

Como arquétipo da relação terapêutica, há a relação que liga o bebê e sua mãe: o apoio que ela lhe fornece é semelhante ao apoio propiciado pelo analista ao analisando – voltarei a falar a respeito da elaboração imaginativa da mãe, uma espécie de nome winnicottiano para a *imaginatio vera*, como elemento-chave na construção do sujeito e na emergência de sua potencialidade de resiliência e de superação do futuro ressentimento. A elaboração imaginativa da mãe é o ambiente no qual a criança vai crescer, é o quadro da individuação porvir. Não se trata do caso em que o analista se torna a mãe, tampouco do caso em que a análise projeta o ambiente maternal, mas, novamente, existe uma semelhança entre esses dois ambientes. Voyenne se baseia na definição de Winnicott para descrever, desde a origem, o que faz a possibilidade do futuro sujeito, ou seja, a qualidade do vínculo entre este e a preocupação maternal (digamos parental) que o cerca: "antes que sejam instauradas as relações de objetos, estamos na presença de uma unidade que não é constituída somente por um indivíduo; trata-se de uma unidade formada pela situação ambiente-indivíduo. O centro de gravidade do indivíduo não nasce a partir do indivíduo. Ele se encontra no conjunto ambiente-indivíduo."[133] Em seguida, não se trata do caso em que, para reconstituir o centro de gravidade heteronômico, substituem-se os pais, sabendo que é quase certo que o ambiente tenha sido falho durante a infância do analisando, em especial com o pai ou a mãe. O desafio do quadro colocado durante a sessão, a qualidade desse ambiente, a qualidade relacional de escuta, de retomada da atenção dedicada, tudo isso é essencial e constitutivo para a operacionalização da terapia. Inversamente, um quadro inadequado produzirá disfunções: "a noção de ambiente [...] envolverá em seguida as concepções sobre a importância do quadro na análise e a valência contratransferencial das falhas do quadro."[134] Voyenne retoma então Winnicott[135] para listar os pontos fundamentais que preservam o quadro adequado e comenta: "É por meio das falhas ou das variações não refletidas dos elementos pertencentes ao quadro que podem infiltrar-se, às vezes de maneira insidiosa e negada, a agressividade e o ódio reprimido do analista." Eis então como se infiltra o ressentimento do analista, não necessariamente de modo direto, ou então porque a justa mediação do quadro correto – contendo o paciente – não foi produzida. A partir da falha dessa justa mediação surge o ressentimento, que, sem dúvida, não mais encontra barreiras:

IX. Na situação analítica, o analista é um ser mais confiável do que a maioria das pessoas na vida cotidiana: é pontual, em geral, é isento de crises de cólera, não exposto à tendência compulsiva de se enamorar etc.

X. O analista efetua uma distinção muito clara entre a realidade e a fantasia, de modo que não será magoado por um sonho agressivo.

XI. O paciente pode contar com uma ausência de reação do analista segundo a Lei de talião.

XII. O analista sobrevive![136]

Vê-se aqui como o quadro da sessão analítica preserva o analisando e o analista da violência de suas pulsões de amor e de ódio. Em um primeiro momento, em muitos pacientes, a demanda por amor é imensa, em especial por parte do analista. Tudo é interpretado em função desse sentimento, e tanto o amor quanto o ódio podem aparecer a qualquer hora. Do mesmo modo, muitos analistas também jogam com esse sentimento – jogam ou são jogados? –, e provocam em seguida forte confusão. A dificuldade na análise é a da mediedade[137] aristotélica, ou seja, a confiabilidade mais determinada e menos vingativa possível. Trata-se da confiabilidade em seu próprio tédio, evitando o brilho da paixão amorosa e o risco de um sentimento abandônico. Ser apenas digno de confiança é um desafio modesto, porém necessário para a desalienação do paciente. Ser apenas confiável é um caminho que leva necessariamente à ingratidão do paciente: é possível até que, num tempo distante, o paciente reconheça o valor do aporte recebido, mas nada é mais incerto; além disso, o período em que o analisando idealiza seu analista não dura muito, felizmente para tudo aquilo que envolve sua desalienação, embora isso ocorra de modo mais doloroso para o analista, devolvido ao seu valor limitado.

No entanto, o ódio que o analista pode sentir em relação ao seu paciente não é somente devido a uma ingratidão antecipada, algo razoável por sinal; pode surgir no analista que vê suas pulsões mortíferas sendo despertadas pelas provocações conscientes e inconscientes do paciente. Voyenne, comentando Winnicott, destaca o aspecto jubiloso que pode acompanhar o desencadear do ódio, tanto pelo lado do paciente quanto de seu analista. Certamente, é aqui que reside a diferença entre o homem do ressentimento e aquele que o atravessará sem tornar-se seu prisioneiro: a questão do gozo misturado ao ódio. Aquele que atravessa... atravessa sem dúvida por não experimentar nenhum gozo ao se manter em tal estado; ele sofre um real desprazer, até mesmo uma sensação de culpa, e sair desse ressentimento torna-se imperativo. Em outro sentido, para aquele que se acostumou a gozar com o ódio, a encontrar aí uma energia vital, a usar sua consciência para justificá-la e enfeitá-la com os atributos da cólera, para esse indivíduo, o desafio é maior, pois separar-se do gozo pode parecer insensato. Configura-se assim um objetivo para a educação: ensinar ao sujeito, o quanto antes, a experimentar desprazer quando liberar suas pulsões de ódio, ou seja, a ligar a capacidade de frustração a um prazer, precisamente o de certa forma de domínio e de simbolização: graças a essa capacidade de frustração sublimada, posso estar em outro lugar que não aqui, posso transformar a ausência em presença, posso transformar o ter em ser, e vice-versa; posso me movimentar, escapar e finalmente experimentar um pouco minha liberdade como desalienação.

Voltemos à confiabilidade do analista, que não deixa de lembrar o "bom o bastante" da mãe – em outras palavras, a ausência de perfeição, que empurra o sujeito em construção a experimentar sua frustração e, em especial, a produzir seu próprio caminho, ao separar-se ao menos intelectualmente, simbolicamente. O potencial da terapia analítica só vai se revelar após o gesto de separação, que não deve de forma alguma ser assimilado ao fato de separar-se fisicamente. Eu diria até que a verdade de uma separação simbólica pode faltar na separação física (esse não é, naturalmente, um argumento para não deixar seu analista, sabendo que separar-se dele não significa, necessariamente, interromper a análise). Para Winnicott, a possibilidade de ódio na contratransferência não é exclusivamente deficitária. A questão não é tanto a de uma reviravolta possível – é claro que sempre há o percurso próprio do analista sublimando essa pulsão –, mas aquela da possibilidade de uma dialética entre o analista e o analisando, por meio da experimentação de ódios confrontados, mediados pela sessão. Pois o que certamente não pode ocorrer na vida cotidiana, não mediada, entre dois ódios que se expressam, acontece justamente aqui, pois existe um quadro confiável. A confiabilidade do quadro e do ambiente, e não seu caráter meramente protocolar; a exigência de qualidade, de adaptação à singularidade do paciente e à especificidade da dinâmica interrelacional; essa confiabilidade permite que os ódios sejam mediados e possam simbolizar, juntos, aquilo que não conseguem efetuar a sós. Voyenne enxerga nessa definição do ódio na contratransferência a contribuição específica de Winnicott:

> Seus dois artigos sobre a contratransferência inauguram uma outra conceitualização; há uma área de trabalho comum entre o paciente e seu analista. As moções pulsionais geradas na sessão têm um impacto sobre os dois protagonistas, impacto que permitirá uma criação fruto de ambos; isso poderá levar o paciente a vivenciar na terapia não apenas uma repetição do já vivido, mas também a poder fazer novas experiências, experiências essas necessárias para que o trabalho analítico seja realmente transformador.[138]

Será então necessário esperar o surgimento do ódio na contratransferência do analista? De forma alguma. Compreende-se assim como um espaço particular, um ambiente, pode se tornar uma ferramenta indispensável de mediação para a liberação do indivíduo, e como aquilo que parecia deficitário pode se revelar mais adiante capacitário, o que nos deixa alguma esperança, pois dois indivíduos apegados ao ressentimento, ao se confrontarem, caso sejam capazes de se inscrever no interior de um quadro específico, poderão controlar tais ressentimentos e produzir uma escapatória comum e singular. Claro, a dificuldade da aptidão para encontrar esse tipo de espaço não desaparece, pois um sujeito apegado ao ressentimento não se sente na obrigação de encontrá-lo; e, ao não buscá-lo, muitas vezes não está apto a reconhecer, por trás de tal ou qual espaço, a oportunidade de uma transformação interna.

Em busca das fontes do ressentimento, com Montaigne

Montaigne, como todo arquiteto do humanismo, sabe destilar em *Os ensaios* indícios para pensar a natureza do ressentimento, das fraquezas humanas, dos costumes, dos reflexos condicionados, das complacências, das pequenas covardias ou de amarguras maiores. "De como a alma que carece de objetivo para as suas paixões as manifesta ainda que ao acaso",[139] um título em que cada termo designa um elemento do dito ressentimento – descarregar, paixões, falsos objetos, falência do verdadeiro.

No ressentimento, sempre há um transbordamento, uma pulsão não canalizada, um erro de julgamento, o fato de tomar o falso pelo verdadeiro, a focalização dos objetos, sabendo que toda focalização de um objeto aliena. Nesse capítulo, Montaigne descreve um homem banal, quiçá insignificante, repleto de má-fé e mesmo consciente disso, alguém que, aliás, não busca superá-la, pois talvez encontre nela algum prazer ou ao menos uma ajuda para acalmar o desprazer causado por suas aflições:

> Um fidalgo de nossa sociedade, sujeito a ataques de gota, tinha por hábito responder, gracejando, aos médicos que lhe recomendavam abster-se de carnes salgadas, que lhe apetecia responsabilizar alguém ou alguma coisa quando o mal o visitava e seu sofrimento aumentava. E aliviava-lhe a dor poder atribuir a causa disso ora ao chouriço, ora à língua de boi ou ao presunto que comera, mandando-os ao diabo.

A anedota poderia provocar sorriso; alguém pode até mesmo se reconhecer ali. Ela é significativa na medida em que o sujeito vai preferir o prazer de odiar o objeto, o prazer da queixa e do insulto, em vez da obrigação de tomar para si o fato de não ceder ao seu desejo, ou seja, a obrigação da responsabilidade. E Montaigne prossegue, citando Lucano: "assim como o vento, se espessas florestas não se erguem à sua frente como obstáculos, perde sua força e se dissipa na imensidão."[140] Em outras palavras, o ressentimento, sem a designação de um objeto para odiar e sobre o qual insistir, não se sustenta por si só, pelo menos enquanto ressentimento.

Isso parece contradizer o que diz Scheler a respeito da indeterminação que define o ressentimento. Mas não exatamente, na medida em que o ressentimento muitas vezes começa focalizando o objeto num primeiro momento, e somente em seguida alarga o campo de sua detestação. Essa fase de indeterminação é importante e pode estar acompanhada; isso acontece com frequência de maneira coletiva, de uma forte detestação, dita irracional, de algum "objeto" não humano ou humano, designado como símbolo dessa detestação. Um ressentimento que não encontre nunca algo em que insistir poderia se assemelhar a uma forma de niilismo, a um recolhimento definitivo fora de toda *affectio societatis*.[141] Para que o ressentimento se politize, apareça na esfera pública, é preciso ir além da simples interioridade de um mal-estar subjetivo. É preciso estigmatizar um fora de si. Caso este último se assimile a um outro, o ressentimento pode se tornar incessante, na medida em que esse outro vive, é móvel e garante uma forma de sustento indefectível – muito a contragosto – ao desenvolvimento do ressentimento. O homem do ressentimento poderá, a partir daí, reativar seu ressentimento de modo permanente, bastando-lhe apenas contemplar a vida do objeto de seu sentimento, independentemente da natureza de seus fatos e gestos. A simples visão do objeto odiado estimula incansavelmente a energia negativa do homem do ressentimento, e ele a reitera sempre mais profundamente, em vez de tomar para si a iniciativa do trabalho de desalienação.

No capítulo dedicado aos mentirosos, Montaigne evoca a mania de Darius, "o qual, a fim de não esquecer a ofensa dos atenienses, cometera a um pajem a tarefa de repeti-la três vezes a seus ouvidos sempre que se punha à mesa: *Senhor, lembrai-vos dos atenienses*."[142] Vê-se aqui que o homem do ressentimento cria voluntariamente essa pequena voz para lhe fazer recordar a humilhação, exatamente quando deveria estar relaxado para desfrutar de uma simples refeição. A pequena voz retorna, e o indivíduo não a tolera mais, como se fosse uma voz estrangeira, uma alucinação sonora. Isso pode acontecer em especial com os perfis mais psicóticos da paranoia exacerbada, da esquizofrenia, do *borderline* etc. Mas a psicose, diagnosticada como tal, não detém de modo algum o monopólio do ressentimento, e aí reside a dificuldade para a vida na sociedade. A fixação na repetição e da repetição é típica do ressentimento: tal é a dinâmica da ruminação, da teimosia também, "obstinar-se num lugar sem razão", poderia dizer Montaigne, mesmo se o afirma a propósito de alguém que, face a um outro bem maior do que ele, teima em resistir, como um louco. Não se trata de um argumento que defende a covardia, mas antes uma oportunidade para recordar, como bom aristotélico, que a virtude da mediedade importa, e que apenas ela convém à razão – ou seja, o sentido da proporcionalidade, a necessidade de levar em conta uma situação de um ponto de vista geral, e não de um único ponto que conduza ao excesso. Montaigne é o primeiro a considerar que a noção de limite, de fronteira, entre um vício e uma virtude nem sempre é simples de se definir.

Notas

1 A autora faz um trocadilho com as palavras o amargo (*l'amer*), a mãe (*la mère*) e o mar (*la mer*), cuja pronúncia é idêntica em francês, e que irão nortear cada uma das três partes do seu livro. (N.T.)

2 Etimologia de estância: "lugar onde se está por algum tempo, estação"; do it. *stanza*; do lat. *stare*, permanecer, estar parado, in Antonio Geraldo da Cunha, *Dicionário etimológico da língua portuguesa*, Lexikon, 3ª ed, 2007. Referência do dicionário Littré no original ("Etymologie: Ital. stanza, stance, proprement demeure, séjour, arrêt, du lat. stare, demeurer, être arrêté ; la stance étant ainsi dite, parce que c'est une sorte d'arrêt." [Littré]). (Todas as notas são da autora, exceto aquelas identificadas como nota da tradutora ou da edição).

3 Herman Melville, *Moby Dick*, Gallimard, [1851] 1980, p. 41. (Folio). [Ed. bras.: *Moby Dick ou a baleia*, trad. Irene Hirsch e Alexandre Barbosa de Souza. São Paulo: Editora 34, p. 31.]

4 Idem.

5 Idem.

6 O sentimento oceânico foi definido por Romain Rolland [1866–1944] em sua correspondência com Freud (1927) para descrever esse desejo universal de tornar-se um com o universo. Em Rolland, o oceânico é assimilado a um sentimento abaixo do religioso, testemunhando uma espiritualidade espontânea do homem, independente dele próprio. O sentimento oceânico dialetiza com o abandônico inaugural e permite ao sujeito não se sentir "em falta" e enfrentar a separação e a finitude (aqui repousa a mãe), sem ceder à melancolia. Remete também a um sentimento de eternidade, de fulgor e de repouso. Freud, sem nomeá-lo, dirige a ele a abertura de seu texto *Malaise dans la civilisation* (1929) [Ed. bras.: *O mal-estar na civilização, Obras completas*, vol. 18, trad. Paulo César de Souza. São Paulo: Companhia das Letras, 2010], na qual se estende longamente sobre o sentimento oceânico do Eu.

7 H. Melville, op. cit, p. 31.

8 Cornelius Castoriadis, "L'exigence révolutionnaire", entrevista com Olivier Mongin, Paul Thibaud e Pierre Rosanvallon, gravada em 6 jul. 1976, in *Esprit*, fev. 1977; republicada em *Le Contenu du socialisme*, 10/18, 1979. In *Extraits choisis* par quentin@no-log.org, p. 33. [Ed. bras.: "A exigência revolucionária", in *Socialismo ou barbárie, o conteúdo do socialismo*, trad. Milton Meira do Nascimento e Maria das Graças de Souza Nascimento. São Paulo: Brasiliense, 1983, p. 249.]

9 Ibid., p. 249-250.

10 C. Castoriadis, "Racines subjectives et logique du projet révolutionnaire", in *L'Institution imaginaire de la société*, Paris: Seuil, 1975, p. 135-141, in *Extraits choisis* par quentin@no-log.org, p. 6. [Ed. bras.: "Raízes subjetivas e lógica do projeto revolucionário", in *A instituição imaginária da sociedade*, trad. Guy Reynaud. São Paulo: Paz e Terra, 1982, p. 115.]

11 Max Scheler, *L'Homme du ressentiment*, Gallimard, [1912] 1933, p. 9. As teses de Scheler são citadas aqui sem o endosso de suas afirmações, que desaguaram num antissemitismo muito característico dos anos 1930 e permanecem perpetuamente condenáveis.

12 Karl Polanyi, *La Grande Transformation*, Gallimard, [1944] 1983. [Ed. bras.: Karl Polanyi, *A grande transformação, as origens políticas e econômicas de nossa época*, trad. Vera Ribeiro. Rio de Janeiro: Contraponto, 2021.]

13 M. Scheler, op. cit., p. 9.

14 A definição é freudiana: "Às excitações externas que são fortes o suficiente para romper a proteção nós denominamos traumáticas. Acho que o conceito de trauma exige essa referência a uma defesa contra estímulos que normalmente é eficaz. Um evento como o trauma externo vai gerar uma enorme perturbação no gerenciamento de energia do organismo e pôr em movimento todos os meios de defesa. Mas o princípio do prazer é inicialmente posto fora de ação. Já não se pode evitar que o aparelho psíquico seja inundado por grandes quantidades de estímulo; surge, isto sim, outra tarefa, a de controlar o estímulo, de ligar psicologicamente as quantidades de estímulo que irromperam, para conduzi-las à eliminação." (Sigmund Freud, *Au-delà du principe de plaisir*, 1920. [Ed. bras.: "História de uma neurose infantil ('O homem dos lobos'), Além do princípio do prazer e outros textos", in *Obras completas*, vol. 14 (1917–1920), trad. Paulo César de Souza. São Paulo: Companhia das Letras, 2010, p. 141.])

15 M. Scheler, op. cit., p. 9.

16 Friedrich Nietzsche, *Genealogia da moral* (1887), *Ecce homo* (1908). O afeto do ressentimento, nascido de uma intoxicação inseparável da visão judaico-cristã, permite distinguir entre a "moral dos escravos" e a "moral dos senhores".

17 M. Scheler, op. cit., p. 14.

18 Ibid., p. 15.

19 Ibid., p. 19.

20 Ibid., p. 25.

21 François Roustang, *La fin de la plainte*, Odile Jacob, 2012. (N.T.)

22 S. Freud, *Le fetichisme*, 1927. [Ed. bras.: "O fetichismo", in *Obras completas (1926–1929)*, vol. 17, trad. Paulo César de Souza. São Paulo: Companhia das Letras, 2014.]

23 M. Scheler, op. cit., p. 32-33.

24 Existem várias versões da ultrassolução: claro, toda versão maximalista, inadequada para a dinâmica da negociação (propor uma solução da qual ninguém pode desistir não é uma solução), é definida classicamente como uma ultrassolução; tudo aquilo que rejeita o discernimento, a nuance, a complexidade, sob a alegação de que se trata de um compromisso inaceitável – existem compromissos inaceitáveis que não são, portanto, compromissos, e sim simulacros de compromissos. Mas nem todo compromisso é estruturalmente inaceitável. O problema com a ultrassolução é a ilusão de saber em qual solução ela se apoia: nenhuma solução é estruturalmente definitiva; alguns princípios podem até sê-lo, mas nenhuma solução detém, definitivamente, por si só, no espaço-tempo que lhe pertence, a chave da resolução de um problema. Caso o problema seja simples, tudo bem – mas então não se trata realmente de um "problema", e sim de um ponto sem dinâmica própria. Um problema obriga a levar em conta a complexidade de um ecossistema, um problema está sempre em movimento. Logo, acreditar na ultrassolução, naquela que irá interromper a "motricidade" própria do problema, sempre em interação com um meio, é insuficiente do ponto de vista intelectual. Isso não significa que jamais exista uma solução, mas antes que a resolução é dinâmica, envolve um ciclo em que atuam espaços-tempos diferentes e sucessivos.

25 M. Scheler, op. cit., p. 51.

26 Ver definição de "discernir" em *Dicionário Infopédia da Língua Portuguesa* [em linha]. Porto: Editora Porto, 2003–2021. A edição francesa remete à definição do dicionário *Littré*, sem, no entanto, transcrevê-la. Lá está, em tradução livre:

"a disposição do espírito para julgar as coisas claramente e de modo sadio." (N.T.)

27 Catherine Fino, "Discernement moral et discernement spirituel à l'époque moderne. Une collaboration en vue de la liberté du sujet", *Revue d'éthique et de théologie morale*, Éditions du Cerf, n. 298, p. 11-24, 2018, citando: "Por este nome, exercícios espirituais, entende-se todo o modo de examinar a consciência, de meditar, de contemplar, de orar vocal e mentalmente, e de outras operações espirituais, conforme adiante se dirá. (...) todo o modo de preparar e dispor a alma, para tirar de si todas as afeições desordenadas e, depois de tiradas, buscar e achar a vontade divina na disposição da sua vida para a salvação da alma, se chamam exercícios espirituais", Inácio de Loyola, *Exercices spirituels*, "Première annotation", Arléa, 2002, p. 113-114. [Ed. bras.: "Primeira anotação", *Exercícios espirituais*, (E.E.), trad. Vital Cordeiro Dias Pereira. Braga: Livraria Apostolado da Imprensa, 1999, p. 5.] Os *Exercícios* foram impressos pela primeira vez em Roma em 1548.

28 Um bom discernimento exige então esclarecer os motivos, purificar os afetos, estabelecer um julgamento, conforme as "regras para vários discernimentos: regras para de alguma maneira sentir e conhecer as várias moções que se causam na alma, as boas para as aceitar e as más para as rejeitar", I. de Loyola, op. cit., E.E. 313, p. 69. (N.T.)

29 Michel de Montaigne, *Les Essais (1580/1582/1587)*, Livro I, cap. XIX. [Ed. bras.: *Os ensaios*, vol. I, Livro I, cap. XIX, trad. Sérgio Milliet, Rio de Janeiro: Globo; São Paulo: Nova Cultural, 2000, p. 92.]

30 Ibid., vol. II, Livro III, cap. XII, p. 335.

31 Ibid., p. 344.

32 Alexis de Tocqueville, *A democracia na América* (1830–1835), Livro II, cap. XIII,

trad. Eduardo Brandão. São Paulo: Martins Fontes, 2004, p. 168.

33 Cynthia Fleury, *Les Pathologies de la démocratie*. Paris: Fayard, 2005.

34 M. Scheler, op. cit., p. 21.

35 Ibid., p. 37.

36 Ibid., p. 150.

37 Ibid., p. 153.

38 Ibid., p. 147-148.

39 A ética do cuidado (*Ethics of care*) é uma teoria normativa que sustenta que a ação moral se concentra nas relações interpessoais e no cuidado ou benevolência como virtude. Esse corpo teórico foi desenvolvido por feministas na segunda metade do século XX, a partir dos trabalhos de Carol Gilligan (1982). (N.T.)

40 M. Scheler, op. cit., p. 120.

41 Ibid., p. 104.

42 Ibid., p. 72.

43 Marc Angenot, *Les Idéologies du ressentiment*, XYZ Éditeur, 1996, p. 107.

44 Søren Kierkegaard, *Traité du désespoir* (1849), apud Danièle Zucker (org.), "Pour introduire le faux self", *Penser la crise. L'Émergence du soi*, De Boeck Supérieur, 2012. [Ed. bras.: *O desespero humano (doença até a morte)*, trad. A. C. Monteiro. São Paulo: Unesp, 2010, p. 76.]

45 Friedrich Nietzsche, *La Volonté de puissance*, Livro II, Gallimard, [1901] 1995, p. 56. (Tel). [Ed. bras.: *A vontade de poder*, trad. Marcos Sinésio Pereira Fernandes e Francisco José Dias de Moraes. Rio de Janeiro: Contraponto, 2008, p. 29.] Nietzsche também fala em "fim do devir", p. 31.

46 Ibid., p. 32.

47 No original, *à-quoi-bonisme*, neologismo equivalente à forma substantivada da expressão "de que adianta tudo isso?". A expressão *em vão* aparece em numerosas traduções de Nietzsche em português. (N.T.)

48 F. Nietzsche, op. cit., p. 35-36.

49 Nietzsche, citado em epígrafe por Henri Lefèvre, *Introduction à la modernité*. Paris: Minuit, 1962.

50 F. Nietzsche, op. cit.

51 M. Montaigne, *Les Essais*, Livro II, cap. XI, "De la cruauté". [Ed. bras.: "Sobre a crueldade", in *Os ensaios*, Livro II, cap. XI, trad. Rosa Freire d'Aguiar. São Paulo: Penguin/Companhia das Letras, 2010, p. 241.]

52 Ibid., p. 245-246.

53 Ibid., Livro II, cap. XX. [Ed. bras.: "Nada apreciamos inteiramente puro", in *Os ensaios*, vol. II, Livro II, cap. XX, trad. Sérgio Milliet. São Paulo: Globo & Nova Cultural, 2000, p. 54.]

54 Lucrèce, IV, 1133-1134, in ibid., Livro II, cap. XX. [Ed. bras.: Lucrécio, apud M. Montaigne, in Livro II, cap. XX, p. 54.]

55 Catulle, XXVIII, 1-2, in ibid. [Ed. bras.: Catulo, apud M. Montaigne, in vol. II, Livro II, cap. XX, p. 55.]

56 Expressão latina, literalmente "o preço da dor". (N.T.)

57 Paul Verlaine (1866), *Poemas saturnianos*, trad. Fernando Pinto do Amaral. Lisboa: Assírio & Alvim, 1994, p. 39. (N.T.)

58 Victor Hugo, *William Shakespeare*, 1864, Livros I, II. [Ed. bras.: *William Shakespeare*. Londrina: Campanário, 2000.]

59 F. Nietzsche, op. cit.

60 No francês, *on* é pronome pessoal da terceira pessoa, dito indefinido, equivalente à forma do sujeito indeterminado em português. (N.T.)

61 F. Nietzsche, op. cit.

62 Friedrich Hegel, *Phénoménologie de l'esprit* (1807), I, trad. Jean Hyppolite (1939), Aubier, 1992, p. 159. [Ed. bras.: *Fenomenologia do espírito: Parte I*, trad. Paulo Meneses e Karl-Heinz Efken. Petrópolis: Vozes, 1992, p. 128-129.]

63 F. Nietzsche, *La Généalogie de la morale* (1887), trad. Henri Albert, Mercure de France, 1900, p. 50-51. [Ed. bras.: *Genealogia da moral: uma polêmica*, trad. Paulo César de Souza. São Paulo: Companhia de Bolso, 2009, p. 12.]

64 A expressão é emprega aqui no sentido de quem vem em segundo lugar, subalterno. (N.T.)

65 F. Nietzsche, op. cit., p. 13.

66 Ibid., p. 14.

67 "Suporemos, portanto, que um sistema externo do aparelho recebe as excitações perceptíveis, mas nada retém delas, não tem memória e que, atrás desse sistema, encontra-se outro que transforma a excitação momentânea do primeiro em traços duráveis", S. Freud, *Sciences des rêves*, Alcan, 1926, p. 442-443. Ver também o artigo sobre o inconsciente de 1915 (in *Métapsychologie*, 1915) e *Au-delà du principe de plaisir* (1920). Ver ainda Gilles Deleuze, *Nietzsche et la philosophie* (1962), PUF, 1991, p. 128. [Ed. bras.: Gilles Deleuze, *Nietzsche e a filosofia*, trad. Ruth Joffily Dias e Edmundo Fernandes Dias. Rio de Janeiro: Editora Rio, 1976, p. 53. Nota constante da mesma edição e retomada pela autora C. Fleury.]

68 "O erro da psicologia foi o de tratar o esquecimento como uma determinação negativa, de não descobrir seu caráter ativo e positivo", Deleuze, op. cit., p. 53. (N.T.)

69 F. Nietzsche, *La Généalogie de la morale*, p. 54-55. [Ed bras.: F. Nietzsche, *Genealogia da moral*, p. 13.]

70 F. Nietzsche, *La Volonté de puissance*, p. 409, § 460. [Ed. bras.: *A vontade de poder*, p. 423, § 851.]

71 Ibid., p. 410, § 461. [Ed. bras.: Ibid., p. 424-425, § 851-852.]

72 S. Freud, *Malaise dans la civilisation* (1929), "Les classiques des sciences sociales", biblioteca digital fundada e dirigida por Jean-Marie Tremblay, p. 41. [Ed. bras.: *O mal-estar na civilização*, trad. Paulo César de Souza. São Paulo: Penguin & Companhia das Letras, 2011, p. 42.]

73 Ibid., p. 48. [Ed. bras.: Ibid., p. 49.]

74 Freud continua: "Aquilo que gasta para fins culturais, retira na maior parte das mulheres e da vida sexual: a assídua convivência com homens, a sua dependência das relações com eles o alienam inclusive de seus deveres como marido e pai. Então a mulher se vê relegada a segundo plano pelas solicitações da cultura e adota uma atitude hostil frente a ela", in ibid. [Ed. bras.: Ibid., p. 49.]

75 Donald Woods Winnicott, "Psychose et soins maternels" (1952), in *De la pédiatrie à la psychanalyse*, Payot Rivages, 1969; *L'Enfant et sa famille* (1957), Payot, 2006. (Petite Bibliothèque Payot). [Ed. bras.: "Psicose e cuidados maternos", in *Da pediatria à psicanálise: obras escolhidas*, trad. Davy Bogomeletz. Rio de Janeiro: Imago, 2000, p. 308; "A criança e a família", in *Tudo começa em casa*, trad. Paulo Sandler. São Paulo: Martins Fontes, 1989.]

76 D. W. Winnicott, "Psychose et soins maternels". [Ed. bras.: "Psicose e cuidados maternos", p. 306.]

77 D. W. Winnicott, *L'Enfant et sa famille*. [Ed. bras.: "A criança e a família", op. cit.]

78 Idem.

79 Cynthia Fleury-Perkins, "Irremplaçabilité et parentalité", Spirale, vol. 79, n. 3, p. 41-52, 2016.

80 Foraclusão ou forclusão: conceito forjado por Jacques Lacan para designar um mecanismo específico da psicose, por meio do qual se produz a rejeição de um significante fundamental para fora do universo simbólico do sujeito. (N.T.)

81 S. Freud, op. cit., p. 32-33. [Ed. bras.: op. cit., p. 34.]

82 *Thiasus*: cortejo que acompanha Dionísio em seus périplos, formado por sátiros, silenos [gênios das florestas, com orelhas felpudas e patas de cavalos] e ménades [bacantes].

83 C. Fleury, *Mallarmé et la parole de l'imâm*, Éditions d'Écart, 2001, reedição Gallimard, 2020. (Folio). [*Compagnonnage*: companheirismo, tipo específico de formação profissional, com estreita relação entre mestre e aprendiz, inspirado das corporações de ofício da Idade Média. (N.T.)]

84 Ver Stéphane Mallarmé, *A tarde dum fauno* e *Um lance de dados*, trad. Armando Silva Carvalho. Lisboa: Relógio d'Água, 2013. (N.T.)

85 G. Deleuze, op. cit., p. 41. [Ed. bras.: op. cit., p. 19.]

86 Ver carta de Jung a P. W. Martin, em 28 de agosto de 1945.

87 F. Nietzsche, op. cit., p. 438, § 536. [Ed. bras.: op. cit.]

88 Maurice Blanchot, *L'Entretien infini*, Gallimard, [1969] 1995, p. 302. [Ed. bras.: *A conversa infinita*, trad. João Moura Jr. São Paulo: Editora Escuta, 2010.]

89 Ibid., p. 321 (ed. francesa).

90 Ibid., p. 323 (ed. francesa).

91 Charles Péguy (1873–1914), escritor, poeta, filósofo, jornalista e ensaísta católico francês. (N.T.)

92 Bruno Latour, "Pourquoi Péguy se répète -t-il? Péguy est-il illisible?", in Camille Riquier (org.), *Péguy*, Les Cahiers du Cerf, 2014, p. 339-341.

93 B. Latour, "Nous sommes des vaincus", in ibid., p. 28.

94 F. Nietzsche, *La Volonté de puissance*, Livro II, op. cit., p. 410, § 458. [Ed. bras.: *A vontade de poder*.] Ver também G. Deleuze, op. cit., p. 40. [Ed. bras.: op. cit., p. 19.]

95 Vladimir Jankélévitch, *Henri Bergson*, Quadrige, [1930] 2015, p. 269.

96 V. Jankélévitch, Béatrice Berlowitz, *Quelque part dans l'inachevé*, Gallimard, [1978] 1987, p. 119. (Folio / Essais).

97 Descartes. *Les Passions de l'âme*, 1649, artigo 156. [Ed. bras.: *As paixões da alma*, trad. Rosemary Costhek Abilio. São Paulo: Martins Fontes, 2005.]

98 G. Deleuze, op. cit., p. 134. [Ed. bras.: op. cit.]

99 Ibid. [Ed. bras.: Ibid., p. 55.]

100 Ver a noção de "perverso qualquer" em Eugène Enriquez, "L'idéal type de l'individu hypermoderne: l'individu pervers?", in Nicole Aubert (org.), *L'Individu hypermoderne*, Érès, 2004, p. 45-46; e de "perverso medíocre" in C. Fleury, op. cit.

101 G. Deleuze, op. cit., p. 134-135. [Ed. bras.: op. cit., p. 55.]

102 "Ressentir", no original francês, é sinônimo de "sentir" e raiz da palavra "ressentimento". (N.T.)

103 G. Deleuze, op. cit., p. 135. [Ed. bras.: op. cit., p. 56.]

104 Idem.

105 Expressão que metaforiza um trabalho sem fim e sem sucesso. Na mitologia grega, as filhas de Dánao foram condenadas a eternamente encherem um tonel de barro sem fundo. (N.T.)

106 G. Deleuze, op. cit., p. 135. [Ed. bras.: op. cit., p. 56.]

107 Idem.

108 "A imputação dos erros, a distribuição das responsabilidades, a acusação perpétua. Tudo isso toma o lugar da agressividade.", idem.

109 "Há quem pregue a minha doutrina da vida, mas são a um tempo pregadores da igualdade e tarântulas. Essas aranhas venenosas falam a favor da vida, apesar de estarem acaçapadas nas suas cavernas e afastadas da vida: porque assim querem prejudicar", F. Nietzsche, *Ainsi parlait Zarathoustra*, 1883. [Ed. bras.: *Assim falava Zaratustra*, trad. José Mendes de Souza. Rio de Janeiro: Nova Fronteira, p. 154.]

110 Louise Bourgeois (1911–2010), artista plástica francesa que, a partir dos anos 1990, passou a criar esculturas em forma de aranha, de vários tamanhos e múltiplos significados. (N.T.)

111 Tomás Saraceno (1973-), arquiteto e artista argentino radicado na Alemanha; propõe uma arte que una a ciências da vida e ciências sociais. Dentre seus projetos, encontra-se a Arachnophilia. Ver <https://studiotomassaraceno.org/about/>. (N.T.)

112 G. Deleuze, op. cit., p. 134. [Ed. bras.: op. cit.]

113 Ibid., p. 65. [Ed. bras.: ibid., p. 29.] Ver F. Nietzsche, *La Volonté de puissance*, Livro I, § 395. [Ed. bras.: *A vontade de poder*, "Livro I".]

114 F. Nietzsche, ibid., Livro III, § 393, "C'est dénaturer la morale que de séparer l'action et l'homme". [Ed. bras.: ibid., "Livro III".]

115 *Manuel diagnostique et statistique des troubles mentaux*, quarta edição, coordenação geral de tradução para o francês de Julien-Daniel Guelfi e Marc-Antoine Crocq; diretores de equipe da tradução francesa: Patrice Boyer, Julien-Daniel Guelfi, Charles-Bernard Pull, Marie Claire Pull. [Ed. bras.: *Manual diagnóstico e estatístico de transtornos mentais*, 5ª edição, trad. Miguel R. Jorge e outros. Porto Alegre: Artmed, 2023.]

116 Transtorno de ansiedade de separação (DSM-IV, 309.21). (N.T.)

117 S. Freud, op. cit., p. 41. [Ed. bras.: op. cit., p. 43.]

118 Para definir os quadros, o DSM-IV estabelece uma série de critérios, identificados por meio de questionários padronizados aplicados aos casos. (N.T.)

119 *Ultima ratio*: Último recurso jurídico, trata-se de um princípio que estabelece que todas as opções (jurídicas ou não jurídicas) devem ser esgotadas antes de se recorrer à lei penal para solução de um conflito. (N.T.)

120 O *amódio* (*hainamoration*) é um neologismo criado por Lacan para designar a inextricável interação entre ódio e o amor. Ver Jacques Lacan, *Encore. Le Séminaire*, Livro XX, Seuil, [1972–1973] 1975, p. 83. [Ed. bras.: *O Seminário*, Livro 20: Mais, ainda, trad. M. D. Magno. Rio de Janeiro: Zahar, 1985, p. 83.]

121 DSM-IV, p. 934 (ed. francesa): "Mecanismo pelo qual o sujeito responde aos conflitos emocionais ou externos por meio de uma agressão dirigida ao outro, expressa de maneira indireta e não combativa. Sob uma fachada de adesão aparente, oculta-se a resistência, o ressentimento ou a hostilidade. A agressão passiva surge muitas vezes como resposta a alguma exigência externa de ação ou de desempenho, ou por falta de gratificação de seus próprios desejos. A agressão passiva pode representar uma modalidade adaptativa para pessoas que ocupam uma posição de subordinação, incapazes de se afirmar abertamente por outros meios."

122 A autora faz um trocadilho com o "sujeito barrado", conceito lacaniano relativo ao sujeito do inconsciente, e a expressão "*mal barré*" ("mal encaminhado"), equivalente a "se dar mal". (N.T.)

123 Emil Cioran, *De l'inconvénient d'être né*, Gallimard, 1973. (N.T.)

124 M. Blanchot, op. cit., p. 346 (ed. francesa).

125 *Imaginatio vera*: em latim, a imaginação verdadeira, cujo desafio é imaginar o real sem dele fugir, orientá-lo, conferir-lhe um sentido. Trata-se de um conceito desenvolvido pela autora em diversos textos, dentre os quais *La Fin du courage*, Fayard, 2010. *Vis comica*: expres-são latina que indica uma força cômica, o poder de fazer rir. (N.T.)

126 Sejam eles comportamentos pertencentes ao campo da psicose ou da neurose severa.

127 M. Blanchot, op. cit. p. 355 (ed. francesa).

128 D. W. Winnicott, *La Haine dans le contre-transfert*, Payot, [1947] 2014. (Petite Bibliothèque Payot). [Ed. bras.: *O ódio na contratransferência*, in D. W. Winnicott, *Da pediatria à psicanálise: obras escolhidas*, trad. Davy Bogomoletz. Rio de Janeiro: Imago, p. 277-287.]

129 Denys Ribas. "La vie de Donald Woods Winnicott", in D. Ribas (org.), *Donald Woods Winnicott*, PUF, 2003, p. 6-34.

130 Christine Voyenne, *La Haine dans le contre-transfert (1947), Le Contre-transfert (1960), commentaire des articles de D. W. Winnicott*, 2010 Disponível em <http://sprf. asso.fr/sprfwp/wp-content/uploads/ publications/VOYENNE-Ch._SP_Contre-transfert-Winnicott_SPRF_2010.pdf>.

131 G. Deleuze, op. cit., p. 134. [Ed. bras.: op. cit., p. 55.]

132 É assim que, desde 1910 (ver "As perspectivas futuras da terapia psicanalítica"), Freud escreve: "Nenhum psicanalista avança além do quanto permitem seus próprios complexos e resistências internas; e, em consequência, requeremos que ele deva iniciar sua atividade por uma autoanálise e levá-la, de modo contínuo, cada vez mais profundamente, enquanto esteja realizando suas observações sobre seus pacientes [...]." A análise didática será proposta a partir do 5º Congresso da IPA, em 1918. Ver o comentário de Voyenne, citado. [Ed. bras.: *Edição Standard Brasileira das Obras Psicológicas Completas de Sigmund Freud*, vol. XI, trad. Durval Marcondes, J. Barbosa Corrêa e Jayme Salomão. Rio de Janeiro: Imago, p. 88.]

133 D. W. Winnicott, "L'angoisse liée à l'insécurité", in De la pédiatrie à la psychanalyse, PUF, 1969, apud C. Voyenne, op. cit.

134 C. Voyenne, op. cit.

135 D. W. Winnicott, "Les aspects métapsychologiques de la régression au sein de la situation analytique", 1954, apud C. Voyenne, op. cit.

136 Idem.

137 Mediedade: na Grécia antiga, tratava-se de uma teoria da virtude que prega um "caminho do meio" entre os extremos. (N.T.)

138 C. Voyenne, op. cit.

139 M. Montaigne, op. cit., vol. I, p. 45. (N.T.)

140 Lucain, *Pharsale*, II, p. 262-263 (ed. francesa), apud M. Montaigne, op. cit., vol. I, p. 46.

141 *Affectio societatis*: expressão latina originada do Direito Romano, que significa literalmente "sociedade do afeto", indicando a intenção dos membros de um grupo de permanecerem e empreenderem juntos. (N.T.)

142 M. Montaigne, vol. I, Livro I, cap. IX, vol. I, p. 55. (N.T.)

II

FASCISMO

Em busca das fontes psíquicas do ressentimento coletivo

Nesta segunda parte, dedicada à questão histórica do ressentimento coletivo, há o pano de fundo da "mãe", não no sentido de uma feminilização qualquer da questão, mas simplesmente para destacar, de maneira metafórica e hermenêutica – sabendo que estamos tecendo uma fita de Moebius com três faixas (o amargo, a mãe, o mar) –, o sentido da recusa da separação. Abandonar a ilusão fantasmática da unidade original com o seio, para sempre protetor e amoroso, superar o eterno desejo de querer ser protegido, eis as ações necessárias para superar o ressentimento. Somos seres separados: certamente ligados pela sublimação e pelo trabalho, mas, de todo modo, separados, sós e não protegidos. A vocação humana é inseparável da separação da mãe (ou do pai), ou seja, da oceânica proteção e reparação. Será necessário reparar-se só; claro que também graças ao outro, graças ao mundo, graças à criação que inventamos quando confrontados com o Real desse mundo, mas certamente a sós. Será preciso ir da mãe ao mar.

Exílio, fascismo e ressentimento: Adorno, I

Adorno é um pensador-chave para se entender o problema do ressentimento, em seu processo individual e coletivo, e para compreender como resistir a ele – ao menos que tipo de personalidade consegue dele se extrair, mesmo quando poderia ter sido atingida, destruída por ele. O próprio Adorno escapou: ele viu o abismo, o percebeu tão próximo de todo homem; em sua lassidão, em sua dificuldade de atravessar o exílio, ele poderia ter deixado ali sua pele. A obra de Adorno escapou, suas *Reflexões a partir da vida danificada*[1] preferiu o Aberto, no sentido de Rilke. Esse poderia também ser o outro nome da *Dialética negativa*, ou seja, desse modo de pensar, próprio a Adorno, que tenta fazer alguma coisa a partir do negativo, sem transformá-lo, num passe de mágica, em positividade, sem ceder ao niilismo, uma via que se eleva na medida da vertigem, uma via que pode causar vertigem, mas que é preferível a inventar um sistema onde cada coisa encontra seu lugar, sua resolução, mesmo que falsa ou necessariamente falsa. *Fragilidade do verdadeiro*, escreve ainda Adorno, para se afastar de qualquer ideia de síntese hegeliana; ele escolhe a ideia de uma teoria musical, capaz de composição e de improvisação.

> De maneira análoga, seria preciso que a filosofia não fosse reduzida a categorias, mas, em certo sentido, primeiro compusesse a si mesma. No curso de sua progressão, ela precisa se renovar incessantemente, a partir de sua própria força do mesmo modo que a partir do atrito com aquilo com o que se mede; é aquilo que se passa nela que decide, não uma tese ou posição.[2]

Trata-se de um texto do fim da vida, após o exílio forçado, depois do encontro com a decrepitude do mundo, o nazismo, depois de ter sido obrigado a fugir para proteger sua vida; mesmo de longe, o desastre pode ser visto, ele nos atinge, pois sabemos daquilo de que se fugiu, é verdade que sem uma verdadeira alternativa, mas a culpabilidade estará sempre no cerne da obra de Adorno; ele, que é músico, sabe que esse rastro é audível, que impregna a música, talvez de maneira ainda mais forte do que uma teoria; é assim que é preciso compreender a dialética negativa, aquela que não pode justificar o que aconteceu, pode simplesmente encarar a realidade e produzir nos que sobreviveram consciência e vigilância o bastante para resistir e lutar contra o horror do que aconteceu. Compreende-se ainda que, diante do horror, que este tenha ocorrido ou que ameace ocorrer, o resultado é quase o mesmo: isso irradia para além do instante passado e antes do instante futuro; o horror escorre por toda parte, como uma água poluída que se infiltra, mas também como uma deflagração. O ponto terrível do horror é que ele existe. A dúvida cessa diante da positividade do horror. Não há dúvida: é ali, é exatamente ali. E, no entanto, não se entende nada, nada faz sentido. Ou, se houver algum sentido, buscá-lo aprofunda nosso desespero, ou pelo menos o risco de se afundar nele é grande. O horror vence, ele sempre conquista mais espaço do que se poderia pensar; tal é certamente o horizonte sobre o qual se estende a dialética negativa; em relação a essa potencialidade nefasta, é preciso outro Aberto, aquele que não se ilude, que sabe transformar a negatividade.

Com o crescimento do perigo do nazismo, Adorno vai para o exílio, primeiro na Europa, depois nos Estados Unidos. Lá, encontra diversos pensadores dedicados a decifrar o que acontece no ressentimento que o circunda, como uma tal identificação com o *führer* se tornou possível, quando até mesmo um olhar – inclusive despretensioso – perceberia a fraqueza do personagem. Recai-se então numa verdade nietzschiana bem conhecida, a moral dos escravos ou a vingança dos fracos: "os agitadores negam qualquer superioridade e deixam entender assim que o Guia [...] é alguém que, apesar de ser fraco como seus irmãos, ousa, no entanto, confessar sua fraqueza sem complexos, o que faz dele um homem forte."[3] Adorno vai tentar compreender os mecanismos do pensamento fascista, sua identificação com os fracos e sobretudo a inversão determinante que trata de operar. Pois o fascismo, em sua aceitação de massa, funciona em torno dessa vingança do fraco, com uma identificação progressiva em relação ao forte, vingando justamente os fracos. É preciso que haja inversão do narcisismo ferido, uma forma de restauração narcísica para que o fascismo se instale de modo mais duradouro e com uma violência finalmente assumida, enquanto era possível dissimulá-la no passado, como toda técnica "fraca" de defesa e de reação. Adorno fala também de "igualitarismo repressor",[4] noção particularmente relevante quando se busca apreender a relação ambivalente diante do chefe que acomete os grupos, uma relação com o chefe como uma extensão de si mesmo, desse Eu fraco, desse "falso *self*" capaz de finalmente assumir todos os seus demônios pulsionais, sem que ninguém venha impedi-lo. Se alguns pensam que podem diferenciar-se um pouco mais, que podem caminhar em direção a uma diferenciação um pouco maior, então a coisa é repreendida, ou se torna mesmo impossível, desencadeando forte hostilidade por parte dos membros. Não se pode escapar do grupo. Não há lugar para a individuação, e o chefe, mesmo que gere a ilusão de ser um indivíduo livre, desalienado, na verdade não o é. Ele é o grande Reificado, aquele que levou ao máximo o *tornar-se coisa* e encontra-se no desenvolvimento maximal, todo-poderoso da regressão, sem nunca mais poder ter acesso a si mesmo. E Adorno formula essa definição do fascismo, que ecoa a própria doença do ressentimento, sua realidade psicótica maior: "a ditadura dos doentes vítimas de delírios persecutórios [...] que realiza todas as angústias de perseguição de suas vítimas."[5]

O ressentimento é uma doença persecutória: acreditar sempre ser vítima de uma perseguição externa, sentir-se unicamente vítima, rejeitar a responsabilidade de sujeito nessa posição. E a doença da perseguição vira o gozo dessa detestação, pois há sim detestação na posição de submissão, existe a preferência por acreditar numa submissão "sem resto", para melhor invertê-la e liberar sua pulsão de destruição do outro, plenamente justificada. Ora, existe o "resto". Mas o homem do ressentimento resolve iludir-se e não enxergar esse resto, pois este lhe ofereceria a possibilidade de um recurso, de uma saída, e também de um esforço, de uma responsabilidade própria. Mais vale odiar do que agir e comunicar esse ódio a um grupo, no qual os integrantes fizeram a mesma escolha pela ilusão de uma submissão sem resto. A partir daí, o mecanismo de ódio generalizado pode se desencadear e produzir um agir construído unicamente com base na crueldade das pulsões, um agir que não é propriamente um agir, mas que, com o número, com quantidade, produz uma virada qualitativa, que pode gerar, por sua vez, a ilusão de uma ação verdadeira, quando, na realidade, trata-se de uma reação em massa.

Nos anos 1950, Adorno continua a elaborar suas teorias sobre a personalidade, em especial aquela que poderia estar na origem das "potencialidades fascistas".[6] Diversos traços de personalidade poderiam nelas convergir, tais como "o convencionalismo, o servilismo autoritário e a agressividade, a inclinação pela projeção e manipulação etc.".[7] Reencontramos aqui os critérios da personalidade *ressentida*, que assimila a ordem a uma restauração de seus bens e de seu ser, e que só é servil para melhor exercer seu autoritarismo, sem sofrer suas consequências, e que produz a famosa passividade-agressividade, e que fabula, fantasia, projeta todo tipo de falsas representações com o objetivo de reforçar seus preconceitos e estereótipos, e que se instala na manipulação perversa, reificada, não mais podendo considerar o outro como sujeito por não conseguir suportá-lo, criando com ele apenas uma relação de instrumentalização.

Quando os outros caem nesse movimento coletivo de detestação, é preciso ser capaz de resistir e de encontrar em si mesmo alguns recursos. É preciso inventar essa *minima moralia*, moral de fragmentos – bem distante da ilusória *moralia magna*, plena, sem furos –, que inclui vãos, abismos, impasses, fluxos e refluxos e, a partir do minúsculo, tentar o oceano, tentar a água, o ar, o alto-mar, alhures, outrem ainda vivos, ainda dignos de si. "O que seria a felicidade que não se medisse pela incomensurável tristeza com o que existe? Pois o curso do mundo está transtornado. Quem por precaução a ele se adapta, torna-se por isso mesmo um participante da loucura, enquanto só o excêntrico conseguiria aguentar firme e oferecer resistência à absurdidade."[8] O ingresso na moral acontece aqui pelo viés de uma canção, que é lembrada por Adorno, canção infantil que fazia sua alegria, "Entre a montanha e o vale profundo": duas lebres brincam na relva e, de repente, um caçador atira e as atinge, elas caem, pensam que morreram, percebem que estão vivas e fogem correndo. Qual é a moral da história? A do fingimento? A do absurdo? A da injustiça? A da burrice da despreocupação? Adorno não chega a uma conclusão, e lembra somente a "irrealidade do desespero".[9] Totalmente compatível – infelizmente – com esse sentimento de certeza de que o horror ocorre, já ocorreu, continuará a ocorrer, que é existência, inseparável da existência, não seu objetivo, porém, sem dúvida alguma, seu companheiro. O pedacinho de uma canção, minúsculo, por onde é possível entrar; por esse buraquinho de rato é preciso criar o buraco da fechadura, tentar a saída, não ter certeza de nada, porque essa certeza terá um jeito irreal, tal como o desespero do qual ela tenta escapar.

O "curso do mundo" de Adorno não deixa de lembrar a "queda do curso da experiência" de Walter Benjamin, ou seja, esses homens que já não sabem mais como transformar aquilo que vivem em experiência, em vivência sensível, consciente de si mesma, que permita ser o objeto de uma transmissão. Diante do curso perturbado do mundo, há os fragmentos morais, fragmentos estelares; há também os "protocolos de sonhos", que Adorno vai deixar como se fossem casos clínicos não elucidados, uma maneira de prestar contas de seu inconsciente, ou, de modo mais geral, do inconsciente de um homem que procura a fricção com as desgraças do mundo e que constrói um caminho, não para validá-las, uma descrição clínica de seus sonhos que deixa a cada um a possibilidade de empregar seus talentos de interpretação: "caminhávamos [...] numa trilha sobre um penhasco [...] comecei a buscar um caminho melhor."[10] Adorno, o pensador na encruzilhada de uma denúncia do ressentimento, da emergência do fascismo, do estabelecimento do conceito de reificação, da tomada em consideração da vida inconsciente – mesmo que a interpretação analítica seja deixada de lado, o universal do inconsciente é bem reconhecido; Adorno preso em seu próprio desencanto, atravessando a experiência amarga do exílio, da obrigação de ter de pensar numa língua estrangeira, de um reconhecimento também difícil por parte de seus pares. Nada é fluido, nunca é simples. Tudo está manchado. Philip Roth,[11] naquele estilo que é só seu, poderia transformá-lo em um de seus herdeiros.

"Todo intelectual na emigração, sem exceção, está prejudicado e faz bem em reconhecê-lo."[12] Além da precarização moral, existencial, psíquica, soma-se outra, a material, dada a concorrência dos humilhados entre eles, em que cada emigrado é inimigo do outro, seja ele professor ou não. Adorno se viu nessas circunstâncias, "na mais vergonhosa e indigna das situações, a de postulantes em concorrência, e [que] por isso exibem uns aos outros, quase compulsivamente, as facetas mais abomináveis".[13] Sem dúvida, ele poderia ter escorregado para dentro do ressentimento, logo ele, que experimentava a falta de reconhecimento, uma humilhação permanente, uma ausência de refúgio, uma vivência de concorrência exacerbada. Em *Minima moralia*, ele narra esse modo de ser jogado na masmorra quando se é um exilado, como é preciso deixar atrás de si tudo o que faz sua diferença, seu valor, e que, às vezes, é reduzido ao *background* do dito intelectual, "reificado" e imediatamente deixado de lado, esquecido, desvalorizado: "*Ninguém se lembre deles. A vida pregressa do emigrante, como se sabe, está anulada.*"[14] Todos os que tiveram a experiência da travessia descobriram isso às suas próprias custas. Depois de atravessar, não se é mais nada, pois não se traz nada consigo. A experiência intelectual é tida como "intransferível", diversos outros atributos são considerados intransferíveis, um truque para levar o emigrante a perder seu orgulho, para lembrar a ele sua triste condição, *acaso* ele pensasse que dela poderia escapar.

A humilhação é ainda maior para o intelectual que se gaba justamente de ser universal, de possuir uma competência que cruza as fronteiras, necessária para toda a humanidade; tal é sem dúvida sua vaidade e também sua exigência: ultrapassar seu pequeno círculo, pensar algo que interesse ao mundo, e não apenas ao seu mundo. Quanto a mim, me faltou essa coragem: exilar-me, obrigar-me ao exílio. As circunstâncias da vida me pouparam dessa obrigação, e eu não julguei que era meu dever impô-la a mim mesma. Digamos que cheguei a pensar que seria benéfico e que recuei diante do temor do exílio da língua, esse último me parecendo mais difícil do que o exílio físico. Adorno não teve a sorte de poder evitar o obstáculo. *Minima moralia* é inteiramente dedicado à descrição dos tormentos do "intelectual na emigração"; ele representa esse "triste saber" que Adorno nos dirige, esse testemunho de um "diálogo interior",[15] certamente o que lhe permitiu não sucumbir à pulsão do ressentimento; o saber é triste, mas permanece dialético, interior, não rejeita a interioridade, longe disso. Em *Minima moralia*, a vida de Adorno é passada pelo crivo e adquire uma nova forma de dignidade, sublimada e não reificada, abrindo para outra coisa, além de si, em vez de gozar com a sua mutilação e de enveredar pelo caminho da vítima transformada em carrasco.

Em Adorno, falta o humor. Há, evidentemente, a arte da canção, as reminiscências dos pequenos artesanatos, a sensibilidade perante as marcas múltiplas da beleza, mesmo as mais insignificantes, que não são nem zombadas nem menosprezadas, apenas realizam seu trabalho de mediação. Tudo permanece como oportunidade para se extirpar. Mas, estranhamente, o humor está pouco presente. Ele aparece por entre as linhas, e mais especificamente no interior dos títulos dos fragmentos – é claro que *"ninguém se lembre deles!"* é prova de uma forte capacidade sarcástica. Mas a afirmação da necessidade da *vis comica*[16] está ausente, como se o humor negasse a negatividade, o que ele não faz de modo algum. Ele se apoia nela, se autoriza a destituí-la, permite-se talvez não a levar muito a sério, mesmo ela sendo trágica, mas, justamente, há ali um gesto forte de "composição". Adorno nos entrega sua sensibilidade extrema diante dos pequenos momentos da vida, como aquele no qual a criança se alegra de uma visita recebida pelos pais, das mais banais, promessa de um outro mundo, de um hábito rompido, de regras que se anularão naquela noite para acolher os hóspedes, acomodá-los e eventualmente deixar a criança circular também, como os adultos, provar suas primeiras entradas na noite, sem obrigação de ir para a cama. Ei-lo tão feliz.

"Heliotrópio", escreve Adorno, e poderíamos dizer isso do humor, que ele nos orienta incansavelmente em direção ao sol, em direção a uma luz energética que "libera da maldição a felicidade do que está mais perto ao casá-la com a distância mais longínqua".[17] Esse jogo do humor com o espaço-tempo, a arte da simbolização, em suma, nós o conhecemos bem, e cada um pode experimentá-lo: uma fuga do instante, sem por isso negar o presente, tampouco se submeter a ele, essa distância assumida, que, no entanto, não produz qualquer "desrealização", pelo menos no sentido patológico do termo; para a manutenção mínima da saúde psíquica do homem, a *vis comica* é essencial, embora muito pouco solicitada. Tratamos de nos enganar a respeito de sua verdadeira natureza, a transformamos em um recurso redundante ou em um talento mercantil, propício a fazer os outros rirem sem real conscientização, só para diverti-los. Trata-se apenas de uma pequena parte do humor, a menos interessante, a menos apta à sublimação. Pelo contrário, ela atrapalha a visão. Tornaremos a discutir mais adiante a respeito do recurso que o humor representa na luta contra o ressentimento humano.

Capitalismo, reificação e ressentimento: Adorno, II

Vamos retomar a noção de reificação, no cerne do processo de ressentimento, noção essencialmente marxista,[18] pois o filósofo percebeu a dimensão reificadora do capitalismo. Ela está presente em Adorno e será objeto de interpretações sucessivas dentro da Escola de Frankfurt, por várias décadas e vários autores. A reificação é igualmente filha do processo de reprodutibilidade, bem analisado por Walter Benjamin e algo caro à modernidade, que padroniza seus objetos para produzi-los em massa e retirar deles o lucro máximo, ao reduzir também os custos de fabricação. O mundo inteiro dobrou-se a ela. A própria cultura deixou-se reificar, tornando-se simplesmente indústria cultural. Para Georg Lukács,[19] a reificação é o processo de coisificação[20] da vida e do sujeito, que não deixa de lembrar os tormentos da racionalização weberiana, que tem como consequência "qualificar" o quantitativo, ou seja, desqualificar o qualitativo em prol de uma superestimação do quantitativo, convidado a partir de então a se transformar no novo qualitativo, o algarismo que substitui o poder do nome.

Opera-se assim um reducionismo que atinge todos os elementos da vida do sujeito, passando exclusivamente pelo crivo das categorias econômicas: eles só obtêm valor em troca dessa mutilação em sua definição. O mundo, o sujeito, a vida se tornam "calculáveis" do ponto de vista dos custos e dos benefícios, como se tudo pudesse se circunscrever a tais categorizações. O mundo se torna binário, e a parcela de "desqualificados" cresce ao passo que se expande o grande movimento de racionalização. A reificação é o outro nome da racionalidade instrumental, bem conhecida desde Weber e de sua análise sobre o desencantamento do mundo, promovido pela modernidade tecnicista e calculadora. Em Honneth, a reificação é retomada, e surge um antídoto com o conceito de reconhecimento. De fato, o reconhecimento é o que compensa nossa interdependência e nos permite não experimentar nossas dependências de maneira desqualificante. Somos todos dependentes, somos interdependentes, e a dominação se define como o fato de tornar invisível essa dependência e de inscrever o outro no interior de um regime de não reconhecimento. Evidentemente, a dependência torna-se mais suave ao ser vivida a partir do instante em que ela se inscreve em um regime de interdependências recíprocas, no qual ninguém consegue se safar sem necessitar de um outro. A ética do reconhecimento é o quadro que torna possível viver essas dependências de maneira legítima, não viciada, não desqualificante para os indivíduos. Nesse sentido, o reconhecimento é um princípio que permite aos indivíduos resistir aos processos de reificação operados no mundo *capitalístico*.[21] Honneth desdobra diferentes níveis de reconhecimento simbólico e mais especificamente material. Recusar o reconhecimento a alguém é justamente reificá-lo, instalá-lo numa relação reificante, que o torna alguém dispensável, substituível, cujo valor singular e determinante em seu próprio processo de autonomização é negado.

Voltemos a Adorno. Nele se percebe bem a dialética existente entre reificação e ressentimento.

> A produção capitalista os mantém tão bem presos em corpo e alma que eles [os consumidores] sucumbem sem resistência ao que lhes é oferecido. Assim como os dominados sempre levaram mais a sério do que os dominadores a moral que deles recebiam, hoje em dia as massas logradas sucumbem mais facilmente ao mito do sucesso do que os bem-sucedidos. Elas têm os desejos deles. Obstinadamente, insistem na ideologia que as escraviza.[22]

Em outras palavras, a força da racionalização capitalística é instalar o indivíduo em uma situação em que ele se torna a presa de desejos que não são especificamente os seus: espremido na rivalidade mimética bem conhecida das leis psíquicas, ele deseja aquilo que não tem e se tranca em um regime de frustação permanente que o leva a desejar o que acredita ser necessário para que seja reconhecido como sujeito. O consumidor se deixa enganar ao adotar de saída um desejo que não é necessariamente o seu, sem colocá-lo em questão e sem designar, ele próprio, seu objeto de consumo, um objeto que não vá reificá-lo de volta, pois ele se mantém em seu estado de objeto, e não lhe promete nenhuma ilusão de reconhecimento.

O elo entre reificação, reconhecimento falho e ressentimento, nós o percebemos quando Adorno e Horkheimer explicam como a indústria cultural opera para aprisionar o indivíduo. Hoje em dia, poderíamos dizer as coisas de modo semelhante: é surpreendente observar que o grande movimento de *desnarcisação*, operado no mundo do trabalho, ou seja, o fato de o indivíduo se sentir "substituível", intercambiável, precarizado, colocado à disposição sob permanente pressão, algo que se torna arbitrário devido ao seu caráter incessante, esse fenômeno de *desnarcisação* funciona muito bem na outra ponta do mundo do trabalho, ou seja, no universo do consumo, visando *renarcisar* o indivíduo para que ele seja capaz de retornar ao trabalho, obedecendo às mesmas regras estúpidas e "des-singularizantes". De um lado, há uma forte descompensação psíquica; do outro, há uma compensação por meio de bens que viciam, habilitados a compensar, embora somente de maneira efêmera, pois o sujeito deve ser mantido em um estado febril a fim de retornar ao divertimento compensatório e falsamente renarcisante.

Já em 1944, Horkheimer e Adorno percebiam a perversão de tal funcionamento e sua irredutível eficácia:

> Todavia, a indústria cultural permanece a indústria da diversão. Seu controle sobre os consumidores é mediado pela diversão, e não é por um mero decreto que esta acaba por se destruir, mas pela hostilidade inerente ao princípio de diversão por tudo o que seja mais do que ela própria. [...]. A diversão é o prolongamento do trabalho sob o capitalismo tardio. Ela é procurada por quem quer escapar ao processo de trabalho mecanizado, para se pôr de novo em condições de enfrentá-lo.[23]

A tese aqui é levemente diferente, mas se baseia nos mesmos pressupostos. O homem, no trabalho, se submete à automação; ela, por sua vez, encontra-se tão generalizada no conjunto da sociedade e diz respeito a tantos elementos vitais que o indivíduo não mais está apto a receber outra coisa em seus momentos de lazer que não o produto padronizado da automação.

> Ao processo de trabalho na fábrica e no escritório só se pode escapar adaptando-se a ele durante o ócio. Eis aí a doença incurável de toda diversão. O prazer acaba por se congelar no aborrecimento, porquanto, para continuar a ser um prazer, não deve mais exigir esforço e, por isso, tem de se mover rigorosamente nos trilhos gastos das associações habituais.[24]

Hoje em dia, cada um pode experimentar essa descompensação, que em alguns pode chegar à depressão, ao esgotamento profissional ou a comportamentos e transtornos psicóticos, e que produz no indivíduo um estado febril exacerbado, uma inaptidão para produzir esforços, mesmo para o prazer.

Este último deve ser imediato, abundante, reiterado, inédito, para realizar seu trabalho compensatório de maneira instantânea. Mas compensação instantânea não é, de modo algum, resiliência; aí reside toda a diferença entre o vício e o desejo, entre o prazer que se anula no próprio instante em que é vivido e a alegria que é capaz de ultrapassar o mero instante de sua produção.

Conhecimento e ressentimento

Contra a mordida do ressentimento, Nathalie Heinich enxerga na obra de Norbert Elias – algo verdadeiro em muitas obras – uma maravilhosa tentativa de transformação e de sublimação. O que é dito da obra artística pode, aliás, ser dito do trabalho sociológico enquanto tal, na medida em que ele chega para explicar, colocar-se afastado do fenômeno e, por meio de sua reflexão, produzir no homem uma capacidade de simbolização e de ação. "Antes a sociologia do que o ressentimento", afirma em um artigo a ele dedicado. A sociologia critica, não o fato de submeter-se à falta de criticidade nesse mundo, mas antes a impossibilidade de questionar a racionalidade instrumental, que não somente destrói a ação em sua finalidade, como também o próprio pensamento, ambos indissociáveis, especialmente na concepção emancipadora do trabalho. Escolher a sociologia, o conhecimento, a razão, o desenvolvimento da análise, o enfrentamento das contradições humanas, o deciframento de suas pulsões, efetuar essa análise protege contra o transbordamento do ressentimento.

> Sim, penso que a obra de Elias é um imenso, um extraordinário esforço de sublimação desse único problema: como ser um judeu no seio de uma sociedade não judia e, pior ainda, de uma sociedade antissemita. Deslocado para contextos diversos, e sobretudo para o da Sociedade de Corte, esse problema tornou-se o estudo sistemático da maneira como uma sociedade se modifica devido aos esforços de algumas categorias para mover-se dentro da estratificação social, a fim de se integrar nos estratos superiores, quando se vem dos estratos inferiores; e o estudo da maneira pela qual essas mudanças na estrutura social afetam as vidas individuais no nível mais íntimo da experiência.[25]

Voltamos ao sentimento de injustiça que oprime o coração do indivíduo quando ele se sente humilhado, não integrado, excluído dos círculos de reconhecimento simbólico, e como cada um enfrenta a persistência dos determinismos sociais, econômicos e culturais. É o exemplo arquetípico do judeu, que pode remeter a qualquer ser humano, homem ou mulher. O fato de ser impedido de movimentar-se representa um perigo absoluto para a alma e o corpo do indivíduo. Tantas vezes Elias poderia ter hesitado diante do recalque neurótico ou da negação psicótica, ou ainda do ressentimento mortífero, mas ele abriu mão do procedimento vitimário em prol da obra sociológica para abrir a outros o que o envolvia de maneira prioritária, para universalizar seu discurso e sua busca, para elaborar um pensamento endereçado a cada um, o que aumenta, então, o mundo de cada um.

> Claro, haveria outras maneiras de lidar com esse traumatismo, poderia ter sido reprimido, de modo que nada mais teria saído dali, somente a neurose ou até a psicose, ou, ainda, ele poderia ter sido transformado em ressentimento, cólera, acusações perpétuas contra os carrascos, ou queixas devido aos seus próprios sofrimentos enquanto vítima. Mas, com Elias, nada disso, nem recalque nem ressentimento, apenas o silêncio sobre os judeus, no interior de uma obra imensa dedicada à condição fundamental dos judeus, quando tentam integrar uma sociedade antissemita, fora e dentro, dentro e fora, embaixo e em cima, em cima e embaixo, com essas pesadas dificuldades que não possuem outro motivo além do fato de ter nascido ali onde se nasceu.[26]

Voltamos a essas categorias essenciais do dentro e do fora, exatamente aquelas que o homem do ressentimento não quer mais experimentar, pois provocam nele uma amargura insuperável. Ele tenta fazer, pois, a fronteira desaparecer e busca se incorporar a outras pelo viés da agregação das pulsões hostis de cada um. "Espantosa capacidade de superar o ressentimento por meio do trabalho intelectual", escreve ainda Heinich para mostrar que Elias soube fazer a própria noção de "dominação" evoluir na direção da interdependência, noção essa retomada por Honneth no já visto conceito de reconhecimento.

> Essa noção de interdependência, associada à noção de interiorização das restrições, permite escapar à oposição binária entre "indivíduos" e "sociedade" [...] e compreender [...] os deslocamentos entre as dimensões individual e coletiva das determinações psíquica, corporal, emocional. [...] O ressentimento implica uma focalização sobre os "maus" objetos. Elias poderia ter dedicado sua energia intelectual voltando-a para um combate sem fim contra seus inimigos, não importando quais fossem seus nomes.

Em vez disso, ele abandonou totalmente a perspectiva centrada sobre os objetos para dirigir-se para aquilo que está realmente em jogo tão logo se tenta desafiar a estratificação social, de modo a obter a inclusão no grupo desejado – a saber, as relações entre os indivíduos.[27]

Não só o ressentimento implica uma focalização sobre os maus objetos, como já visto, mas toda focalização obsessiva tende justamente a transformar a natureza do objeto, que poderia ser neutralizada: não se trata só de o indivíduo desejar aquilo que não deveria desejar, a própria noção do desejo é travestida; ao alienar-se do objeto desejado, ele deseja mal. A arte do desejo é um aprendizado sobre a frustração sublimada, à medida que esse desejo não pode assimilar-se a algo todo poderoso, obrigatoriamente ilusório e, por extensão, obrigatoriamente cruel, para não superar essa ilusão. Escapar ao ressentimento, independentemente do fato de produzir um trabalho analítico digno desse nome, equivale a estabelecer entre os indivíduos relações igualmente dignas desse nome.

Conforme visto com Honneth, somente a noção de reconhecimento impede que a interdependência inevitável entre os indivíduos seja pervertida em dominação. Ainda segundo ele, o conceito de invisibilidade está igualmente ligado a isso. A ausência de reconhecimento produz invisibilidade dos próprios indivíduos, e assim compreende-se melhor por que o ressentimento precisa tanto de vingança, como se se tratasse de reparar um acréscimo de invisibilidade, corretamente julgado ilegítimo. A partir daí, os homens do ressentimento querem aparecer, querem ser vistos, ouvidos, eles que sofreram uma invisibilidade de seus sujeitos e de suas vidas. Ponto perfeitamente identificado por Heinich, e que foi plenamente assumido por Elias: o fato de não fazer uso de sua sociologia como uma nova postura de poder, capaz de permitir-lhe a produção de outra, logo ele, que sofrera a violência da exclusão sob as vestes da ciência. O Nome-dos-Pares é essa forma de saber que faz o jogo do poder, sujeitando o indivíduo a um reconhecimento "falsificado" no sentido de Honneth, e que, aliás, não será capaz de protegê-lo contra o ressentimento. Elias já havia aprendido com seu mestre Weber a neutralidade axiológica, aquela que permite afastar-se e não buscar "acertar suas contas" usando a cobertura de um ensaio de teorização:

> A célebre lição de Max Weber sobre a neutralidade axiológica, ou a suspensão do julgamento de valor, no exercício das funções de professor e de pesquisador: Elias apropria-se magnificamente dessa lição, sob a forma de sua

oposição bastante conhecida entre "engajamento" e "distanciamento". Evidentemente, qualquer um que utilizasse a sociologia – ou qualquer outra disciplina intelectual – para, como se diz, "acertar suas contas", ou seja, para lutar contra seus inimigos, adotaria espontaneamente uma postura normativa, isto é, uma concepção da sociologia como ferramenta para desqualificação, para denúncia ou crítica; [...] inversamente, aquele que fizesse uso da sociologia para justificar ou estabelecer sua posição social tentaria provavelmente colocar em destaque as causas e as razões da estratificação social tal como ela é, de modo a poder considerá-la como a única maneira racional de organização da sociedade.[28]

É preciso, pois, buscar o ato de compreensão nos sentidos de "encarar" e também de "assumir a responsabilidade", de ser uma das partes envolvidas, não para anular o fenômeno de distanciamento axiológico, mas para não se iludir, nem sobre sua superioridade nem sobre sua exclusão. Estar nesse caos, nessa história, nesse presente, não para encontrar o seu espaço, como um rentista poderia querer, mas para simplesmente estar ali, experimentar aquele real, compreender algo a respeito, desdobrar aquele mundo, desdobrar aquele "vasto" de algum modo, tudo isso para barrar o desenvolvimento inverso, o de um recuo intelectual e moral, o do ressentimento. Uma tensão surge: de um lado, o desdobramento, de outro, o transbordamento; de um lado, a amplidão, de outro, o fechamento – sempre cuidando para trabalhar o Aberto, para agarrar aquilo que pode nos ajudar a acalmar a pulsão mortífera.

Aqui, a ética remete ao universo metacrítico que se encontra por trás de todo projeto de conhecimento, essa exigência de questionar tudo, sem dúvida indissociável do regime científico de produção da verdade que, no entanto, não se desenvolve num vácuo. Em torno dessa exigência científica, o caos ruge; nesse sentido, a ciência, esse movimento, esse desejo e esse trabalho são formas de resistência contra o caos pulsional do mundo. É difícil aqui dissociar ética e epistemologia, processo de conhecimento e resistência. Quando os cientistas reivindicam sua autonomização em relação à sociedade, de modo correto, compreende-se que essa autonomia é um ato de resistência diante dos preconceitos e das demandas sociais de toda sorte. Pensar é buscar a imparcialidade, mas produzir essa imparcialidade não se alcança sem sobressaltos.

Escrita constelar[29] e estupor: Adorno, III

Outro caminho semelhante, mesmo que possua diferenças: o ingresso pela via da linguagem, sem desejo sociológico – mesmo que isso alimente a filosofia social e um gesto de compreensão mais global –, a compreensão da obra em suma, que pode ser uma poesia, ou, se nos referirmos a Adorno, uma escrita mais *constelar*, composta por fragmentos e aforismos, como estrelas ou pequenos nadas, seixos ou pepitas, depende. A "constelação", para Adorno, é aquilo que a dialética negativa tenta pensar, ao mesmo tempo que busca produzir uma ferramenta metodológica bastante indissociável dessa mesma dialética: "O objeto abre-se para uma insistência monadológica que é consciência da constelação na qual ele se encontra: a possibilidade de uma imersão no interior necessita desse exterior [...] Perceber a constelação na qual a coisa se encontra significa o mesmo que decifrar aquilo que ele porta em si enquanto algo que veio a ser. [...] O conhecimento do objeto em sua constelação é o conhecimento do processo que ele acumula em si."[30]

Adorno não busca unicamente o conhecimento do singular. Em um movimento hegeliano bem conhecido (embora negado por ele), o singular é a via do universal, embora seu pensamento não procure criar um sistema: ele deixa os vãos assombrá-lo e prefere a constelação ao sistema. Para expressar esse pensamento, nada melhor, ou mais adequado, por assim dizer, do que uma escrita fragmentada, quase repetindo o percurso do pensamento, seus meandros, suas incongruências, não porque "pense errado", mas antes porque segue o real, acolhe sua fenomenologia própria. É preciso entender bem a ideia da constelação, que tangencia o aforismo. Adorno não permite que os meandros do pensamento se imponham; ele vai terminar por escolher a versão mais *constelar*, ou seja, aquela versão enriquecida pelo processo, sem deixar que este transpareça integralmente. Cada um poderá senti-lo, até desdobrá-lo; Adorno elabora uma escrita aberta, nunca transbordante. E, *atrás do espelho*, estabelece as suas regras: "Nenhuma correção é demasiado pequena ou insignificante para que não se deva realizá-la [...] Faz parte da técnica de escrever ser capaz de renunciar até mesmo a pensamentos fecundos, se a construção o exigir. Sua plenitude e sua força beneficiam-se precisamente dos pensamentos reprimidos."[31]

A escrita de Adorno, mesmo quando poética, nos aforismos e fragmentos, não é de modo algum dispendiosa ou intimista, a tal ponto que se possa perceber algum sentimentalismo. Pelo contrário, esse traço vai desaparecendo: até o estilo de Adorno é testemunha da capacidade de sublimar a frustração e, de modo resoluto, opor ao transbordamento do ressentimento, um desdobramento de natureza outra, plenamente dirigido ao Aberto, à aura. Adorno se torna integralmente um *olhar micrológico*. Inventa essa outra metafísica que *emigra para a micrologia*, aquela que não será "uma conexão dedutiva de juízos sobre o ente". Não haverá cadeia de juízos, haverá ruptura, dissonância e descontinuidade, "os menores traços intramundanos teriam relevância". Tal é o olhar micrológico a respeito do qual, conclui Adorno, "um tal pensamento é solidário com a metafísica no instante de sua queda".[32] Essa última citação foi comentada inúmeras vezes, de tal modo é sintomática uma humanidade consciente de seu declínio, certamente presa em sua armadilha, mas que procura conservar uma responsabilidade e uma solidariedade, e que busca também extrair-se precisamente pelo emprego desse olhar micrológico, essa captura de minúsculas partículas, aquelas mesmas que estão para sempre isoladas e, no entanto, inseridas em um turbilhão de relações cuja chave elas não possuem.

Adorno é também o grande pensador do pós-Auschwitz, ou melhor, do fato de que Auschwitz assinala o fim do depois, o evento que destruiu a própria ilusão de um progresso histórico possível, que encenou para sempre o horror. A imprescritibilidade do crime contra a humanidade afirma também que o crime perdura. Sem dúvida, esse crime será para sempre passível de punição. Será sempre preciso assumir sua responsabilidade. Mas a reflexão relacionada a isso mais dura e subentendida é a seguinte: o crime perdura. O horror ocorreu, o horror ocorre, o horror ocorrerá. Isso não significa que o sujeito seja irresponsável, mas antes que sua responsabilidade estará comprometida para sempre, que a vigilância não poderá jamais cessar, que o combate será muitas vezes perdido, que o gesto ético, que deveria ser civilizacional, permanece sendo exatamente o duelo incessante contra a "queda". No mais profundo de seu ser e no mais profundo de sua escrita, Adorno vive o desaparecimento de um pensamento sistêmico capaz de sustentar o homem e sua história. Isso desmoronou. Ele é o escritor que afirmará a impossibilidade da poesia depois de Auschwitz – logo ele, cuja escrita não é de forma alguma estranha à poesia. O que Adorno busca dizer, entretanto, é que toda escrita estará a partir daí prenhe desse ronco terrível, e que entrar na poesia já representa uma queda. Princípio, aliás, que ele vai colocar no cerne de sua escrita, a impossibilidade de uma morada para o próprio autor.

Lembramos de Celan. Poeta depois de Auschwitz, Paul Celan é outro a afirmar esse dilema. O psicanalista Michel Bousseyroux dedica a ele um artigo para tentar compreender o que está em jogo na obrigação moral e civilizacional de escrever na língua dos carrascos:

Que poesia escrever *após* Auschwitz? O que é possível escrever que *ainda* seja poesia, após Auschwitz, sobretudo se essa poesia é escrita por um judeu, que a escreve em alemão, *na língua dos próprios carrascos*? A experiência de Paul Celan nos remete a essa questão. Um ano após a libertação de Auschwitz, em 1946, ele escreve: "desejo vos dizer o quanto é difícil para um judeu escrever poemas em língua alemã. Quando meus poemas serão publicados, eles também chegarão na Alemanha e – permita-me evocar essa coisa terrível –, a mão que abrirá meu livro poderá talvez ter apertado a mão daquele que foi o assassino de minha mãe... E algo ainda pior poderia acontecer... No entanto, este é meu destino: ter de escrever poemas em alemão".[33]

Ao ser perseguida, ao ser levada a desaparecer, a escrita de Adorno separa-se dele e se torna potencialmente um espaço possível para a constelação universal. Todo escritor sabe disso. A obra se abre. Se, no começo do processo literário, o autor instalou-se "em seu texto como em sua casa", ele vai se obrigar a sair e a "ser duro em relação à autocomiseração". Reconhece-se aí a alma que se esforça para fazer a travessia do ressentimento, sem que ele seja assimilável à escrita. Percebe-se então como até o que há de mais belo – um texto – pode mergulhar no ressentimento ao se deixar invadir pelo seu próprio transbordamento, por seus "detritos e refugos", escreve Adorno. É preciso separar-se de "tudo o que funciona de maneira improdutiva, tudo o que [...] enquanto conversa fiada, talvez tenha provocado uma atmosfera calorosa".[34] Não se pode ceder ao conforto da irritação. Adorno concebe a escrita como um ato de resistência ao próprio ressentimento. Ele pode perfeitamente descrevê-lo, uma vez mais, em seu poder devastador, explicar seu progresso, compreendê-lo na acepção sociológica do termo, lidar com ele, não se iludir sobre um "si mesmo" incólume; no entanto, não cede a ele em seu foro íntimo. Aliás, caso cedesse, Adorno certamente seria incapaz de escrever, ou seu texto não poderia servir de refúgio para outros, e então o destino de sua escrita falharia.

> Para Adorno, a arte e com ela a poesia são como que refúgios no interior dos quais a oposição entre indivíduo e sociedade pode se expressar, *essa fissura entre o destino do homem e aquilo que [...] a organização do mundo fez com ele*. [...] A convicção fundamental de Adorno, a saber que a literatura é um protesto *contra um estado social que cada indivíduo experimenta como sendo hostil, estrangeiro, frio, sufocante,* e que as condições históricas estão gravadas negativamente nas representações estéticas.[35]

Como sua escrita enfrenta o impossível depois de Auschwitz e o perigo de um desencantamento enraizado para sempre na alma dos homens, Adorno se volta para escritores como Beckett, Kafka, Hölderlin, Eichendorff,[36] autores às voltas com o absurdo bárbaro, autores que parecem não mais lutar, mas que, na verdade, são apenas luta derrotada de antemão, perdurando sem grandiloquência, sem conversa. Adorno chama a isso de atordoamento, típico de *Fim de partida*, de Beckett. Atordoamento diante do mundo que regride. Atordoamento que abre e encerra a peça de Beckett; apesar de tudo, é preciso validar um caminho entre esses dois atordoamentos:

> CLOV (*olhar fixo, voz neutra*) Acabou, está acabado, quase acabando, deve estar quase acabando. (*Pausa*) Os grãos se acumulam, um a um, e um dia, de repente, lá está um monte, um amontoado, o monte impossível. (*Pausa*) Não podem mais me punir. (*Pausa*)[37]

Assim começa *Fim de partida*. Será isso uma abertura? Mil propostas de interpretação, à luz de um horizonte cinzento, de um mundo que não se quer e de personagens que tentam se extirpar, não de seu "mal de ser",[38] mas de uma inversão disso em ódio do outro, sem recair na aceitação daquele determinismo.

"Alguma coisa segue seu curso", dirá ainda Clov. Hamm: "Não vou lhe dar mais nada para comer [...] Vou lhe dar apenas o suficiente para você não morrer. Você vai ter fome o tempo todo", ou ainda, "então não há razão para que isso mude", e Clov retruca (mas será mesmo uma resposta?): "Pode acabar (*Pausa*) A vida inteira as mesmas perguntas, as mesmas respostas."[39] Não se trata, de modo algum, de erigir a escrita de Beckett em moral a ser seguida. Beckett é uma escrita que resiste, ela também, sem colocar em cena a resistência, isto é, navegando em pleno absurdo, tentando ainda a aventura relacional entre dois personagens: mesmo quando já não são mais capazes de trazer nada um ao outro, eles não deixam de permanecer interdependentes. Eis aí uma maneira de definir a pobreza relacional que pode instaurar-se entre indivíduos tomados pelo ressentimento: eles próprios não constituem mais um recurso para si, não constituem um recurso para o outro. Eles funcionam de maneira improdutiva, e a escrita de Beckett, que não se vale de qualquer artifício para mascarar isso, é ainda mais terrível, pois nos deixa a sós frente à aridez. Vive-se a ausência de recursos, vive-se esse triste tabuleiro à nossa frente, tabuleiro ridículo, onde tudo é pequeno e onde tudo poderia se abrir, tamanho o absurdo narrado por Beckett na beleza de sua miséria.

A insinceridade de uns, a habilidade de outros

O homem do ressentimento vivencia tal sentimento como uma cólera justa, indissociável de uma indignação, a simples tradução de um "mal de ser" do qual é vítima. Para alguns, assemelha-se à autenticidade. Os homens do ressentimento, aliás, se apresentam com frequência como oriundos do povo, o verdadeiro "povão". Essa preocupação com a autenticidade é sintomática. Estão convencidos de estarem no seu direito, convencidos de serem os "verdadeiros", protegidos pelo seu *status* de "vítimas", pois se instalam nessa vitimização, percebida como um benefício que eles nunca questionam. Eles dizem a verdade, enquanto os outros mentem e são usurpadores. Eles representam o campo da sinceridade. Adorno percebeu isso perfeitamente ao estudar o fenômeno do antissemitismo, que, já foi dito antes, baseia-se em grande parte no ressentimento:

> Não existe um genuíno antissemitismo e, certamente, não há nenhum antissemita nato. [...] A cólera é descarregada sobre os desamparados que chamam a atenção. E como as vítimas são intercambiáveis segundo a conjuntura: vagabundos, judeus, protestantes, católicos, cada uma delas pode tomar o lugar do assassino, na mesma volúpia cega do homicídio, tão logo se converta na norma e se sinta poderosa enquanto tal.[40]

Impossível, pois, atribuir o ressentimento a tal ou qual; ele se move, atravessa todos aqueles que se deixam transbordar por suas pulsões e por seu delírio vitimário, isto é, pelo fato de enxergar-se unicamente como vítima, de modo algum responsável, integralmente submisso a regras estabelecidas por outros.

A ausência de sinceridade é essencial para compreender a natureza da própria pulsão: ela usa as vestes da sinceridade, mas ao se reivindicar como tal, na qualidade de portadora de seu hábito vitimário, deixa de ser sincera, torna-se discurso, vontade de opressão e de vingança que não diz o próprio nome, torna-se assim ideologia. O ressentimento, já o dissemos também, é sempre o passo adiante na fixação mortífera. Cada um o atravessa, cada um se deixa transbordar pelas suas pulsões, porém nem todos se tornam sua presa definitiva. Um espaço incomensurável existe entre experimentar a amargura, o sentimento de humilhação e de indignidade, real, do qual se rejeita a permanência, e o fato de se considerar a si mesmo como a vítima expiatória universal, de colocar isso como um *status*, de querer fazer ecoar esse azedume, até que chegue a consolidar uma teoria para vivenciar-se como reação, como transbordamento.

Trata-se de um pecado de insinceridade, pois o ódio do outro encontra-se dialeticamente ligado ao ódio de si, ao menos quando há ressentimento, no sentido de que o ciúme, a inveja, a projeção de um ideal maltratado, o sentimento de não estar sendo reconhecido pelo seu justo valor, a injustiça experimentada, tudo isso compromete a autoestima do indivíduo, cuja escuridão ele inverte, dirigindo-a contra um outro, julgado usurpador. Por essa razão, os homens do ressentimento odeiam o que eles denominam, de modo pejorativo, como o "intelectualismo", ou seja, essa inteligência que decifra a falta de sinceridade, bem como o simulacro representado por sua suposta "autenticidade". Eles "são" a verdade e negam a qualquer processo científico o direito de reivindicar-se como tal. Qualquer trabalho sociológico será sistematicamente depreciado, será recusada a objetividade que faz cruelmente falta aos homens do ressentimento; estes, alienados e entregues às suas pulsões, não imaginam que outros possam estar isentos de tal alienação, não por lhe serem originalmente imunes, mas antes por se esforçarem constantemente para não sucumbir diante dela.

Por essa razão, Adorno denuncia também os chamados semi-hábeis, os "juízos bem informados e perspicazes" que acreditam estar a salvo da inundação causada pelo ressentimento, argumentando que não se trata de algo racional, que seria contraproducente para aqueles que o experimentam. São os mesmos que se acham sábios, mas que nem sequer fazem o esforço de interrogar as consciências e as inconsciências dos homens até o fim. "Uma das lições que a era hitlerista nos ensinou é a de como é estúpido ser inteligente. Quantos não foram os argumentos bem fundamentados com que os judeus negaram as chances de Hitler chegar ao poder, quando sua ascensão já estava clara como o dia!"[41] Eles também sofrem de uma cegueira, sem dela terem consciência: falta-lhes humildade e clareza, caracterizam-se por uma "superioridade bem informada", escreve Adorno. Resultado: entre aqueles indivíduos sujeitos à pulsão do ressentimento e os semi-hábeis, apaixonados demais por sua superioridade e em quem falta o fenômeno de desenvolvimento, o tal ressentimento viceja e, como uma infecção, contagia todos aqueles que sonhavam a ele se submeter.

O fascismo como peste emocional: Wilhelm Reich, I

Para compreender a natureza do ressentimento coletivo e, sobretudo, seu surgimento, o modo pelo qual "a massa" escolhe um líder, a maneira pela qual ela é responsável, e não apenas seguidora, é preciso reportar-se à *Psicologia de massas do fascismo*,[42] de Wilhelm Reich (1933). O autor inverte o argumento tradicional do grande chefe dirigindo a multidão, ou das razões que decorrem de uma interpretação bastante caricatural de Hegel (mesmo se, em Hegel, a astúcia da Razão seja, na realidade, a instrumentalização do grande homem, da maior das paixões, fazendo surgir, por intermédio de uma dialética complexa entre o acontecimento e o grande singular, o que fará a História). Reich é interessante porque leva em consideração a responsabilidade da massa, a responsabilidade mascarada pela reivindicação de um "apolitismo". Graças a ele, compreende-se mais facilmente como, pouco a pouco, de modo latente e irremediável, indivíduos se constituem em um corpo cujas partes estão ligadas somente pelo ressentimento: como esse corpo abjeto, deformado, vai deliberadamente identificar um "líder" para tornar possível a oficialização da pulsão mortal – em suma, para liberar a ruminação presente há tempos, e que o corrói. É preciso esse "outro" escolhido, até mesmo eleito, para autorizar-se a revelar aquilo que durante muito tempo se temeu mostrar, tamanha a sua feiura. "Hitler não só assentou desde o início o seu poder entre as massas até então essencialmente apolíticas, como executou 'legalmente' o último passo que o levaria à vitória de março de 1933, pela mobilização de nada mais nada menos do que 5 milhões de pessoas que até então não tinham votado – portanto, de pessoas apolíticas."[43] Reich mostra que esse apolitismo reivindicado não é, de modo algum, "neutralidade" ou "indiferença", mas sim uma latência, a da dissimulação do ressentimento pessoal, que aguarda sua hora sem ter consciência dessa expectativa (remoer é isso), que aprofunda seu "mal de ser" em lugar de aprofundar sua ação, e que, voluntariamente, consciente ou inconscientemente, abre mão de sua responsabilidade pessoal. A "massa" surge no momento em que os sujeitos que a constituem "abrem mão de seu sujeito", em que por represália renunciam à responsabilidade de suas próprias vidas, em que se definem como vítimas e, logo, se tornam carrascos para restabelecer a justiça.

> Quanto menos politizado for o indivíduo pertencente à grande massa trabalhadora, tanto mais facilmente permeável ele será à ideologia da reação política. Mas ser apolítico não é, como se acredita, um estado psíquico de

passividade, mas sim um comportamento extremamente ativo, uma defesa contra a consciência das responsabilidades sociais.[44]

O apolitismo é uma ideologia que não se assume: de curto prazo, falta-lhe convicções pessoais e consciência social. Não se trata de forma alguma de uma "distância", mas sim do velho e bom recuo do indivíduo, já bem descrito por Tocqueville quando ele definia o egoísmo democrático que transforma o indivíduo em uma biruta patética e vingativa. "No caso do intelectual médio que 'não quer ter nada a ver com a política', podem-se detectar facilmente interesses econômicos imediatos e o receio pela sua própria posição social, que depende da opinião pública, à qual sacrifica grotescamente os seus conhecimentos e convicções íntimas."[45]

Para Tocqueville, o "egoísmo é um amor apaixonado e exagerado, que leva o homem a referir tudo a si mesmo e a se preferir a tudo o mais. O individualismo é um sentimento refletido e tranquilo, que dispõe cada cidadão a se isolar da massa de seus semelhantes e a se retirar isoladamente com sua família e seus amigos; de tal modo que, depois de ter criado assim uma pequena sociedade para seu uso, abandona de bom grado a grande sociedade a si mesma".[46] Aqui, Tocqueville diferencia egoísmo e individualismo, embora se perceba o que pode uni-los. Nada obstante, o individualismo democrático não é igual ao que outros puderam chamar de individuação, processo absolutamente determinante para a elaboração de um sujeito e de um Estado de direito.

O passo adiante dado alegremente por Reich é explicar que o assim chamado "apolitismo" trai certamente uma ideologia de curto prazo, ignorante dos grandes desafios comuns, voltada apenas para seu benefício imediato – e o baixo custo de seu envolvimento, pois esse indivíduo é relativamente covarde e consciente do perigo da ação pública, ao menos quando esta é julgada minoritária –, mas que também ecoa "conflitos sexuais".[47] A tese não é nova e remete a uma herança freudiana envolvendo o investimento libidinal do indivíduo. Não se trata aqui de compreender a sexualidade restritivamente; cabe antes compreender a ideia de uma energia vital, sexual no sentido de um investimento do desejo no mundo, do *desejo pelo mundo*, possivelmente suscetível à frustração, caso não seja reconhecida em sua justa medida.

Símbolo da energia vital e sexual, ou ainda da energia individual biológica e da coletiva, da nação, é assim que Reich interpreta a suástica: se a cruz pode representar uma roda que arrasta tudo por onde passa, violenta na tarefa de se enraizar na terra, ela também pode ser interpretada como a aliança dos princípios masculino e feminino.

A suástica é, portanto, originariamente um símbolo sexual. No decorrer dos tempos, assumiu vários significados, entre os quais, mais tarde, o de uma roda de moinho, símbolo de trabalho. Do ponto de vista emocional, trabalho e sexualidade eram, originariamente, a mesma coisa. [...] Neste caso, a fertilidade é sexualmente representada como o ato sexual da Mãe Terra com Deus Pai. [...] as suásticas [...] se revelarão como a representação esquemática, mas claramente reconhecível, de duas figuras humanas enlaçadas [...] [uma] suástica representa um ato sexual na posição horizontal; [outra] um ato sexual na posição vertical. A suástica representa, portanto, uma função essencial da vida.[48]

O símbolo da suástica tentaria, pois, resumir em uma única figura as aspirações inconscientes do homem, estejam elas ligadas à sua economia sexual ou mística. No entanto, tendo falhado em sua tentativa de emancipação individual, serviu aos interesses de uma ideologia dogmática e fascista, ao buscar de modo ininterrupto a substituição da satisfação vital do homem, original e que procura sua atualização no mundo contemporâneo, por uma satisfação fantasiosa, artificial e submissa. Reich destaca que Hitler repetiu com frequência que era inútil abordar a massa com argumentos e raciocínios lógicos, em especial científicos, e que, inversamente, era preciso deixar de lado as provas, a erudição, e preferir o uso de símbolos, em especial os sexuais, de crenças raciais, precisamente binárias, além de remeter a um ideal de pureza. "A concepção da alma e da sua *pureza* é o credo da assexualidade, da pureza sexual. Basicamente, é um sintoma do recalcamento sexual e do medo da sexualidade, determinado pela sociedade de tipo autoritário e patriarcal."[49] E Reich acrescenta ainda que estaríamos prestando um desserviço à liberdade se nos contentássemos apenas a zombarmos deles e chamá-los de estúpidos, já que a força da burrice é imensa, e a sua eficácia, difícil de ser desmontada.[50]

Ora, a ética da responsabilidade obriga a compreender por que a "mistificação" dos sentimentos opera de modo mais adequado do que a solicitação da inteligência e das provas científicas. Segundo Reich, a exaltação diante da suástica permitiria suspender, enfim, o recalcamento sexual com a autorização do pai, sem risco algum de ser punido; pelo contrário, com a sua autorização para punir os outros, o que acalmaria a mutilação pessoal que pode ocorrer quando tal tipo de repressão sexual é mantido por muito tempo.

É sem dúvida aqui que acontece em Reich a dialética possível, embora complexa e não linear, entre a saúde psíquica dos indivíduos e a constituição da massa, entre a vida privada e o que chamamos de história dos povos. "É preciso conhecer nos bastidores a vida desses 5 milhões de indivíduos socialmente oprimidos, 'apolíticos', indecisos, para poder compreender o papel desempenhado de um modo silencioso e secreto pela vida privada, isto é, essencialmente, pela vida sexual, no amplo processo da vida social."[51] Mais uma vez, a vida sexual – não apenas no sentido das relações sexuais entre os indivíduos, mesmo quando elas desempenham um papel considerável, como também no sentido de uma expressão energética, orientada, destinada ao mundo e aos outros, e produzindo, portanto, um imenso potencial de frustração.

Reich emprega diversas noções: a peste emocional, a análise do caráter, a resistência de caráter, a energia do orgônio. Trata-se de um conjunto numeroso de conceitos considerados não científicos, posto que dificilmente comprováveis, exceto por uma abordagem clínica singular e dificilmente reproduzível. Ainda assim, eles nos fornecem arquétipos sobre os quais é possível elaborar uma análise mais geral da psique humana e do ajuntamento dessas psiques, formando uma plasticidade particular, que hoje não se apresenta necessariamente sob o aspecto de uma massa indistinta, tal como Reich podia percebê-la nos anos 1930. Entretanto, não se pode negar que os agrupamentos coletivos atuais ganhariam bastante ao serem analisados à luz dos ditos conceitos reichianos. O autor, aliás, tem perfeita consciência desse déficit de cientificidade. "Não é possível captar isso estatisticamente; também não somos partidários de um ilusório rigor estatístico dissociado da realidade da vida, quando é certo que Hitler conquistou o poder negando as estatísticas e explorando as baixezas da miséria sexual."[52]

O fascismo em mim: Wilhelm Reich, II

Reich dá o nome de "caráter" às distintas proteções, aos muros, às fronteiras e às barreiras que o Eu constitui para se forjar. Tudo isso é, portanto, necessário para o sujeito, porém a maneira pela qual esses elementos serão constituídos produzirá algum tipo de resistência, de defesa, em relação ao mundo e aos outros. O desafio para uma educação é justamente produzir as defesas psíquicas efetivas, aquelas que permitem que o sujeito cresça, e não que regrida, que vá em direção ao mundo – o recuo pode ser um tipo de relação com o mundo, desde que seja desejado e que não seja o aliado de um ressentimento não assumido – e em direção aos outros – aplica-se aqui o mesmo comentário já feito em relação ao "mundo": não existe apenas uma única maneira de viver as relações com os outros. Muito pelo contrário, as relações são o lugar para uma exploração infinita das diversas qualidades de presença diante do que/ de quem nos cerca, não sendo a presença, de modo algum, sinônimo da simples proximidade física. A "estrutura do caráter" de um sujeito tem como objetivo evitar o desprazer. Também se poderia falar de homeostasia tímica, conceito que vem de Alfred Adler[53] até autores da medicina contemporânea, como Grimaldi,[54] ainda que a noção não seja exatamente a mesma. Isso não impede que, entre esses vários autores, o desafio consista precisamente em analisar o que se desenvolve no indivíduo, ou aquilo que, inversamente, fica bloqueado quando ele entra em contato com suas emoções, em particular com suas emoções tristes. Em Reich, a economia sexual é também, de modo bastante trivial, aquilo que cada um concebe como tal. A banalidade de sua tese pode assustar – ele próprio o reconhece –, dado que gostamos de interpretar o mundo por meio de teorias complexas. Ainda assim, sua experiência clínica, mesmo enviesada, lhe fornece um retrato bem realista dos comportamentos humanos.

> O homem sem consciência das suas responsabilidades sociais é o homem absorvido em conflitos de ordem sexual. Pretender fazê-lo assumir a sua responsabilidade social, neutralizando a sexualidade, como se tem tentado até agora, não só não tem perspectivas de êxito, mas também é o meio mais seguro de entregá-lo à reação política, que sabe explorar admiravelmente as consequências da sua miséria sexual. [...] Desprezar ou mesmo negar estas realidades significa, dado que existem experiências de trabalho no campo da economia sexual e conhecimentos sobre as relações entre o misticismo e a repressão sexual, dar um apoio imperdoável, e reacionário, do ponto de vista do movimento revolucionário, à dominação do obscurantismo e à escravidão econômica.[55]

Com esse argumento, Reich mostra como, ao negligenciar sistematicamente um certo tipo de explicação dos comportamentos humanos, especialmente a psicanalítica, sob pretexto de que isso não seria científico, produzimos um apoio inabalável para a sua manutenção na resistência do caráter, aquela mesma que impede uma teoria da mudança baseada na ação e favorece uma passagem ao ato cujo pilar é o ressentimento. A noção de "peste emocional" é empregada por Reich para definir o tipo de situação social na qual a massa dos indivíduos termina por se estabelecer, isto é, quando esses indivíduos não souberam expandir sua energia *orgônica*, ou seja, quando esta foi socialmente reprimida, em especial ao longo dos primeiros anos da infância e da adolescência; para além desses anos, Reich busca aquilo que mantém o sujeito numa posição pseudoinfantil de submissão, exatamente quando ele deveria tornar-se apto a desfrutar da liberdade. A noção de "capacidade para a liberdade" é empregada para descrever a "incapacidade das massas humanas para a liberdade",[56] ao passo que reconhece que esta última não é "natural", tampouco é definitiva.

Tal é o objeto da educação e do cuidado dedicados às gerações futuras, que, a partir disso, caso estivessem plenamente desenvolvidas e operacionais, individualmente ou já no interior das famílias e/ou além desse círculo, na sociedade, poderiam extrair-se dessa repetição, que começa neurótica e muito rapidamente passa a ser psicótica. Sem dúvida, há traumatismos e ressentimentos que necessitam de várias gerações para poderem se apaziguar ou desaparecer; até aqui sempre cuidamos de diferenciar bem o traumatismo e o ressentimento, pois o lugar da responsabilidade do sujeito não é similar nos dois casos. Como visto, o princípio de individuação se define pela própria dinâmica de resistência ao ressentimento; é assim bastante lógico que a educação – cuja vocação é justamente acompanhar esse processo de individuação no sujeito – tenha como objetivo o fim da transmissão intergeracional do ressentimento, sobretudo se ele se confunde com o das gerações passadas. A cultura, em Freud, define-se precisamente como a sublimação da pulsão mortífera; de geração em geração, tal é a tarefa civilizacional: desacoplar a transmissão e o ressentimento.

> O mecanismo que torna as massas humanas incapazes de liberdade é, como provou amplamente a economia sexual social, apoiando-se no tratamento clínico, a repressão social da sexualidade genital das crianças, adolescentes e adultos. Mas também essa repressão social não faz parte da ordem natural das coisas. Ela tem a sua origem no aparecimento do patriarcado e, portanto, pode em princípio ser eliminada.[57]

Ao ler essas linhas, é fácil compreender que Reich não é um adorador da sociedade patriarcal, Nome-do-Pai entendido de maneira caricatural e autoritária. Reich nos recorda, pelo contrário, que a submissão patriarcal é o que gera o reflexo condicionado, o qual permitirá mais tarde a consolidação do ressentimento e a escolha de um pseudolíder pelo indivíduo, dando-lhe a ilusão de uma proteção de que acredita necessitar, logo ele, que se tornou incapaz de liberdade já há tanto tempo. Esta "necessidade das massas populares da proteção de alguém"[58] está ligada diretamente à economia libidinal de todo indivíduo que integra as massas. A partir daí, o indivíduo escolhe não somente o "líder", como também, e com frequência, identifica-se com ele, mesmo quando este líder o menospreza por baixo dos panos. "Quanto mais desamparado o indivíduo de massa se tornou, em consequência da sua educação, mais acentuada é a sua identificação com o *führer*, isto é, mais a necessidade infantil de proteção é disfarçada sob a forma de um sentimento [afetivo] em relação ao *führer*."[59] Portanto, não é o carisma do líder, sua inteligência, seu sentido da história que lhe conferem poder sobre as massas; são os indivíduos, descerebrados pela sua educação patriarcal e servidão voluntária – nada de novo depois de La Boétie –, que almejam submeter-se àquele que lhes dará a ilusão infantil de serem protegidos, de modo a atender sua necessidade emocional. Certamente, o carisma do líder poderá ajudar e reforçar tamanho encantamento, mas ele não é obrigatório – e a História já provou, aliás, que o líder era, muitas vezes, um homem bem pouco carismático. A fraqueza carismática já foi traduzida como o mistério carismático para explicar a ascendência do líder sobre a multidão, embora, na verdade, tudo ocorresse em outro lugar, exatamente no seio da multidão que preferiu abrir mão de sua responsabilidade e de sua educação.

> Além disso, desempenha um papel decisivo a forte identificação com o *führer*, a qual serve para dissimular a situação real como um insignificante membro da massa. Apesar da sua vassalagem, cada nacional-socialista sente-se um pequeno Hitler. Mas o que interessa agora é a base caracterológica destas atitudes. É necessário tentar descobrir as funções dinâmicas que, sendo elas próprias determinadas pela educação e pela atmosfera social como um todo, remodelam as estruturas humanas a ponto de nelas poderem surgir tendências tão reacionárias e irracionais; de tal modo que, prisioneiras de uma total identificação com o *führer*, as massas não compreendem a ignomínia que para elas representa a designação de inferiores.[60]

O mecanismo é poderoso: os indivíduos se sujeitaram deliberadamente, escolheram outro medíocre que soube se antecipar a eles na arte da estigmatização invertida e produzir um ressentimento que gera a ilusão de atividade; a partir daí, ele já foi escolhido e pode validar o fato de que a massa é somente massa, que não há indivíduos nela, e assumir então a ficção do Pai e da proteção, mesmo que ela se traduza essencialmente pela repressão dos outros, aqueles que foram designados pelos homens do ressentimento como causadores de distúrbios, ou ainda aqueles em relação aos quais se sentem vítimas. O indivíduo acredita pertencer à "raça de senhores",[61] crê estar sendo conduzido "por um gênio", quando de fato tornou-se mero seguidor desimportante e sem espaço para opinar. Nenhum chefe pode conduzir homens livres, qualquer um pode conduzir homens subjugados. A frase pode parecer binária, demasiado simples; no entanto, ela não está tão errada. E Reich define ainda, de modo bastante simples, uma fórmula magistral: "o homem abandonou a possibilidade de compreender a si próprio."[62] Eis uma verdadeira defesa da análise, seja ela psicanalítica, filosófica ou qualquer outra. Desistir de compreender a si mesmo, isso evoca a renúncia à faculdade de julgar e de pensar por si próprio, o que constitui o maior obstáculo para o surgimento das Luzes.

> O homem não só negou durante séculos a existência da alma; o pior é que ele repudiou todas as tentativas de compreender as sensações e as experiências psíquicas. Mas, ao mesmo tempo, construiu concepções místicas que incorporavam sua vida emocional. E castigou com a morte aqueles que puseram em dúvida essa concepção mística de vida, quer ela questionasse os santos, a pureza de raça, o Estado. Deste modo, o homem desenvolveu simultaneamente uma concepção mecanicista e uma concepção mística da sua própria organização. Assim, a sua compreensão da biologia manteve-se muito aquém da sua capacidade para construir máquinas, e o homem abandonou a possibilidade de compreender a si próprio. A máquina por ele criada bastou-lhe para explicar as realizações do seu próprio organismo.[63]

A hipótese de Reich, que estranhamente ecoa em nossa época, é a de uma gestão das emoções por meio da técnica, na falta de um trabalho poético e ético que possa analisá-las e canalizá-las. O homem abandonou a ideia de compreender a si próprio e delegou para as máquinas o cuidado das almas, de sua angústia, de suas emoções em relação ao vazio; em suma, ele preferiu inventar o entretenimento – teria dito Pascal –, em vez de assumir o face a face com o infinito nada. Técnica e mística (no sentido de mistificação e *mitologização* dogmática) andam, aliás, juntas: ambas são tipos de instrumentos eficazes a serviço da gestão das angústias do nada, duas maneiras de encarar o dogmático – de modo relativamente *soft* em relação à técnica, de modo mais *hard* quanto à religião –, duas maneiras de entreter.

É interessante então mostrar que o entretenimento não tem efeito duradouro sobre o ressentimento; só apresenta eficácia pontual e superficial. Pode até mesmo reforçar o aprofundamento do ressentimento ao ser interrompido, como sofrem aqueles que já experimentaram uma descompensação. Trata-se do fenômeno bem conhecido da adição, gerado pelas técnicas mais ou menos imersivas de informação e de comunicação, técnicas que fazem uso de modo permanente e ininterrupto de imagens, de sons, de tudo que pode estimular uma reprodução artificial das emoções sem enfrentar sua verdadeira substância, ou até seu lado sombrio, numa direção que pudesse levar à sublimação. Aristóteles teria falado em catarse. Não que a catarse seja impossível com as técnicas atuais, mas este não é o seu primeiro objetivo quando se trata de técnicas mercantis com vocação ao consumo e à acumulação. Seu principal objetivo, já sabemos disso, é o de renarcisar o indivíduo que as contempla – esse mesmo indivíduo que, no universo real do trabalho e da sociedade capitalista desregulada, foi via de regra confrontado com uma desnarcisação.

Em outro sentido, o empreendimento civilizacional que se vislumbra por trás das observações de Reich é o de tentar não apenas entender por que a maior parte dos indivíduos organiza sua vida de modo a não se compreender (o narcisismo exacerbado, bastante vingativo, cuja experiência temos hoje na sociedade, é bastante sintomático da renúncia à análise de si mesmo),[64] e considera que o sujeito do *cuidado de si* não é um sujeito, pelo contrário, tenta, afinal, uma superação dessa situação que faz da negação um modo de organização da sociedade. O questionamento político passa então a ser o seguinte: compreender por que a sociedade, apesar de ter elaborado os princípios do e/Estado de direito, resiste incansavelmente à sua aplicação generalizada. De fato, falar de "sociedade" é demasiadamente genérico, na medida em que a tal "sociedade", que "faz" a História, com seus avanços progressistas, é raramente majoritária: ela é o fruto de alguns que se mobilizam infinitamente e provocam, num dado instante, a confirmação por outros que, na verdade, não consentem, isto é, não refletiram a respeito de seu consentimento, apenas "seguem" em frente.

Compreendemos por que não se debateu até agora publicamente a incapacidade caracterológica geral das massas humanas para a liberdade. É que esse fato é muito sombrio, deprimente e impopular para ser discutido abertamente. Exigiria à esmagadora maioria uma autocrítica embaraçosa e transformações enormes no modo de conduzir a vida. Exigiria que a responsabilidade por todos os acontecimentos sociais fosse transferida, das minorias e ilhas da sociedade, para a grande maioria, de cujo trabalho a sociedade depende. Esta esmagadora maioria de trabalhadores não pôde até hoje dirigir os destinos da sociedade.[65]

Ali onde Reich poderia ter sido um herdeiro bem-sucedido do marxismo – no sentido de que a massa proletária realizaria a emancipação coletiva sonhada –, nós já sabemos hoje que o "número", a multidão, a massa, todos têm uma relação reflexiva específica consigo próprio, inclusive bastante improvável que possa ser considerada uma real emancipação que não seja a dos indivíduos que a compõem. O Estado de direito é sem dúvida o quadro político da combinação mais eficiente entre a constituição de indivíduos enquanto entidade coletiva e aquela restrita unicamente à sua emancipação individual. Contudo, Reich era ainda um herdeiro daquele pensamento do século XX que acreditava que massa e democracia eram compatíveis. Quanto a nós, sabemos – os desastres da História nos demonstraram a tirania da maioria e seu delírio totalitário – que teremos de inventar um novo modo de emancipação coletiva, que não descambe para a massificação, ao menos não em todos os seus aspectos. O questionamento hoje em torno do "bom governo", aquele que possuiria todas as virtudes para a democracia, deve ceder mais espaço para as questões situadas anteriormente, que precedem a instauração do governo, o qual deve ser limitado tanto quanto possível a fim de produzir uma normalização e uma regulação em *ultima ratio*,[66] algo que sempre deixa uma possibilidade para que este último possa intervir. As questões concernentes à educação e ao cuidado (em sentido amplo, envolvendo a saúde e a solidariedade social) são determinantes para produzir nos indivíduos uma "capacidade para a liberdade", uma individuação que permita entrar em ressonância com os desafios da consolidação do e/Estado de direito. "A capacidade geral para a liberdade só pode ser obtida na luta diária pela formação livre da vida."[67] Essa luta diária pela organização livre da vida é o objetivo em si da educação e do cuidado, da infância à idade adulta, sem descontinuidade, de tal modo a tarefa é exaustiva e sempre submetida a novas pressões de reificação e de servidão. Inúmeros autores glosaram a respeito da interpretação desses três ofícios (governar, educar, cuidar), desde o texto de Freud de 1937, "Análise terminável e análise interminável",[68] sabendo que o autor não emprega o termo cuidar, e sim aquele mais técnico e específico, "analisar".[69] Nesse texto, quase um testamento, Freud abre sua introdução lembrando que "a terapia analítica [...] é um assunto que consome tempo", e que muitos analistas, e certamente também analisandos, sonharam "liquidar" a neurose integralmente: "[...] deveríamos, pelo menos, livrar-nos delas tão rapidamente quanto possível." O protótipo desse tipo de psicanalista é Otto Rank, cuja tese Freud recorda, e que não deixa de ter algum laço com "Aqui jaz a mãe". De fato, Rank considera em seu livro, *O trauma do nascimento* (1924), que "a verdadeira fonte da neurose era o ato do nascimento, uma vez que este envolvia a possibilidade de a *fixação primeva* de uma criança à mãe não ser superada, mas persistir como *repressão primeva*. Rank tinha esperança de que, se lidássemos com esse trauma primevo através de uma análise subsequente, nos livraríamos de toda a neurose. Assim, esse pequeno fragmento de trabalho analítico pouparia a necessidade de todo o resto e alguns meses seriam suficientes para realizá-lo".[70] A tese é audaz e engenhosa, escreve Freud, sobretudo pela ideia, quiçá fantasia, de curar por meio do recurso à integralidade da neurose de um sujeito, isso feito em tempo recorde. Mesmo que Freud desaprovasse a proposta, não se pode negar que acontece aqui um teste essencial para a constituição de uma subjetivação que se municia da capacidade para a liberdade. No que concerne a cura da neurose, Freud emprega uma expressão que parece mais verossímil e que poderia ecoar aquilo que um Canguilhem escreve a respeito de uma nova pedagogia do processo de cura, em especial no caso das doenças crônicas. Freud explica então que "livrar-se permanentemente de uma exigência pulsional não é fazer com que a exigência desapareça [...] Queremos dizer outra coisa, algo que pode ser grosseiramente descrito como um '*amansamento*'".[71] Acontece o mesmo com a pulsão ressentimista: ela pode nunca desaparecer completamente, e os afetos de rancor, inveja, ciúme, medo, cólera, recusa da frustração podem até ser conjugados com regularidade; no entanto, o sujeito que resiste ao ressentimento não é aquele que o desconhece, mas antes aquele que o *amansa*.[72] É disso que trata o trabalho analítico: ensinar essa arte de amansar as pulsões e, de certo modo, aproveitar o tempo da sessão – claro, durante e também depois, pois a análise se estende para além desse intervalo – para praticar tal aprendizado, ao permitir a vivência do conflito pulsional naquele momento.

Freud, propenso a uma linguagem rica em imagens, emprega uma fórmula extremamente clara para se referir à necessidade de, por vezes, ter de "despertar" as pulsões do sujeito para exatamente ajudá-lo a superá-las. "A advertência de que deixemos repousar os cães a dormir, que com tanta frequência ouvimos em relação a nossos esforços por explorar o submundo psíquico, é peculiarmente despropositada quando aplicada às condições da vida mental, pois, se os instintos estão provocando distúrbios, isso é prova de que os cães não estão dormindo, e, se eles realmente parecem estar adormecidos, não está em nosso poder despertá-los."[73] Costuma ser bastante usual que as pessoas atingidas pelo ressentimento fiquem remoendo e rejeitem a ideia de analisar com mais profundidade a tal ruminação, como se se tratasse de uma proteção contra "os cães", que poderiam voltar-se contra elas. A partir daí, vê-se como o círculo vicioso funciona, pois são essas pessoas, exatamente aquelas que teriam absoluta necessidade de esclarecer as motivações do conflito pulsional, que se recusam a fazê-lo com medo de "despertá-lo", ao mesmo tempo que sofrem em cheio com ele. Freud também explica que a recusa da cura não é exclusividade do sujeito ressentido, ou melhor, que a inércia do paciente é um fato relativamente comum, na medida em que os pacientes se satisfazem muito rapidamente com qualquer "melhora" na terapia analítica. Frequentemente, eles vão alegar que não têm mais nada a dizer, que não percebem mais a urgência de entrar em análise, que estão entediados, ao passo que agradecem o analista pelos seus cuidados. "A experiência analítica ensinou-nos que o [ótimo] melhor é sempre inimigo do bom e que, em todas as fases do restabelecimento do paciente, temos de lutar contra sua inércia, que está pronta a se contentar com uma solução incompleta."[74]

Quanto a mim, sem acreditar na "solução/liquidação completa", a interrogação do paciente, referente ao acompanhamento da análise, não me parece nula e sem efeito, bem como a possibilidade de interrupção ou de uma continuação em outro espaço e/ou de outro modo. É claro que a análise não tem fim, mas é importante também viver suas distintas etapas, ver como se integram ao tecido psíquico e o levam a evoluir. É preciso tempo para fazer a "digestão", para retomar o termo nietzschiano, o que não vai de modo algum impedir o paciente, caso assim o deseje, de retomar pontualmente, ou de maneira mais prolongada, o trabalho analítico. Finalmente, Freud vai considerar que há dois temas essenciais que produzem resistência ao tratamento analítico, e que, de certo modo, assinalam o caráter "indefinido" desse tratamento, posto que o sujeito não consiga superá-los, falando claramente. Em ambos os casos, trata-se de um "repúdio da feminilidade": enquanto o sujeito masculino se recusar a superar seu "protesto viril", e enquanto o sujeito feminino continuar a aspirar a possessão de um órgão genital masculino, o sujeito, em sua dimensão mais universal e sadia, não estará curado de sua neurose. A tese é particularmente interessante, e proponho aqui uma interpretação pessoal dela, dialogando com o "Aqui repousa a mãe". É claro que Freud não diz nada sobre isso, porém sua reflexão nos ajuda a definir de maneira mais extensiva a expressão. De fato, ela descreve a separação necessária entre o sujeito e seus pais, a separação do Pai, talvez do Nome-do-Pai, possivelmente a demanda de proteção infinita, e também o delírio espelhado do herói em toda a sua caricatura viril. Em suma, o contrário da falta, da humildade, o desejo da onipotência, de poder preencher e de ser preenchido.

Analisar, educar, governar, eis os três termos que precisamos dialetizar ainda mais, considerando que os dois últimos produzem as condições de possibilidade de eficácia do primeiro. Um ponto interessante do texto freudiano, e que não deixa de ecoar os trabalhos de Reich, lembra que um dos últimos nós que resiste ao progresso do tratamento reside na negação do feminino, tanto no homem como na mulher; ou seja, uma vontade caricatural daquilo que o falo pode representar socialmente. "Neste sentido da caracterização, o *fascismo* é a atitude emocional básica do homem oprimido da civilização autoritária da máquina, com sua maneira mística e mecanicista de encarar a vida. É o caráter mecanicista e místico do homem moderno que cria os partidos fascistas, e não vice-versa."[75] Ao se apoiar numa metáfora médica e fisiológica, Reich lembra que, infelizmente, é mais fácil prevenir um mal, isto é, orientar-se para a prevenção (educação e cuidado) do que corrigir este último (governar). Este deveria ser o objetivo do governo: trabalhar coletivamente em busca dos meios para livrar-se do governo, mesmo que, em última instância, este mantenha o poder soberano da arbitragem.

> Ora, a tarefa do movimento verdadeiramente revolucionário e democrático consiste exatamente em orientar (e não em "dirigir" a partir de cima!) as massas humanas, que milênios de repressão tornaram apáticas, acríticas, biopáticas e submissas, para que elas aprendam a pressentir qualquer forma de opressão, e a livrar-se dela a tempo, de modo definitivo e irreversível. É mais fácil evitar uma neurose do que curá-la. É mais fácil manter a saúde de um organismo do que curá-lo da doença. Do mesmo modo, é mais fácil manter um organismo social livre de instituições ditatoriais, do que eliminar essas instituições depois de implantadas.[76]

Reich é ainda relativamente otimista, na medida em que fala da neurose de fato, da neurose severa. Ela permanece sendo um mal com o qual é possível negociar, talvez até passível de finalmente ser sublimado, mesmo sendo muitas vezes incurável. Por outro lado, a psicose não é uma área na qual sublimação e negociação sejam possíveis; ora, a psicose, as tendências psicóticas e fóbicas dos indivíduos foram multiplicadas sob a pressão da reificação ambiente, primeiro como técnicas de defesa e, em seguida, como sinais de uma mutilação quase definitiva, geralmente inconsciente, que acaba inventando uma nova "norma" psicótica da vida, de modo a evitar os golpes devidos às dinâmicas reificantes de tal sociedade. Reich tratou do caráter mecanicista e místico, e esse vocabulário convém bastante bem aos atuais indivíduos psicóticos, esquizofrênicos, *borderline* ou perversos narcísicos, cuja conduta automática se arma muitas vezes de discursos dos mais empolados, verborrágicos, sofistas ou de uma psicorrigidez que pode lembrar a dos movimentos integristas religiosos.

Existe em Reich uma profunda correlação (quiçá uma causalidade) entre a servidão consentida, a incapacidade de independência psíquica e intelectual, o que produz inaptidão para a liberdade e a chapa de chumbo patriarcal que se abate sobre nossas vidas sociais e pessoais, que rapidamente se tornam inseparáveis de uma tentação religiosa ou mística. Esta última aparece então como a única via possível para uma sublimação falsificada, na medida em que "a experiência mística pode, efetivamente, provocar no aparelho vital autônomo os mesmos processos que um narcótico",[77] pois "a religião representa um substituto imaginário para a satisfação real"[78]. Como já visto, a técnica não está tão afastada do processo que fornece satisfação fantasiosa no lugar de uma satisfação bem real. Reich filia-se a Marx, para quem a religião tem o efeito do ópio sobre as massas, alienando o sistema cognitivo, neurológico e emocional.[79] Ao mesmo tempo, é um verdadeiro humanista, posto que não acredita que as massas sejam definitivamente inaptas para a liberdade; de modo contrário, o governo democrático tem como objetivo esforçar-se em prol de sua desalienação de maneira social, sabendo que o percurso psíquico de desalienação permanece um caminho individual. Reich acredita na responsabilidade do homem e em sua possibilidade de recuperar o caminho de sua "moralidade natural",[80] ou ainda do que ele chama de "autorregulação biológica e natural", ela própria ligada à "democracia do trabalho" ou ainda ao "orgônio cósmico".[81] Para Reich, essas noções distintas não se superpõem; são totalmente interdependentes.

Raros são os autores nos quais encontramos tamanha imbricação de teses psiquiátricas, psicanalíticas, políticas e fisiológicas. Para Reich, somente a aliança entre esses diversos fenômenos poderá exterminar a escravidão humana ou ainda a "submissão à autoridade" (é preciso entender aqui a submissão servil ao autoritarismo), a "irresponsabilidade social" ou a "ansiedade do prazer".[82] Inversamente, se o indivíduo renuncia à busca de sua energia vital, a tornar-se sujeito, a resistir à tentação infantil do patriarcado, e substitui uma satisfação real por uma satisfação fantasiosa, possivelmente mística e punitiva diante daquele que tenta a aventura da emancipação, se o indivíduo cede à sua angústia do vazio, então, como "todos têm o fascismo em si mesmos",[83] ele, muito logicamente, acabará por se voltar, em sua versão mais coletiva, na direção de um fascismo político, encarnado por um líder falsamente carismático, que vai lhe permitir vivenciar seu ideal de onipotência recalcado a preço módico. A explicação reichiana aparenta uma simplicidade duvidosa, embora um exame clínico demonstre que ele está longe de se enganar, e que os caminhos da consolidação da servidão consentida não são irremediáveis a partir do momento em que o indivíduo luta.

> A rigidez biológica da geração atual já não pode ser eliminada, mas as forças vivas que ainda operam nela podem ganhar espaço para um melhor desenvolvimento. No entanto, todos os dias nascem novos seres humanos e, dentro de trinta anos, a raça humana estará biologicamente renovada; virá ao mundo sem quaisquer marcas de deformação fascista. Tudo depende das condições em que nascerá a próxima geração: numa situação em que a liberdade esteja assegurada ou numa situação em que impere a autoridade.[84]

Mais simples é sacrificar uma geração, em vez de esforçar-se para fazê-la evoluir na direção de uma libertação intelectual e sexual; tal é a triste sentença, pois, sob o disfarce de algum eterno recomeço descortinando horizontes possíveis, ela adia, sem margem para negociação, os sucessos para outros amanhãs, liberando assim cada um de sua culpabilidade por ter falhado no instante presente. Assim, o que mais importa se amanhã será possível, estruturalmente possível, fazer emergir uma geração não contaminada por esse "fascismo" psíquico... o que importa nossa falência atual, já que amanhã, amanhã... Claro, cada um poderá ver aqui a limitação do raciocínio e a astúcia do indivíduo, de modo a evacuar, uma vez mais, sua responsabilidade em relação a outros humanos e a outros séculos.

Leituras historiadoras e psiquismos contemporâneos

O *fascismo em ação*[85] existiu. Ele existirá novamente, pois traduz uma situação psíquica e não histórica, um *ideal de retrogradação*[86] que pode envenenar toda e qualquer alma que não tenha sido capaz de transformar os tormentos de sua época e que tenha sub-repticiamente colocado em ação um delírio persecutório, o qual possui o tamanho de sua impotência para produzir uma ação transformadora no mundo, e que é tão ou mais detestável por guardar ao longe essa intuição da justiça social para a qual a alma apela aos berros, unicamente por razões vis. Como é terrível ver ideias tão magníficas e essenciais presas na armadilha da pequenez das almas machucadas, que renunciaram a se curar e escolhem definitivamente o lado vitimário da força. Terrível ver esse símbolo, o de feixes de varas presas em volta de um machado,[87] traduzindo a grande solidariedade entre os homens, solidariedade pronta para o combate, a serviço do interesse de sujeitos que não mais querem ser sujeitos e que estão prestes a ter uma conduta ignóbil. Se o trabalho de Paxton é interessante, não é somente porque ele acompanhou, juntamente com outros autores, o desfazer das ilusões envolvendo a história francesa e a saída da legenda "rosada", com a visão gaullista-comunista de uma França heroica. Os anos 1960 produziram os primeiros golpes contra a mistificação de uma honra inventada, com o tiro de misericórdia chegando nos anos 1970, com Marcel Ophüls (*A tristeza e a piedade: crônica de uma cidade francesa sob a Ocupação* [filme documentário]), além do já citado Paxton.[88]

De Gaulle nunca acalentou em seu peito a massa francesa e seus comportamentos ambivalentes, mesmo tendo sempre o cuidado de preservar a imagem da França eterna, reta em seus ideais e em sua resistência ao inimigo.[89] Uma declaração do general de Gaulle dá uma ideia da estima duvidosa que tinha pelos seus compatriotas: "Eles [os franceses] não são muito interessantes, isso é fato. Pois o fato é que cada um deles secretamente concordou com o armistício. [...] Um número insignificante deles juntou-se a mim. Repito: um número insignificante."[90] Ao invés de remoer a insuficiência francesa, ele nunca deixou de reconhecer que o país foi em grande medida responsável por sua desgraça. Igualmente, nunca deixou de lembrar os méritos de uma elite minoritária, ínfimo punhado escapando da "apatia". Três mil franceses que se alistaram voluntariamente na 2ª Divisão Blindada,[91] "eis o povo francês em 1944". Laborie será mais generoso do que Paxton, ainda que com viés semelhante: os anos 1980 e 1990 desenhavam uma França partida em três – um ventre flácido, a massa atentista e as duas extremidades – "os colaboracionistas e os resistentes". Laborie irá ainda mais longe ao analisar o atentismo[92] que recobre na verdade vários comportamentos distintos, pois é fato que, mesmo os franceses não tendo sido abertamente corajosos, a Resistência beneficiou-se implicitamente de um "não consentimento" evidente dos franceses perante os alemães. Também é verdade que a natureza das relações entre os franceses e Pétain[93] retardou de modo considerável a tomada de consciência: é surpreendente ver como puderam coexistir os sentimentos anglófilos, gaullistas, antialemães e respeitosos do marechal Pétain. Laborie tornou-se o historiador desses comportamentos extremamente instrutivos para compreender os meandros da alma humana quando a História vacila, e ele mostra como é difícil pensar e ao mesmo tempo viver o acontecimento histórico. Os historiadores, aliás, não são nunca os historiadores de sua própria época. Se conseguem ser tão relevantes, é porque a silhueta da época contemporânea desenha-se de modo indireto. E entende-se assim como modernidade e ressentimento podem caminhar juntos, e não apenas passado e ressentimento. Paxton, assim como Reich, não se deixou enganar pela doutrinação fascista, que consiste em fazer acreditar que o líder fascista é aquele que guia as massas, aquele que converte as multidões completamente imaculadas, inocentes, prontas para receber o carimbo do chefe e fazer a História acontecer. Pelo contrário, dedicou seu esforço de historiador para decifrar os comportamentos dos indivíduos, suas vivências, seus sentimentos de desqualificação, seus ressentimentos nascentes. "Os primeiros movimentos fascistas exploraram os protestos das vítimas da industrialização rápida e da globalização – os perdedores da modernização – usando, sem dúvida alguma, os estilos e as técnicas de propaganda mais modernos."[94] Afirmação esta que faz eco aos ouvidos do mundo atual, onde tudo está no lugar para que seja orquestrada uma "nova" partitura retrógrada, apenas aguardando aquela dose de ineditismo que nos leva a acreditar na imprevisibilidade da história, ao mesmo tempo que ela surge com suas bandeirolas facilmente reconhecíveis.

A imagem do ditador todo-poderoso personaliza o fascismo, criando a falsa impressão de que podemos compreendê-lo em sua totalidade examinando o líder, isoladamente. Essa imagem, cujo poder perdura até hoje, representa o derradeiro triunfo dos propagandistas do fascismo. Ela oferece um álibi às nações que aprovaram ou toleraram os líderes fascistas, desviando a atenção das pessoas, dos grupos e das instituições que lhes prestaram auxílio.[95]

Paxton[96] também soube mostrar claramente como o fascismo não é de modo algum o movimento anticapitalista que jura ser. Ele se constrói de modo a parecer contrário ao capitalismo, denunciando sua injustiça, suas desigualdades, talvez até seu ideal egoísta burguês, sua ilusão meritocrática. Uma vez atingindo o poder, porém, coloca-se ao seu lado, adota o caminho único da conservação e não da revolução, e, inversamente, dirige suas flechas contra todo e qualquer movimento socializante, julgado demasiadamente internacionalista. O que o fascismo desaprova no capitalismo não é a propriedade nem a acumulação, mas antes o liberalismo individualista, à proporção que ele permite ao indivíduo emancipar-se da comunidade ou da nação. O fascismo não suporta a ideia de um indivíduo capaz de se separar e de desfrutar de seu próprio destino, como se não fosse devedor de algo mais coletivo, mesmo que o coletivo não seja, de modo algum, "socialista", apenas estritamente comunitarista.[97] "Uma vez no poder, os regimes fascistas confiscaram propriedade apenas de seus opositores políticos, dos estrangeiros e dos judeus."[98] Lembramos aqui o alerta lançado por Reich ao se referir ao homem apolítico. Paxton também denuncia esse oportunismo típico dos regimes fascistas, que os autoriza a fustigar a burguesia, ao mesmo tempo que eles recuperam suas práticas, o que permitiu que se tornassem os primeiros "partidos de engajamento"[99] – ou ainda, como fazer de seu desengajamento a matéria de uma política de hostilidade a tudo o que não é semelhante a si.

O método de Paxton[100] consistiu em não se deixar enganar pelo ideal de grandeza do fascismo, pelos seus grandes discursos e programas; de modo oposto, ele preferiu retornar continuamente às suas ações concretas, sempre animadas pelo interesse das partes envolvidas e pelo "curto-prazismo". Estamos bem longe da filosofia política magistral na qual o fascismo teima em tentar nos fazer acreditar. Os movimentos populistas atuais são, sob esse aspecto, bem mais sinceros ao desaprovar, abertamente e com frequência, os discursos, colocando-se ainda sem disfarces como "misólogos", eles que praticam a novilíngua de denúncia do "politicamente correto", velha como o mundo, cuja provocação é puramente retrógrada, sem novidade. Eles expressam sem eloquência a mediocridade característica dos movimentos fascistas, que estiveram durante muito tempo envoltos em uma estética bem real, profundamente eficaz para renarcizar o homem do ressentimento, aquilo que Paxton chama de "cerimônias de massa de afirmação e de conformidade",[101] e que com certeza termina por desembocar na experiência última, sensorial e estética da guerra. "O fato do fascismo ter deliberadamente substituído o debate ponderado pela experiência sensorial imediata transformou a política em estética. E o ápice da experiência estética fascista, advertiu Walter Benjamin em 1936, seria a guerra."[102]

A guerra leva ao extremo aquilo que é verdadeiro em qualquer acontecimento político por sua própria natureza, isto é, representar um instrumento de reconforto narcísico para aqueles que o utilizam: eis o momento inaugural do "vai pra guerra", que se autoconvence do papel determinante do acontecimento e do líder, atribuindo ao último o poder de uma catarse, de um "antes" e de um "depois", cumprindo, afinal, a reparação tão esperada, ao mesmo tempo que penetra em tempos obscuros, cujo desfecho é incerto e o valor estratégico mal se pode delinear. Vocês querem entender o sentido disso tudo? Não há nenhum, responde Mussolini. Não há programa, não há raciocínio enganador, há o chamado para a luta, para vingar a honra daqueles que se sentiram humilhados: "Os democratas do *Il Mondo* querem saber qual é o nosso programa? Nosso programa é quebrar os ossos dos democratas do *Il Mondo*. E quanto antes, melhor."[103] Parece um discurso populista atual, e não uma declaração de 1920.

No entanto, não nos enganemos: o fascismo não é o populismo. Uma das reais diferenças entre ambos os fenômenos nos remete à inscrição do fascismo em um ideal "militar". O homem novo do fascismo não é o homem cujo "poder de compra"[104] foi deteriorado. É o homem que, consciente de uma possível deliquescência da nação, escolhe deliberadamente instrumentalizá-la, dramatizá-la para justificar o recurso à violência contra os outros, julgados cúmplices dessa deliquescência. Para tanto, nada melhor do que o recurso à força legítima – a saber, aquela do exército. Em todo caso, essa será a estratégia de Mussolini.

> A militarização fascista da política leva à abolição dessa distinção ao afirmar a identidade do cidadão e do soldado no seio do ideal fascista do cidadão soldado, que considera que toda a vida individual e coletiva deve estar organizada militarmente segundo os princípios e valores de sua concepção integrista da política.[105]

Nenhuma semelhança com o discurso populista, que se mostra mais conciliador com o ideal "burguês", mesmo quando pratica, assim como faz o fascismo, a sua depreciação. O populismo não sustenta o mesmo tipo de relação com a violência, tampouco com o mito da violência regeneradora[106] que existe no ideal fascista, mais envolvido com a ilusão de pureza. Ainda que a violência exista no universo populista, será menos organizada ou militarizada, e mais uma consequência de uma debandada pulsional. Acreditar que é preciso passar pela "experiência da guerra" para tornar-se nação não pertence ao programa das sociedades populistas, que, inversamente, só se mostram realmente belicosas quando não pagam o preço por isso, seja em sua carne, seja em sua vida material e afetiva.

Não obstante, algumas semelhanças permanecem, ainda que mais paródicas. Tomemos o caso da retórica – bastante empobrecida em nossos dias, as redes sociais que o digam –, cujo sentido continua bastante parecido, como aqui nessa invectiva dirigida ao líder norte-coreano pelo líder dos Estados Unidos:

> Kim Jong-un disse que o "botão nuclear está sobre sua mesa o tempo todo". Alguém desse regime debilitado e faminto pode avisar a ele que eu também tenho um botão, mas que o meu é muito maior e mais poderoso, e que o meu funciona?[107]

Tudo está ali: vingança, alusão sexual ou estilo viril, ausência de hesitação ao convocar o argumento de massa em uso preventivo, minimalismo caricatural da fórmula, tudo para adular a necessidade de reparação e para tranquilizar o homem médio, que sente falta de reconhecimento simbólico e material.

Aliás, a época atual não se encontra de modo algum a salvo de ter novamente de encarar a guerra como uma experiência estética, espetacular. Já aconteceu durante a primeira guerra do Iraque, destinada a comprovar a maestria do poderio norte-americano, sua implacável capacidade cirúrgica em atingir letalmente o alvo, tudo isso por intermédio dos telejornais, que difundiam de maneira ininterrupta os "ataques aéreos", criando um modelo informacional contínuo, estruturalmente espetacular, mercantil, indissociável do imperialismo cultural e econômico.

O fenômeno prossegue, ainda mais por ser indissociável das redes sociais, que permitem a cada um expressar seu ressentimento sem ter de pagar o preço (o anonimato e a débil regulação das redes o autorizam, ao menos por enquanto), tudo com a legitimação dos líderes populistas, que se comportam da mesma maneira, de modo tão caricatural quanto seus compatriotas. Esse novo panóptico fornece uma caixa de ressonância extraordinária para a mediocridade potencialmente mortal daqueles que levam seu ódio a tiracolo. A proliferação dos discursos de ódio não é um fenômeno novo; todas as horas sombrias da História conheceram sua onda de delações nauseabundas e mortíferas, mas sua atual multiplicação não pode passar despercebida, sob pretexto de que, no fundo, não haveria ali nada de novo. A forma é diferente, pois não é descontínua: pronuncia-se a respeito de todos os assuntos, dos mais graves aos mais triviais.

Eis os "dois minutos de ódio" previstos por Orwell,[108] também eles descentralizados para permitir que cada um possa vomitar seu fel e voltar calmamente para sua inação e inaptidão, tempo o suficiente para esperar uma forma de autorização mais "institucional", aquela mesmo que um novo líder populista poderia insuflar. Estamos bem longe da estética espetacular da guerra, mas é dentro desse fel permanente que acontece a verdade bárbara da guerra, aquela da liberação da pulsão do ressentimento, aquela não regulamentada dos saques e das violências contra os civis. Claro, fisicamente, não acontece nada disso; porém, o despejo odioso destila o mesmo veneno, aquele que busca conspurcar e que os crimes de guerra conhecem perfeitamente.

A dose aqui é homeopática, julgada insignificante, como se fossem festas dionisíacas pouco reluzentes, relativamente irredutíveis: afinal, a mediocridade precisa poder acontecer, assim como a juventude acontece. É preciso que o ressentimento possa exultar em algum lugar, como se isso pudesse nos preservar de seu poder invasor. Mas isso não nos protege de nada. Pelo contrário, trata-se de um marcador seguro de seu progresso. Proibir não vai bastar, mesmo sendo necessário, pois ele não pode manchar o espaço público a tal ponto sem que isso provoque consequências nefastas. O ressentimento está em marcha,[109] bem enraizado nos corações e nos discursos, pronto para a reivindicação. A estética da violência continua a impressionar os espíritos alienados e submissos, justamente porque lhes fornece a ilusão de um retorno ao poder, promete-lhes que o recalque não será definitivo. A técnica é bem conhecida dos regimes fascistas e sempre foi empregada de modo eficaz e parcimonioso. Nenhuma necessidade de multiplicá-la, uma vez que ela poderia se tornar ilegível e revelar a verdadeira natureza do fascismo – qual seja, seu aspecto conservador, não revolucionário. É preciso ser capaz de ler a violência e justificá-la; é preciso, portanto, oferecer-lhe um alvo e torná-la muito simbólica, de modo a que a sua impressão de justiça seja mais plausível. "Foi parte do gênio fascista apostar que muitos burgueses (ou burguesas) ordeiros extrairiam alguma satisfação vicária de uma violência cuidadosamente seletiva, dirigida apenas contra *terroristas* e *inimigos do povo*."[110]

Os alvos de hoje mudaram, mas os procedimentos permanecem similares. São ondas constantes que inundam as redes sociais a fim de assediar tal ou qual, às vezes durante meses e meses, ali também sem interrupção, forçando o alvo a fugir da rede, se quiser preservar um pouco sua saúde psíquica e não soçobrar diante dessa maré esmagadora. Novamente, não se trata de comparar o incomparável, isto é, uma situação dos anos 1940 com a de hoje. Tudo mudou – os Estados, bem como os indivíduos. No entanto, é inegável que o modo pelo qual operam os reflexos condicionados guarda certas semelhanças, com o funcionamento psíquico mantendo suas velhas leis, que continuam a estruturá-lo.

A vida como criação: o Aberto é a salvação

Felizmente, o psiquismo não é a lei exclusiva capaz de explicar o universo humano. Não é ele que detém as chaves para os segredos do indivíduo e da História. Podemos apostar: o determinismo, seja ele social, econômico, cultural e/ou psíquico, nunca vai ganhar a partida da compreensão de um ser e de uma sociedade. É certo, no entanto, que um psiquismo "doente", ou seja, uma neurose forte demais ou uma psicose, explica muitos fenômenos, os quais incidem imensamente sobre o sujeito e seu ambiente. Eis um viés que não pode ser negado, que não diz de modo algum a verdade do sujeito, que diz exatamente o inverso: como o sujeito se deixa transbordar por aquilo que não é ele e como isso lhe agrada, como ele se deixa enganar, o que infelizmente pode se tornar a verdade desse sujeito. A maneira pela qual o sujeito não desiste do esforço para compreender a si mesmo é determinante para perceber o modo como ele encara sua liberdade e elabora uma "verdade" dinâmica, existencialista e humanista.

Sempre considerei que a verdade, em sua parte não dinâmica, era essencialmente mortífera; é a parte da finitude do homem e do caráter empoeirado de sua existência. Não estou certa se sei viver com essa verdade, que me entedia e me desespera. Logo, a parte da verdade que me interessa situa-se unicamente ao lado da obra, seja ela artística ou ligada, de um modo mais geral, ao âmbito da subjetivação (gravidez, amor, partilha, descoberta do mundo e dos outros, engajamento, contemplação, espiritualidade etc.). Tal axioma, que consiste em colocar a verdade lá e em parte alguma, em sua infinitesimal parte eterna, faz de mim uma adepta de Platão ou de Plotino. Trata-se da única durabilidade que me interessa, e que pode se paramentar com a ideia de "verdade", na acepção de algo que se mantém para além de sua enunciação, e que terá sentido em tempos futuros. É preciso lembrar-se do futuro para conferir sentido ao nosso humanismo. O resto é espuma, embora não seja falso, e certamente é a verdade para outros, os historiadores, por exemplo. A verdade das faltas, de nossa doença que se mantém, de nossa incapacidade em evitar a repetição, é uma verdade essencial, narrada pelos acontecimentos históricos – essa História que narra até que ponto as lições da História não se aprendem. Diante do sol morto, é necessária a claridade de outra verdade que sabe que existe uma outra parte, inédita, enfim.

O trabalho analítico está aqui para ajudar a perceber a parte da criação que deve envolver a verdade de um sujeito, seu pacto com o Aberto, noção de Rilke que não parou de me seguir desde minhas primeiras publicações.

Quando a descobri, pensei que poderia finalmente respirar. No entanto, ela era mais potente na sensitividade que invocava do que os meus modos de pensar, mais abstratos, mais teóricos, mais tranquilamente platônicos. Havia nesse Aberto a presença do animal, da natureza, do vivo, do céu, das montanhas, da morte, é claro. Havia a poesia dolorosa de Rilke, suas elegias, todo esse grande século de desgraça e de romantismo, quase contemporâneo de duas guerras mundiais, o antes da catástrofe e sua primeira sideração, como se isso também roncasse na inaptidão para o Aberto, aquela que rege os seres humanos e os conduz em direção a sua perdição. "Com todos os seus olhos, a criatura vê o Aberto."[111] Dediquei um capítulo inteiro a isso, e trata-se sem dúvida de um dos caminhos mais importantes, na *Métaphysique de l'imagination*,[112] para tentar compreender o que é a individuação, como acontece seu encontro com o Real, para além da síntese kantiana. Chamei o capítulo seguinte, numa espécie de sentença explicativa do verso de Rilke, da seguinte forma: "A imaginação da morte e o olhar calmo do animal".

Se fosse preciso criar um laço com esse "aqui repousa o amargo", seria preciso fazer ecoar o Aberto do grande poeta. Mais alto do que tudo, a literatura, a poesia, que se entregam ao mundo, ao eterno esvanecimento do mundo, àquela do sublime, do tempo longo, mais longo do que si, da natureza que não existe sem a mão do homem, mas que o ultrapassa. Eu, que não sou poeta, permaneço afastada dessa violência magnífica, que noto ser por demais ardente para esse meu corpo ridículo, me mantenho à distância, incapaz de viver tantas emoções sem me sentir nauseada, fico afastada para escrever coisas certamente insuficientes, que tentam explicar, para aqueles que experimentam a distância entre si mesmos e o mundo, e que a vivem como um golpe contra o seu ser, como, apesar de tudo, é possível resistir nesse mundo, fora do ressentimento e até mesmo da amargura, fora da espinha curvada diante da ausência de sentido. O Aberto, o Aberto. Quando li isso, ao fim da adolescência, entendi que havia ali uma salvação, talvez a minha. Alguns poderão surpreender-se pelo fato de uma pessoa que não acredita em Deus se preocupar com a salvação da alma. O que é a alma, senão essa ficção magnífica, essa inversão de Deus talvez, uma ideia que o homem faz de si mesmo de não ser apenas matéria? Já o escrevi muitas vezes – a alma –, há somente a vida dos outros e aquilo que guardam de nós para tentar provar alguma coisa sobre essa história. A salvação disso me atormentava desde cedo – logo eu, que não tenho gosto algum pela realidade humana. Nasci humana a contragosto; se tivesse podido escolher, teria saído pela tangente de cara, teria permanecido poeira, ou então alguma coisa que voe, mesmo um pouco... não, nada: teria preferido o nada, o nada que pode se dar a ilusão do todo, isso seria mais gracioso. Saber que Rilke passou por aqui, e tantos outros, tem algo de tranquilizador, como um rastro de humanidade compartilhada, uma fraqueza comum que não é vergonhosa.

A hidra

Voltemos ao dito "número insignificante", pois bastará um só para salvar a todos os outros, um só homem, um só e único homem, eis o sonho das religiões, como se fosse um sonho desejável. Somente a ideia do homem já basta para salvar os homens e mantê-los firmes com esperança, sobretudo eretos diante do assalto do ressentimento. "Contanto que não nos perguntemos: a esperança de quê? A esperança em quê? Eu espero... com a condição de não pesar demais sobre o complemento de objeto direto ou indireto."[113] A esperança precisa ter uma determinada dose de desinteresse para ser operacional. O Aberto contra o ressentimento, com certeza. Mas, no dia a dia, a coisa não é fácil, e é necessário obrigar-se muitas vezes a ultrapassar o nível exclusivo da ideia, esse "número insignificante"; isso é preciso, necessário, e caso fosse possível aumentá-lo, seria um passo a mais na direção de uma civilização digna. O inverso do Aberto, numa imagem muito concreta, é a "cola" da detestação,[114] composta por dois produtos, como assinala Paxton:

> Os regimes fascistas funcionavam como uma [cola] *epoxy*, uma amálgama de dois agentes muito diferentes entre si, o dinamismo fascista e a ordem conservadora, ligados pela inimizade em comum pelo liberalismo e pela esquerda, e pela disposição compartilhada de destruir a qualquer preço seus inimigos comuns.[115]

Para explicar o fascismo, Paxton recorre a várias teses conflitantes:[116] o argumento econômico, o argumento psicanalítico, ou ainda uma forma de argumento metafísico que não me parece problemático, salvo se ainda coexistir ao lado de uma angústia incapaz de acalmar-se pelo trabalho sobre si mesmo.

Vejamos o argumento econômico. Tradicional, ele remete ao contexto de crise e de humilhação dos "pequenos", ou ainda à fragmentação e à atomização que podem crescer no seio de uma sociedade quando se torna palco de um crescimento com várias velocidades, que acaba por romper a própria ideia de um mundo comum. O argumento psicanalítico começa por se concentrar na personalidade do *führer* para rapidamente deslocar-se para a personalidade bem mais interessante da opinião pública, ou seja, o fato de que os alemães (e consortes) tenham projetado sobre ele um papel executado com maestria. Finalmente, Paxton invoca Bloch[117] e sua esplêndida teoria sobre a "não contemporaneidade" das almas, segundo a qual cada um não necessariamente vive o mesmo agora. Aqui também, de que modo isso seria algo danoso? Eis uma verdade metafísica, ética e psicanalítica: não vivemos no mesmo agora, e vamos descobrir, ao longo de nossas vidas, os modos de habitar os tempos do mundo de maneira inédita. Então, sim, uma angústia muito forte pode, de fato, surgir da incapacidade de habitar o mesmo agora, um sentimento abandônico. Daí a mergulhar no fascismo, porém, a coisa não é nem um pouco óbvia e, afinal, bastante rara. Não há, no fascismo, a experiência grandiosa do vazio metafísico; há apenas o pânico complacente diante do presente miúdo, o "agora" não metafísico, o agora quantitativo, de um conforto considerado devido.

Essa tentação à qual a maioria de nós se agarra é terrível, ao menos quando ela fica com a última palavra, pois é capaz de nos manter na incapacidade de nos extrair do tempo presente e da reificação. É preciso conservar sempre um pé fora do agora quantitativo, se não quisermos correr o risco de ver os dois pés afundarem no ressentimento. Afundar no agora quantitativo produzirá o contexto necessário para a aceitação do inaceitável, pois se estabelece uma espécie de "cegueira histérica"[118] centrada apenas em si mesma, em sua sobrevivência, o que torna impossível o descentramento em direção ao outro: é logico que um indivíduo que perde sua acuidade visual, ou seja, saber olhar, saber dirigir seu olhar, assim como outros dispensam cuidados, ele se torna incapaz de reconhecer o rosto do outro. Esse outro se apaga. Um ser "reificado" só pode produzir reificação; a visão de algo distinto lhe parece insuportável, seja pelo lado da passagem ao ato contra o outro e de uma reativação bárbara do ódio, seja como detestação de si, propriamente impossível de ser vivida. Pois é verdade que o ressentimento permanece sendo uma muralha imunda diante de sua própria depressão: o homem do ressentimento é deprimido, desencorajado, mas essa depressão se alimenta da vingança sobre o outro e encontra meios diários de compensação, pontuais, de modo algum duradouros, que ele consome com prazer na impossibilidade de criticá-los. O ressentimento, ao mesmo tempo que apodrece o ser, mantém a forma física, conserva em seu caldo amargo o indivíduo roído por dentro. Ele tem o poder do formol. O ressentimento é um princípio de autoconservação mais barato: a "debilidade da alma" sobre a qual ele se baseia exige poucos esforços do sujeito, uma complacência vitimária. O ressentimento combina-se facilmente com o que Christophe Dejours chama de "acrasia preguiçosa" e, quando se torna mais virulento, "acrasia estênica". A primeira se refere a essa cisão do eu, bastante banal, próxima da covardia e do egoísmo; a segunda remete a um zelo mais detestável e vindicativo. A "acrasia preguiçosa" prefere o silêncio à polêmica, a ausência de engajamento à responsabilidade.

Tomemos o caso extremo da solução final. Os nazistas perceberam muito rapidamente que o maior problema do processo de destruição "não era administrativo, mas psicológico".[119]

> A simples concepção da drástica Solução Final dependeu da habilidade dos perpetradores de lidarem com densos obstáculos e impedimentos psicológicos. Os bloqueios psicológicos diferiam das dificuldades administrativas em um aspecto importante. Um problema administrativo podia ser solucionado e eliminado, mas as dificuldades psicológicas precisavam ser enfrentadas continuamente. Elas eram mantidas sob controle, mas nunca removidas. Os comandantes no campo permaneciam sempre atentos a sinais de desintegração psicológica [...]. No verão de 1941, o alto comandante da Polícia e da SS do Centro Russo, von dem Bach, abalou Himmler com o comentário: "Olhe nos olhos dos homens desse *Kommando*, veja o quão profundamente abatidos eles estão. Esses homens estão acabados [*fertig*] para o resto de suas vidas. Que tipo de seguidores estamos treinando aqui? Neuróticos ou selvagens!" [*Entweder Nervenkranke oder Rohlinge*][120]

Vemos bem aqui como o ressentimento pode ser uma estratégia de defesa encarada como um mal menor para evitar a desintegração psicológica e permitir a continuidade de atos infames sem ter de carregar seu fardo psíquico, tampouco empreender a difícil tarefa de resistir por meio de uma ação alternativa. Desse modo, o ressentimento se transforma no melhor aliado do fascismo ou de qualquer outro grande momento de reificação totalitária, justamente ao fazer da covardia dos homens um mecanismo muito eficaz e regular, sem qualquer "intencionalidade", imperturbável e indigno. Existem, é claro, indivíduos ideologicamente resolutos, integristas, embora pouco numerosos; ainda assim, eles não seriam tão difíceis de serem combatidos, caso a massa covarde não estivesse ausente. Poderiam até dar a impressão de sublimar seu ressentimento, o que é teoricamente impossível. Mas é aquilo que certa forma de psicose é capaz de fazer, tal é a dimensão da negação.

Ou, então, são muito hábeis ao mentir quase perfeitamente: atingiram um tal falso-*self* que já não sabem mais distinguir a verdade da má-fé. Disfarçam-se de virtude e dão ao mal o aspecto de um bem superior.

Ouçamos Himmler, que declara, em 1943, "ter tomado as riquezas dos judeus":

> Dei ordens rigorosas, as quais o *Obergruppenführer* Pohl seguiu, para que essa riqueza fosse evidentemente [*selbstverständlich*] entregue ao *Reich*. Não tomamos nada. Indivíduos que transgrediram estão sendo punidos de acordo com uma ordem que dei no início e que ameaçava que qualquer um que pegasse um marco seria um homem condenado. Alguns homens da ss, não muitos, transgrediram essa ordem e serão condenados, sem misericórdia, à morte. Tivemos o direito moral com *nosso* povo para aniquilar [*umzubringen*] *esse* povo que queria nos aniquilar. Entretanto, não temos o direito de pegar uma única pele, um único relógio, um único marco, um único cigarro ou qualquer outra coisa. Afinal, não queremos, só porque exterminamos um germe, ser infectados por esse germe e morrer. Não apoiarei a menor forma de infecção. Sempre que um ponto infectado aparecer, nós o queimaremos. Todavia, no geral, podemos dizer que realizamos essa pesada tarefa com o amor por nosso povo e não fomos danificados, no íntimo de nosso ser, de nossa alma, de nosso caráter.[121]

Com essa reivindicação, a de não ser propriamente nada, não guardar nada para si mesmo, apresentar-se como incorruptível, Himmler permanece, ao menos em sua declaração, como um vestígio de individuação, e estudar sua personalidade não basta para compreender a vacuidade e a banalidade do processo do ressentimento. Lembremos o método de Paxton: vamos deixar os discursos de lado e vamos nos concentrar nos atos. Os diários íntimos de Himmler, encontrados entre os arquivos militares da Rússia, traçam o retrato de um ser resolutamente psicótico, cruel, desfrutando dessa crueldade, muito envolvido na participação dos abusos,[122] sem, contudo, pagar o preço mais trabalhoso de uma atribuição oficial e sistemática para execução dos excessos. Não, isso ficaria como uma espécie de diversão, espremida entre os jantares e as incontáveis reuniões,[123] demonstrando a total alienação "social" e psíquica de Himmler, com o gozo nada oculto da crueldade, ao menos enquanto ela não o fizer desmaiar, pois o psicopata também é dono de alguma sensibilidade. A deriva psicopática assinala definitivamente o fim de qualquer tipo de individuação possível.

Outro a enfrentar essa questão foi Frantz Fanon.[124] Ele descreveu perfeitamente esse fenômeno em *Os condenados da terra*, ao discutir os atos de tortura durante a guerra de independência da Argélia. Trata-se do caso de um inspetor de polícia europeu que tem espancado a mulher e os filhos desde "os acontecimentos". É interessante notar que o inspetor não se queixa diretamente da obrigação de praticar a tortura; ele reconhece inclusive que é preciso fazer isso de modo rigoroso, e que não se pode transferir a tarefa para outro, que poderia acabar por "ficar com todas as honras" em seu lugar, ao forçar o prisioneiro a delatar. Lembra que "saber o momento de apertar e também de afrouxar é uma questão de perspicácia", e, sobretudo, que é preciso deixar a vítima acreditar que é possível escapar: "É necessário que ele tenha esperança, é ela que o faz falar." Após essa afirmação, ele relaciona vagamente o fato de que enlouqueceu depois que começou a torturar regularmente os "inimigos", e que também começou a espancar a mulher e os filhos. Em vez de questionar a tortura, tanto dos combatentes inimigos quanto de sua família, ele pede ao doutor para "consertar isso". Fanon então comenta: "Esse homem sabia perfeitamente que todas as suas perturbações eram causadas diretamente pelo tipo de atividade desenvolvida nas salas de interrogatório, embora tivesse tentado atribuir globalmente a responsabilidade aos acontecimentos. Como não considerava a hipótese (seria um disparate) de parar de torturar (seria necessário demitir-se), ele me pedia francamente que o ajudasse a torturar os patriotas argelinos sem remorso de consciência, sem desordens de comportamento, com serenidade."[125]

Hannah Arendt, juntamente com outros autores, destacou perfeitamente o mecanismo de desresponsabilização e de desindividuação que permitiu o surgimento, em etapas sucessivas, da solução final. Ao fazer tal demonstração, a filósofa não livrou de modo algum os indivíduos de suas responsabilidades, antes demonstrou o simulacro de desresponsabilização pelo qual haviam operado, o que já fazia parte do processo negacionista. Assim escreve Hilberg:

> A destruição dos judeus não foi uma operação centralizada. Não foram criados serviços específicos para tratar dos assuntos judaicos, e não foi liberado qualquer orçamento especial para financiar o processo. O empreendimento antijudaico foi assumido pelos serviços públicos, pelo exército e pelo partido. Todos os elementos que integravam a vida organizada da Alemanha foram levados a participar, todos os organismos deram sua contribuição, todas as competências foram empregadas, todas as camadas da sociedade se viram representadas no movimento que envolveu progressivamente as vítimas.[126]

Eis a definição do ressentimento: um movimento que envolve progressivamente as vítimas, uma plasticidade informe, tanto mais eficaz por criar a ilusão de não possuir nem corpo nem cabeça, ao mesmo tempo que é uma hidra com centenas de milhares de cabeças. A hidra é um monstro apropriado, posto que articule aquilo que parece estar em oposição, as individualidades e a massa. Constitui uma encarnação bastante eficaz da dialética entre o quantitativo e o qualitativo, de início profundamente separados, porém, no transcorrer do processo, possivelmente porosos. Eliminar a hidra exige eliminar uma parte das cabeças, e ninguém sabe de antemão quando cessará a dialética entre o quantitativo e o qualitativo. Cortar a integralidade ou a maior parte das cabeças não será necessário; antes é necessária uma sábia combinação entre aquelas que serão julgadas obrigatórias e as demais. Uma combinação que deve ser conhecida para proteger-se da deriva mortífera desses grandes conjuntos.

Notas

1 T. Adorno. *Minima moralia: reflexões a partir da vida danificada*, trad. Luiz Eduardo Bicca, rev. Guido de Almeida. São Paulo: Ática, 1992 ou, ainda, *Moralia: reflexões a partir da vida lesada*, trad. Gabriel Cohn. Rio de Janeiro: Azougue, 2008. (N.T.)

2 T. Adorno, *Dialectique négative*, Payot, [1966] 2016, p. 47-48. (Petite Bibliothèque Payot). [Ed. bras.: *Dialética negativa*, trad. Marco Antonio Casanova, rev. Eduardo Soares Neves Silva. Rio de Janeiro: Zahar, 2009, p. 36.]

3 T. Adorno, "Anti-semitismus und faschistische Propaganda", apud Stefan Müller-Doohm, *Adorno: une biographie*, Gallimard, 2004, p. 295.

4 T. Adorno, "Die Freudische Theorie und die Struktur der fascistischen Propaganda, in *Zur Metakritik der Erkenntnistheorie*, 1971, p. 56, apud ibid., p. 56. [Ed. bras.: *Para a metacrítica da teoria do conhecimento*, trad. Marco Antonio dos Santos Casanova. São Paulo: Unesp, 2015.]

5 T. Adorno, "Die Freudische Theorie und die Struktur der fascistischen Propaganda", apud ibid., p. 296.

6 T. Adorno, "Wissensschaftliche Erfahrungen in Amerika", apud ibid., p. 297.

7 T. Adorno, "Studien zum autoritären Charakter", 1973, apud ibid., p. 299.

8 T. Adorno, *Minima moralia: reflexionen aus dem beschädigten Leben* (1951), apud ibid., p. 301. [Ed. bras.: *Minima moralia*, op. cit., fragmento 128, p. 175.]

9 Idem.

10 T. Adorno, "Traumprotokolle", apud Stefan Müller-Doohm, op. cit., p. 304.

11 Em *A mancha humana* (2013), de Philip Roth, uma mancha esconde outra, e quiçá isso não seja infinito, para cada um de nós.

12 T. Adorno, *Minima moralia*, op. cit., fragmento 13, p. 26. (N.T.)

13 Ibid., apud Stefan Müller-Doohm, p. 226. [Ed. bras.: *Minima moralia*, op. cit., fragmento 7, p. 21.]

14 Ibid., fragmento 25, p. 59.

15 Ibid., p. 9-15. [Ed. bras.: Ibid., "Dedicatória", p. 10.]

16 *Vis comica*: do latim força cômica, o poder de fazer rir. (N.T.)

17 Ibid., fragmento 114, p. 237-238. [Ed. bras.: Ibid., p. 156.]

18 Em Karl Marx, fala-se de alienação e de objetificação.

19 Ver Georg Lukács, *Histoire du développement du drame moderne*, 1908; *Histoire et conscience de classe*, 1923. [Ed. bras.: *História e consciência de classe, estudos sobre a dialética marxista*, trad. Maria Armantina de Almeida Prado, São Paulo: WMF Martins Fontes, 3ª ed., 2019.]

20 Coube a Kostas Axelos e a Jacqueline Bois introduzir no marxismo, desde 1959, os termos "reificação" e "reificar" para traduzir as palavras alemãs *Verdinglichung e verdinglichen*. As palavras alemãs *Versachlichung* e *versachlicht* foram traduzidas como "coisificação" e "coisificado" (Lukács, 1960, p. 86, nota de rodapé). Com poucos anos de intervalo, não se dispunha de palavras em francês para isso; "reificação" e "reificar" só foram inventadas respectivamente em 1917 e 1930 por Julien Benda (Benda, 1917, p. 66-67 e Benda, 1930, p. 156) apud Jean Ferrette, "Les (més)aventures de la reification", *Anamnèse*, nº 6, 2010.

21 No original, a autora se vale de um neologismo, "*capitalistique*". (N.T.)

22 Max Horkheimer; Theodor Adorno, *La Dialectique de la raison*, Gallimard, [1944] 1974, p. 142. [Ed. bras.: *Dialética do esclarecimento: fragmentos filosóficos*, trad. Guido Antonio de Almeida. Rio de Janeiro: Jorge Zahar, 1985, p. 125.]

23 Theodor Adorno; Max Horkheimer, "A indústria cultural: o esclarecimento como mistificação de massas", in *Dialética do esclarecimento*, op. cit., p. 128. (N.T.)

24 Ibid., p. 146. [Ed. bras.: Ibid., p. 128.]

25 Nathalie Heinich, "Sublimer le ressentiment. Elias et les cinq voies vers une autre sociologie", *Revue du MAUSS*, vol. 44, nº 2, p. 289-298, 2014.

26 Idem.

27 Idem.

28 Idem.

29 O termo *"constellaire"*, um neologismo da autora no original, refere-se a constelações. (N.T.)

30 T. Adorno, *Dialectique négative*, op. cit. [Ed. bras.: *Dialética negativa*, op. cit., p. 141-142.

31 T. Adorno, *Minima moralia*, fragmento 51, p. 115-119. [Ed. bras.: *Minima moralia*, op. cit., fragmento 51, p. 73.]

32 T. Adorno, *Dialectique négative*, op. cit., p. 491-491. [Ed. bras.: *Dialética negativa*, op. cit., p. 337.] Ver também o excelente prefácio de Éliane Escoubas para a obra de Adorno, *Jargon de l'authenticité. De l'idéologie allemande*, Payot, [1964] 1989, p. 7-37 (Petite Bibliothèque Payot), especialmente sobre a especificidade da escrita de Adorno.

33 Apud Michel Bousseyroux, "Quelle poésie après Auschwitz? Paul Celan: l'expérience du vrai trou", in M. Bousseyroux (org.), *Au risque de la topologie et de la poésie. Élargir la psychanalyse*, Érès, 2011, p. 302-323.

34 T. Adorno, *Minima moralia*, fragmento 51, p. 115-119. [Ed. bras.: *Minima moralia*, op. cit., fragmento 51, p. 75.]

35 Ver Stefan Müller-Doohm, op. cit., p. 363. Os trechos em itálico são citações de Adorno que remetem às referências seguintes: 1) T. Adorno, "Zum Gedächtnis Eichendorffs", 2) T. Adorno, "Discours sur la poésie lyrique et la société".

36 Ver Stefan Müller-Doohm, op. cit., p. 365.

37 Ibid., ver T. Adorno, "Pour comprendre *Fin de partie*", in *Notes sur la littérature*, Flammarion, 1984, p. 201 [Ver ed. bras.: Samuel Beckett, *Fim de partida*, trad. Fábio de Souza Andrade. São Paulo: Cosac Naify, 2010.]

38 *Mal-être* no original, distinto de malaise, mal-estar. (N.T.)

39 S. Beckett, *Fin de partie*, Éditions de Minuit, 1957. [Ed. bras.: *Fim de partida*, op. cit.]

40 T. Adorno; M. Horkheimer, *La Dialectique de la raison*, op. cit. [Ed. bras.: "Elementos do antissemitismo: limites do esclarecimento", in *Dialética do esclarecimento*, op. cit., p. 160.]

41 Ibid., p. 217. [Ed. bras.: Ibid., p. 195.]

42 Wilhelm Reich, *La Psychologie de masse du fascisme*, Payot, [1933] 1979, p. 183. (Petite Bibliothèque Payot). [Ed. bras.: *Psicologia de massas do fascismo*, trad. Maria da Graça M. Macedo. São Paulo: Martins Fontes, 1988.]

43 Idem. [Ed. bras.: Ibid., p. 161-162.]

44 Idem. [Ed. bras.: Ibid., p. 162.]

45 Ibid., p. 183 [Ed. bras.: Idem.]

46 Alexis de Tocqueville, *De la démocratie en Amérique*, II, Michel Lévy, 1864, *Œuvres complètes*, 3, Gallimard, 1990, p. 162-165. [Ed. bras.: *A democracia na América*, Livro II, cap. 2, trad. Eduardo Brandão. São Paulo: Martins Fontes, 2000, p. 119.]

47 W. Reich, op. cit., p. 184. [Ed. bras.: op. cit., p. 162.]

48 Ibid., p. 106. [Ed. bras.: Ibid., p. 92-93.]

49 Ibid., p. 91. [Ed. bras.: Ibid., p. 80-81.]

50 Ibid., p. 92 e 105. [Ed. bras.: Ibid., p. 91]: "Temos de nos habituar a escutar com atenção o que o fascista diz sem julgarmos imediatamente que se trata de

puro disparate ou engodo.
Compreendemos melhor o conteúdo emocional desta teoria, próxima de um delírio de perseguição, quando a relacionamos com a teoria do envenenamento da nação."

51 Ibid., p. 184. [Ed. bras.: Ibid., p. 163.]

52 Idem.

53 Alfred Adler (1870–1937), médico, filósofo, psicólogo e psiquiatra austríaco, trabalhou com Freud por longos anos, até se distanciarem. É considerado o fundador da teoria do desenvolvimento individual. (N.T.)

54 André Grimaldi, "L'éducation thérapeutique: ce que nous apprennent les patients", *Obésité*, vol. 4, nº 1, p. 34-38, mar. 2009.

55 W. Reich, op. cit., p. 184-185. [Ed. bras.: op. cit., p. 163.]

56 Ibid., p. 196. [Ed. bras.: Ibid., p. 249-250.]

57 Ibid., p. 197. [Ed. bras.: Ibid., p. 174.]

58 Ibid., p. 75. [Ed. bras.: Ibid., p. 67.]

59 Idem.

60 Ibid., p. 89. [Ed. bras.: Ibid., p. 78.]

61 Ibid., p. 76. [Ed. bras.: Idem.]

62 Ibid., p. 258.

63 Ibid., p. 288. [Ed. bras.: Ibid., p. 257-258.]

64 A análise do fenômeno do ressentimento nos mostra bem a complexidade com a qual o indivíduo é confrontado: a (re)narcisação é necessária para que o sujeito não vacile e recaia no ressentimento; é o que André Green denominou de "narcisismo primário", absolutamente necessário ao sujeito, que remete a um modo suave de confiança em si mesmo, ou pelo menos a um sentimento de estabilidade em relação ao seu próprio caos interno. Em contrapartida, o narcisismo exacerbado, sem consciência de si, é deletério e pode se aliar de maneira extremamente produtiva ao ressentimento

vitimário. Nesse sentido, Medeia é uma Narcisa terrível, terrorista, convencida de ser a ofendida em busca de justiça, arquétipo da pulsão ressentimista.

65 W. Reich, op. cit., p. 295. [Ed. bras.: op. cit., p. 264.]

66 Ver nota 119, p. 81. (N.E.)

67 W. Reich, op. cit., p. 296. [Ed. bras.: op. cit., p. 265.]

68 Sigmund Freud, "L'Analyse avec fin et l'Analyse sans fin" (1937), apud Joseph Sandler (org.), *Freud Aujourd'hui. L'Analyse avec fin et l'Analyse sans fin*, Bayard, 1991. [Ed. bras.: "Análise terminável e interminável", in *Edição Standard Brasileira das Obras Completas de Sigmund Freud* (*Moisés e o monoteísmo, Esboço de psicanálise e outros trabalhos*), trad. José Octávio de Aguiar Abreu, coord. Jayme Salomão, vol. XXIII, p. 247-287. Rio de Janeiro: Imago, 1975.] (N.T.)

69 "Quase parece como se a análise fosse a terceira daquelas profissões 'impossíveis' quanto às quais de antemão se pode estar seguro de chegar a resultados insatisfatórios. As outras duas, conhecidas há muito mais tempo, são a educação e o governo", in ibid. [Ed. bras.: ibid., p. 282.]

70 Ibid., p. 23-24. [Ed. bras.: Ibid., p. 247.]

71 Ibid., p. 33. [Ed. bras.: Ibid., p. 253.]

72 A autora emprega o verbo "domar", o mesmo que aparece na tradução francesa do texto de Freud. Para respeitar a coerência, foi mantido o termo usado na tradução publicada em português. (N.T.)

73 S. Freud, op. cit., p. 39. [Ed. bras.: op. cit., p. 263.]

74 Ibid., p. 40. [Ed. bras.: Ibid., p. 264.]

75 W. Reich, op. cit., "Prefácio à terceira edição em língua inglesa, corrigida e aumentada", p. 11.

76 Ibid., p. 198. [Ed. bras. : Ibid., p. 175.]

77 Ibid., p. 127. [Ed. bras.: Ibid., p. 112.]

78 Idem. (N.T.)

79 Idem. (N.T.)

80 Ibid., p. 302. [Ed. bras.: Ibid., p. 270.]

81 Ed. bras.: Ibid., p. 253. (N.T.)

82 Ibid., p. 305. [Ed. bras.: Ibid., p. 272.]

83 Ibid., p. 299-300. [Ed. bras.: Ibid., p. 270.]

84 Ibid., p. 297. [Ed. bras.: Ibid., p. 266.]

85 Robert Paxton, *Le Fascisme en action*, Seuil, 2004. [Ed. bras.: *A anatomia do fascismo*, trad. Patrícia Zimbres e Paula Zimbres. São Paulo: Paz e Terra, 2007.]

86 "Em 1908, Georges Sorel criticou Marx por não ter percebido que 'uma revolução alcançada em tempos de decadência' poderia 'tomar como ideal uma volta ao passado ou até mesmo a conservação social'", in R. Paxton, op. cit., p. 14. (N.T.)

87 Paxton lembra a etimologia da palavra "fascismo": *fascio* (ital.), literalmente um maço ou feixe, remetendo ao latim *fascis*, o machado envolvido pelo feixe de varas, símbolo diversas vezes retomado, desde Roma até os revolucionários italianos do fim do século XIX, para evocar a solidariedade de militantes, sindicalistas e nacionalistas. Ver R. Paxton, op. cit., p. 10-11. [Ed. bras.: op. cit., p. 14-15.]

88 R. Paxton. *Vichy France: old guard and new order, 1940-44*, Nova York: Knopf, 1972.

89 Ver a esse respeito C. Fleury, "Les Français dans la guerre", crônica publicada no jornal L'Humanité, em 2019, que discute as teses e controvérsias dos historiadores sobre a França de Vichy. Disponível em <https://www.humanite.fr/la-chronique-philo-les-francais-dans-la-guerre-672009>.

90 Ver Pierre Laborie, *Penser l'évenement: 1940–1945*, Paris: Gallimard, 2019.

91 A 2ª DB foi uma unidade do Exército francês criada pelo general Leclerc, em 1940, durante o exílio, para combater Hitler. Em 1943, chegou a reunir 16 mil soldados de todas as origens, procedentes das colônias africanas e da França metropolitana. Ver: <https://www.2edb-leclerc.fr/la-2eme-db/>. (N.T.)

92 Prática política, sindical ou atitude individual que consiste em recusar a iniciativa e comportar-se segundo as circunstâncias. (N.T.)

93 Philippe Pétain (1856–1951) foi um comandante militar francês, herói da batalha de Verdun, na Primeira Guerra Mundial. Em 22 de junho de 1940, assinou o Armistício com a Alemanha nazista e se tornou chefe do governo colaboracionista de Vichy. Condenado à prisão perpétua, morreu na prisão. (N.T.)

94 R. Paxton, *Le Fascisme en action*, op. cit., p. 26. [Ed. bras.: *A anatomia do fascismo*, op. cit., p. 31.]

95 Ibid., p. 19. [Ed. bras.: Ibid., p. 23.]

96 Ibid., p. 20-23. [Ed. bras.: Ibid., p. 25-28.]

97 Na França de hoje, entende-se como comunitarismo a tendência política, inspirada no multiculturalismo originado nos EUA, que enfatiza a função social das organizações comunitárias, sejam elas étnicas, religiosas, sexuais, orientadas por gênero etc. (N.T.)

98 R. Paxton, op. cit., p. 22. [Ed. bras.: op. cit., p. 27.]

99 Ibid., p. 104. [Ed. bras.: Ibid., p. 105-106.] (N.A.) "Antipartido", movimento, campo, bando, *rassemblement, fasci*, frente ampla são alguns dos nomes adotados por essas irmandades que afirmam unir e revigorar a nação. (N.T.)

100 Ibid., p. 33. [Ed. bras.: Ibid., p. 26.]

101 Ibid., p. 23. [Ed. bras.: Ibid., p. 28.]

102 Walter Benjamin, "A obra de arte na era de sua reprodutibilidade técnica", apud Paxton, ibid., p. 35-36. [Ed. bras.: Ibid., p. 40-41.] "Benjamin se refere especialmente a Marinetti se expressando a respeito da beleza da recém-terminada guerra da Etiópia: '[...] (a guerra) enriquece um campo florido com as orquídeas de fogo das metralhadoras.'."

103 R. Paxton, ibid., p. 36. [Ed. bras.: ibid., p. 40]; citado também em Richard Bosworth, *The Italian Dictatorship. Problems and Perspectives in the Interpretation of Mussolini and Fascism*, Arnold, 1998, p. 39.

104 Uma das bandeiras do movimento dos "coletes amarelos" (gilets jaunes), que sacudiu a França de outubro 2018 até o início de 2020, era justamente a recuperação do "poder de compra" de aposentados e de vastos setores das classes populares e médias. (N.T.)

105 Emilio Gentile, *Qu'est-ce que le fascisme? Histoire et interprétation*, Gallimard, [2002] 2004, p. 361. (Folio).

106 Ibid., p. 445.

107 *Tweet* de Donald Trump em 3 de janeiro de 2018.

108 Ver George Orwell, *1984*, Secker and Warburg, 1949.

109 Referência ao partido político La République en Marche (LREM), criado pelo atual presidente francês, Emmanuel Macron. (N.T.)

110 R. Paxton, op. cit., p. 147.

111 Rainer Maria Rilke, *Les Élégies de Duino*, Huitième Élégie. [Ed. bras.: "Oitava elegia", in *Elegias de Duíno*, trad. Dora Ferreira da Silva. Rio de Janeiro: Globo, p. 45.]

112 C. Fleury, *Métaphysique de l'imagination*, p. 710, ver índice remissivo sobre o Aberto, p. 92.

113 V. Jankélévitch, *L'Enchantement musical. Écrits 1929–1983*, Albin Michel, 2017.

114 *La Fin du courage*, de C. Fleury, discute também a noção de cola, não tão afastada do que aqui se expõe.

115 Paxton, op. cit., p. 250-251. [Ed. bras.: op. cit., p. 244.]

116 Ibid., p. 350-368. [Ed. bras.: Ibid., p. 335-361.]

117 Marc Bloch (1886–1944), historiador francês, fundador da *École des Annales*, membro da Resistência durante a Segunda Guerra Mundial, morreu fuzilado pela Gestapo. (N.T.)

118 Paxton, op. cit., p. 52. [Ed. bras.: op. cit., p. 56.

119 Raul Hilberg, *La Destruction des Juifs d'Europe*, vol. II, Gallimard, [1961] 1991, p. 868-869. (Folio). [Ed. bras.: *A destruição dos judeus europeus*, vol. 2, trad. Carolina Barcellos, Laura Folgueira, Luís Protásio, Maurício Tamboni e Sonia Augusto. São Paulo: Amarilys, 2016, p. 1253.]

120 *Von dem Bach in Aufbau*, Nova York, 23 ago. 1946, p. 1-2; in R. Hilberg, idem.

121 Discurso de Himmler durante a conferência dos Gruppenführer de Poznan, em 4 de outubro de 1943, in R. Hilberg, ibid., p. 869-870. [Ed. bras.: ibid., p. 1254.]

122 "Outra anedota pavorosa, mas não menos surpreendente, consta do diário íntimo de Himmler: parece que essa figura, tão estranha quanto possa parecer, era sensível à visão do sangue. Ele narra então como quase desmaiou quando, durante uma execução de judeus na Bielorrússia, um pedaço de cérebro espirrou sobre seu casaco", *Atlantico*, 3 ago. 2016. Disponível em <https://www.atlantico.fr/>.

123 "Cerca de 1.600 reuniões estariam anotadas nos diários íntimos de Himmler", *Mashable*, 2016; *Midi-Libre*, 2016. Disponível em <https://www.midilibre.fr/2016/08/04/le-journal--intime-du-nazi-heinrich-himmler-retrouve-en-russie,1375644.php>.

124 Frantz Fanon (Martinica, 1925 – EUA, 1961), médico psiquiatra, filósofo, sociólogo, escritor, envolveu-se nas lutas pela independência da Argélia. Deixou numerosas obras que continuaram a ser publicadas postumamente e se tornaram influentes no campo dos estudos pós-coloniais e da teoria crítica. (N.T.)

125 F. Fanon, *Les Damnés de la terre*, in F. Fanon, *Œuvres*, La Découverte, [1961] 2011. [Ed. bras.: *Os condenados da terra*, trad. José Laurenio de Melo. Rio de Janeiro: Civilização Brasileira, p. 227-229.]

126 R. Hilberg, *Exécuteurs, victimes, témoins*, Gallimard, [1992] 1994, p. 46. (Folio).

III

O MAR

Um mundo aberto ao homem

A declosão segundo Fanon

Qual será o antídoto para o ressentimento?

Haverá numerosos caminhos, todos possíveis, a partir do momento em que o sujeito assim o decide, e ali resolve viver seu engajamento, sua implicação interior, seu foro íntimo. Quando descobri o Aberto de Rilke e a maneira possível para tecê-lo com uma escrita pessoal, isso foi um "possível" para resistir à amargura, ou, de modo mais simples, à melancolia, já bem estabelecida; a mesma coisa com Mallarmé, é claro, seus fragmentos sobre Anatole,[1] esse sopro quase entrecortado – logo ele, que é, em seus versos, um mestre dos sons e de uma sintaxe vertiginosa; impossível deixar de ouvir em seu "túmulo" o sopro curto, esgotado e, apesar de tudo, a força de outra coisa, para quem o lê. Os escritores carregam dentro de si uma força para os outros. Eles são os portadores de nossa renovação, enquanto penam para enfrentar sua própria astenia.

Eis outra ilustração desse pontapé forjado pelo estilo, o estilo filosófico dessa vez, como uma frase de Jankélévitch que ainda ressoa: "Inútil ser trágico, basta ser sério." Inútil aumentar, inútil acreditar que a coisa seja mais difícil do que já é. Difícil, ela já o é, ainda mais porque nossos percursos são portadores de uma história coletiva dolorosa, cheia de falhas: é preciso carregar não só suas próprias insuficiências, mas também aquelas que nos são atribuídas pelos outros. As mulheres conhecem. Todo mundo conhece, mas não vamos relativizar: as mulheres conhecem e todos aqueles que a sociedade considerou "inferiores", "intocáveis", "impuros", aqueles que possuem todos os motivos para sentir ressentimento, pois têm uma parte da justiça do seu lado. Para todos eles, será preciso lutar contra o ressentimento e ir além, por si mesmo e por todos os que seguem, a fim de inverter o curso da História e não baixar novamente a cabeça, desta vez diante de sua própria alienação e de seu próprio delírio persecutório.

Há tantos desses autores, aqueles que percorreram o caminho combativo e criativo. Escolhi me colocar nos passos de Frantz Fanon, mas outros seriam igualmente relevantes. Fanon, o imenso Fanon. Psiquiatra e pensador do pós-colonialismo, tão genial e tão terrivelmente jovem, jovem por toda a eternidade, já que partiu tão cedo. Em seu prefácio para a edição francesa das *Obras*[2] de Fanon, Achille Mbembe retoma "as três clínicas do real" que fundaram não só seu pensamento, mas também sua existência e o caráter de exemplaridade constituído por ele para os outros e para as suas obras. Três clínicas do real – o nazismo, o colonialismo, o encontro com a França metropolitana – que parecem inassimiláveis, de tal modo os contextos históricos são distintos, mas que tecem em Fanon um ser: ele, sua resistência e sua sublimação. Mbembe tem razão em dizer que há no autor uma "injunção para cuidar", em especial daqueles que, como ele, se viram presos entre os *Diktats* dessas três ordens majoritárias, imbuídas e mortíferas. A injunção ao cuidado pode fundar uma moral, uma ética que destitui a reificação ao lutar contra ela, decerto, e também pouco a pouco, produzindo sua invalidação teórica e jurídica, um passo a mais na clínica do real. Cuidar é cuidar até o fim, ao menos tentar isso; é criar uma nova ordem das coisas para o indivíduo. Aqui, cuidar é denunciar os ferimentos causados pelo colonialismo e pelo nazismo, demonstrar sua absoluta violência, fazê-los recair para o campo dos crimes, dos crimes contra a humanidade e sua imprescritibilidade, a Shoá e a escravidão. É abrir o futuro pelo que é imprescritível.

Jankélévitch demonstrou bem como esse "imprescritível" é essencial para fundar o e/Estado de direito, na medida em que forma uma ideia reguladora para a justiça democrática, estipulando que ela será responsável ali onde os outros regimes não o seriam. Inversamente, ela assumirá a continuidade da História e poderá "reparar" ou realizar um trabalho historiográfico e crítico a respeito de sua própria cronologia e dos acontecimentos que a atravessam, como aqueles que antecederam seu surgimento constitucional. Ser um e/Estado de direito é assumir outra relação diante da verdade histórica, enfrentar os buracos negros da História, não mais se contentar com a verdade oficial; é optar pelo duro ensinamento da história "científica", baseada nos fatos, desconstruindo sem interrupção sua reescrita pelas partes envolvidas. A "querela dos historiadores" encontra-se no cerne do processo democrático. Em Fanon, trata-se da "luta e do futuro que é preciso abrir, custe o que custar. O objetivo dessa luta é produzir a vida, derrubar as hierarquias instituídas por aqueles acostumados a vencer sem ter razão, a violência absoluta assumindo, nesse trabalho, um papel desintoxicante e instituinte. Essa luta [...] visa primeiro destruir aquilo que destrói, amputa, desmembra, cega e provoca medo e cólera – o tornar-se coisa".[3] Fanon combate valentemente o ressentimento porque sabe *acolher a queixa*[4] sem se conformar a ela. Ele não a transformará numa dupla pena, ele *cuidará*,[5] fará a opção pelo cuidado capacitário que produz a resiliência depois da ferida, para fazer surgir "um sujeito humano inédito", saído diretamente da "argamassa do sangue e da cólera".[6]

A luta contra o ressentimento não é um passeio; ela causa dor, ao mesmo tempo que se luta contra outro mal. Lutar contra o mal não nos protege de cara. Será preciso tempo para não mais ter o sentimento de estar traindo sua própria causa ao emancipar-se de seu próprio sofrimento. O caminho da emancipação passa por isso: reconhecer seu sofrimento, é claro, mas, sobretudo, dele separar-se, deixá-lo para trás, não para simplesmente esquecê-lo, sem produzir algo eficaz, antes para construir, pois é preciso aprender – é o preço de uma neurose relativamente sã – a não repetir, a "não se sentir em casa" quando estiver repetindo a dor; é preciso renunciar àquilo que já foi parte de si, mesmo que só em parte. É preciso convencer-se de que ali não estava o si-mesmo, pois ele está destinado à abertura, ao futuro. "Livre do fardo da raça e desembaraçado dos atributos da coisa", escreve ainda Mbembe a respeito de Fanon, em que se percebe, aliás, que no fundo da história da racialização permanece a reificação.

Fanon nunca deixará de perseguir as alienações sociais e psíquicas do colonialismo, que produzem a loucura no sujeito reificado ao transformá-lo em refém de seu próprio sofrimento: "na situação colonial, o trabalho do racismo visa, antes de tudo, abolir qualquer separação entre o eu interior e o olhar exterior. Trata-se de anestesiar os sentidos e transformar o corpo do colonizado em uma coisa cuja rigidez lembra a do cadáver."[7] Ao trabalho conjunto, historiográfico e de cuidado, filosófico e psicanalítico, que conduz um povo e um indivíduo a forjar seus próprios caminhos no mundo, a extrair-se da tutela e da coisificação de maneira articulada, Fanon o chama de "declosão"[8] do mundo, como se ecoasse o seu contrário, a foraclusão: aquilo que aprisiona o sujeito e, em seguida, o transforma em perfeito carcereiro de si mesmo. Inversamente, a declosão[9] é a saída desse magma emocional dramático, que produz identidades cativas de suas "culturas". Termo perfeito para falar do entrelaçamento de histórias coletivas e individuais, para determinar como as patologias dos sujeitos estão necessariamente intricadas na História que as atravessa; a psicodinâmica permanece como a verdade da patologia individual, no sentido de que, mesmo que esta última tenha disposições genéticas próprias, é inegável o contexto sociocultural, econômico, institucional, familiar decisivo para orientar as predisposições e, claro, para corrigi-las. Quanto a isso, a clínica contemporânea mostra bem como a imigração, o exílio forçado, os deslocamentos em massa de populações precárias – deslocamentos não desejados –, como esses distintos acontecimentos consolidam certos tipos de patologias e psicoses inerentes ao exílio e necessariamente pós-traumáticas, às quais é possível somar as patologias específicas de algumas culturas ainda influenciadas pela religião, por delírios alucinatórios e pela superstição.

A "declosão" ecoa a "lógica do cercado"[10] para destituí-la novamente, lógica segundo a qual os indivíduos dos grupos minoritários serão classificados, reagrupados, cindidos, referidos a uma cidadania de segundo escalão. Tornar-se "são", eis o desafio para o homem, para todo homem e, aqui, para todo homem negro. Um único desafio: "liberar o homem de cor de si próprio".[11] Frantz Fanon abre assim seu texto *Pele negra, máscaras brancas* (1952), ao referir-se ao poeta Aimé Césaire,[12] outra grande figura da libertação humanista, colonial e pós-colonial, que traz um ensinamento universal: "Falo de milhões de homens em quem deliberadamente inculcaram o medo, o complexo de inferioridade, o tremor, a prostração, o desespero, o servilismo."[13]

É para eles que se dirigem Césaire e Fanon: para todos aqueles que sofreram a obrigação do "servilismo", devido à cor de sua pele, às suas origens culturais ou sociais, ao seu sexo, todos aqueles a quem foi ensinada a genuflexão, ou seja, exatamente o contrário do aprendizado, justamente porque se buscou transmitir o inverso do espírito crítico, desse aguilhão que mantém o espírito alerta e o corpo de pé. Eis a sentença que abre a introdução e que pode ferir aqueles que já estão feridos, pois rejeita sua "ontologização" enquanto negros: "Mesmo expondo-me ao ressentimento de meus irmãos de cor, direi que o negro não é um homem."[14] Toda pessoa é um ser humano, não importa qual seja a sua cor; no entanto, aquele que se deixa definir unicamente pela cor pode prestar-se, sem necessariamente ter consciência disso, à reificação. É um ponto de vista universalista, muito criticado pelos estudos coloniais e pós-coloniais; e o debate deve continuar eternamente, pois a reivindicação negra e a reivindicação universalista podem caminhar juntas, ou, pelo contrário, podem se opor. O que Fanon diz pode machucar, pois ele não bajula o indivíduo em seu complexo identitário. Pelo contrário, ele o convida para, de saída, sublimar sua origem. Não se trata de negá-la nem mesmo de recalcá-la, mas de sublimá-la, de situar-se imediatamente além e alhures, para estar no mundo e para construí-lo: "Pretendemos, nada mais nada menos, liberar o homem de cor de si próprio."[15] O homem negro não deve se preocupar com o homem negro; deve se preocupar com o homem. "O branco está fechado na sua brancura. O negro na sua negrura."[16]

É a libertação de sua própria comunidade que convida Fanon. Ele quer apreender, por trás da especificidade de uma cultura, de um sexo, de uma história, o ponto saliente da universalidade – não para glorificar o desencarnado, antes para abrir o destino do mundo a qualquer indivíduo: "Não sentiremos nenhuma piedade dos antigos governantes, dos antigos missionários. Para nós, aquele que adora o preto é tão doente quanto aquele que o execra. Inversamente, o negro que quer embranquecer a raça é tão infeliz quanto aquele que prega o ódio ao branco."[17] O negro e o branco são ambos "escravos": o primeiro, de sua suposta "inferioridade", o segundo, de sua suposta "superioridade"; igualmente escravos de uma "neurose"[18] transmitida de geração em geração e validada pelas falhas individuais de cada sujeito, ao renunciar a uma subjetivação digna desse nome. Uma forma de neurose em espelho desenha-se para todos aqueles incapazes "de escapar de sua raça",[19] cada um tecendo a neurose do outro para manter a sua própria.

Em Fanon, a descrição do ressentimento se torna mais clínica, seguindo os passos de Minkowski, lembrando o que há em comum com o tipo "negativo-agressivo", quiçá passivo-agressivo, aquele que pode ser obcecado pelo passado, por suas frustrações, pelos seus fracassos, tudo isso paralisando o "impulso vital".[20] Antes mesmo da tradução política do ressentimento em nível coletivo, quando o número vem assegurar o falso sujeito e incitá-lo a ser mais vingativo, exatamente porque ele pode desaparecer por trás da quantidade e não carregar sozinho as consequências de sua vindita, o homem do ressentimento pratica um tipo de introversão, de dissimulação, de hipocrisia típica dos submissos – não que a hipocrisia seja necessariamente o corolário de uma submissão –, e então se tranca em suas contradições:

> Seu enclausuramento dentro de si não lhe permite realizar nenhuma experiência positiva que poderia compensar o passado. Do mesmo modo, a ausência de valorização e, por conseguinte, de segurança afetiva, é nele quase completa; daí provém um fortíssimo sentimento de impotência diante da vida e dos seres, e a rejeição total do sentimento de responsabilidade. Os outros o teriam traído e frustrado e, no entanto, é apenas dos outros que ele espera uma melhora no seu destino.[21]

Fanon lembra ainda Germaine Guex para fechar o retrato desse homem corroído pela "não valorização de si" e condenado à repetição: "a não valorização afetiva conduz sempre o abandônico a um sentimento de exclusão extremamente doloroso e obsessivo, de não ter um lugar próprio em parte alguma [...], fazendo tudo quanto é inconscientemente necessário para que a catástrofe previsível se produza [...]."[22]

O diagnóstico de Guex ecoa a necessidade insaciável de reparação, impossível de ser atendida, vista igualmente por Scheler, que transforma o homem do ressentimento em um prisioneiro de seu mal, e que nos obriga, como forma de cuidado preventivo, a fazer tudo o que estiver ao nosso alcance, individual, coletiva ou institucionalmente, a fim de impedir que o mergulho num estado quase irrecuperável, em especial porque a reparação nunca será considerada completamente encerrada. O sujeito produz, assim, a manutenção do fracasso: só é capaz de produzir as condições de sua derrota, de tão emaranhado em sua neurose severa (na melhor das hipóteses) e, com frequência, preso na armadilha da psicose ressentimista. É aqui que o trabalho do escritor e do poeta surge de modo tão determinante, pois nos permite escapar pelo estilo, reconhecer o tamanho da mutilação e caminhar na direção da cicatrização pelo atalho dessa estilização repleta de gênio.

"Não há no mundo um pobre coitado linchado, um pobre homem torturado, em quem eu não seja assassinado e humilhado."[23] Essas são ainda linhas de Césaire, que abrem o quarto capítulo de *Pele negra, máscaras brancas*. Césaire o afirma sem rodeios: é ele o humilhado, o assassinado. Ele carrega consigo a mancha que se abate sobre os homens nascidos em "tal" cultura, julgada arbitrariamente "inferior" pela História. Não significa que tudo o que atravesse as culturas deva ser relativizado e não hierarquizado. Muito pelo contrário, cada cultura possui a obrigação de estabelecer um vínculo com o universal e o senso crítico, além de fazer evoluir a liberdade de pensar, em estreita relação com o espírito científico. Cada cultura possui trechos inteiros vergonhosos, que precisam passar pelo crivo da crítica e serem reformados. Mas não se trata disso aqui. Trata-se da universal condição do homem maltratado pelos outros sem qualquer razão válida, a não ser as neuroses delirantes de cada um, daquilo que projetamos no outro, por bem ou por mal; eis que temos aí destinos coletivos. Césaire toma para si esse fardo e se torna um homem maltratado, um "pobre homem". Na mesma hora em que ele escreve esse "pobre homem", contudo, isso já não exerce mais qualquer poder sobre ele. É a força do estilo: dizer e escapar, dizer e não ser dito pelo outro; em vez disso, tomar a vida em suas mãos, a existência, a sua própria existência e a dos outros, no sentido de que ela vai inspirar a vida dos outros, vai carregá-la, pegar a linguagem nas mãos, pois o colonialismo é um empreendimento de espoliação da língua. É Césaire, esse escritor esplêndido, quem toma a língua do outro e faz dela uma língua universal, capaz de nomear o mal e a sua superação. Por meio da sua escrita, ele reconhece o homem "humilhado", o sacramenta, o legitima, o repara, o liberta. Não bastará somente a poesia, é claro; a ação deverá concluir aquilo que foi iniciado como um acontecimento poético.

No capítulo "O negro e a linguagem", Fanon aborda a condescendência dos colonos quando, ao cruzarem com um "negro", imediatamente passam

150

a dirigir-se a ele falando *petit-nègre*,[24] fingindo esquecer que este tem uma língua, uma cultura, uma dignidade, um país.

> Outros poderão considerar que sou um idealista. Creio que os outros é que são uns canalhas [...]. Você está num café em Rouen ou em Estrasburgo, e por azar é abordado por um velho bêbado. Logo ele está sentado à sua mesa: "Você africano? Dakar, Rufisque, bordéis, mulheres, café, mangas, bananas...". Você se levanta e vai embora e é saudado por uma chuva de injúrias: "Preto sujo, você não bancava o importante lá no seu mato!"[25]

Quando Fanon escreve simplesmente que "*o homem é movimento em direção ao mundo e ao seu semelhante*",[26] é um tapa imenso, invisível, eterno, que ele lança contra a cara do imbecil, um tapa magistral, silencioso, do estilo e da emancipação pelo estilo. Onde está o ressentimento aqui? Sem dúvida, encontra-se naquele que se crê "superior" e cuja realidade dá pena de ver.

O universal sob o risco da impessoalidade

Estamos nos anos 1950 e também nos nossos anos. Fanon chega à França metropolitana[27] e eis que se descobre "objeto em meio a outros objetos",[28] reificado o tempo todo pelo olhar e pelo comportamento dos outros. Ele rejeita "qualquer infecção afetiva".[29] Entra então numa luta – não contra os outros, mas contra si mesmo e sua propensão vitimária; não, eles não terão sua pele uma segunda vez, e o combate está só começando. Fanon tomou a tangente da escrita e da ação militante:

> Queria ser homem, nada mais do que um homem. Alguns me associavam aos meus ancestrais escravizados, linchados: decidi assumir. Foi através do plano universal do intelecto que compreendi este parentesco interno – eu era neto de escravos do mesmo modo que o presidente Lebrun o era de camponeses explorados e oprimidos pelos seus senhores.[30]

Assumir através do plano universal do intelecto: tudo foi dito para entender um encaminhamento possível para a saída do ressentimento, uma vitória sobre si e sobre os outros; eis aí como se faz, nos deslocamos sobre esse plano universal, exatamente o plano que nos é negado. Mas não nos deixemos enganar por essa negação, ela raramente é consciente; muitas vezes, à nossa frente, há somente a bebedeira. O verdadeiro adversário é escasso, é sempre mais delicado combater seu desprezo. Até mesmo esse desprezo é pouco diante daquele que toma para si a tarefa de assumir os *parentescos internos* que nos ligam uns aos outros – todos nós humilhados, todos nós renascendo.

Com frequência, fui acusada de não ser "feminista", de não ter entremeado o suficiente os estudos de gênero aos meus ensaios, de não praticar a escrita inclusiva, de possuir um fraco ou quase inexistente reflexo para feminização das palavras. No entanto, o feminismo é para mim inseparável do humanismo. Entendo muito bem os trajetos das mulheres que produziram um feminismo de conquista – ele é essencial, tenho até o sentimento de levantá-lo bem alto, como herança, e de assumir a responsabilidade. Não há pequenos objetos na luta, mesmo que cada um tenha o direito de escolher seus combates. Não desprezo nem a escrita inclusiva nem a feminização das palavras; eu venho de outro mundo, aquele do universalismo ensinado. Assim é. Os pensadores dos estudos de gênero também foram importantes na minha trajetória, tanto que sei que a identidade é em grande medida uma ficção social e que a sociedade nos designa um lugar. Ser negro, judeu, muçulmano, ser mulher. Você, ali. Você, isso. Sejamos honestos por um instante. Ser mulher, sinceramente, não sei o que isso significa, e a História me ensina que isso está bem longe de ser uma panaceia no mundo; no melhor dos casos, é um erro, uma insuficiência, no pior dos casos, é um drama e algo que é preciso fazer desaparecer ou possuir, como uma grossa pepita de ouro que os homens trocam entre si. Esses homens, presos na armadilha do delírio, não sinto compaixão por eles. Mantenho-me afastada para evitar como posso sua fúria embrutecida, sua periculosidade. Felizmente, são bastante numerosos os outros, homens e mulheres por acaso, com os quais caminho pelo terreno do humanismo, aqueles que aceitam me ensinar tantas coisas sem condescendência, que me gratificam até com seu amor ou amizade, ou com seu respeito, que talvez tenham visto em mim uma mulher, mas que acabaram por esquecê-lo, pelo menos para quem isso não é tão importante. De todo modo, eu não sei bem o que é, e isso permanece como um assunto bem débil se comparado a tantos outros – por exemplo, em relação ao que Mallarmé chama de "*uma aptidão que tem o Universo Espiritual de se ver*" ou ainda o que ele designa como "*o impessoal*". Quando lemos os poetas, descobrimos até que ponto o respeito pela pessoa, homem ou mulher, negro ou branco, ou X, pode também ser o espaço do grande reconhecimento do impessoal, como essa grande história da individuação tem algo a ver com a história do desaparecimento. Em 14 de maio de 1867, Mallarmé escreve para Cazalis: "sou agora impessoal, e não mais o Stéphane que conheceste, – mas uma aptidão que tem o Universo Espiritual de se ver e se desenvolver, através do que foi eu".[31] Declaração de despersonalização, eu havia afirmado em *Mallarmé et la parole de l'imâm*. Uma declaração que Fanon poderia reivindicar, tenho certeza.

Essa liberdade da impessoalidade, eu a provei jovem, como a luz sobre mim, como o sol quente sobre mim. Vi como "ser mulher" não teria nenhum sentido, assim como "ser homem" – certamente, sem dúvida mais simples, pois o homem pode mais facilmente ser enganado pela falsa equivalência entre homem e ser humano. Mas, sinceramente, o logro termina rapidamente para aquele que é só um pouco mais razoável do que os seus comparsas. Em compensação, é verdade que a idiotia dos outros se espalha mais facilmente, que a caverna é ampla o bastante para acolher esse monte de gente que acredita já estar no encontro marcado entre o universal e a humanidade. O problema, aliás, não é que eles acreditem nisso, mas que reivindiquem ser os únicos a poder se enganar, e ainda chamam esse logro de Verdade. Afinal, o direito à grande ilusão poderia ser mais generoso. Não vamos acreditar que seja fácil, nem mesmo para o tão talentoso Fanon, ir além do ressentimento. As vontades de perder a esperança estão ali. As fadigas diante do mundo também estão. Os medos estão ali. "Apesar de tudo, recuso com todas as minhas forças esta amputação", escreve Fanon, ao contar "A experiência vivida do negro". "Sinto-me uma alma tão vasta quanto o mundo, verdadeiramente uma alma profunda como o mais profundo dos rios, meu peito tendo uma potência de expansão infinita."[32] Eles são numerosos, esses indivíduos que sentem dor em seu ser, dor ao sentir a profundidade do mundo e em ser desconsiderados pelos seus semelhantes. Sim, poderíamos sentir compaixão pelo seu destino, poderíamos até mesmo lhes dar razão; isso seria, porém, esquecer das artimanhas empregadas pelo ressentimento para propagar seu mal. Em última instância, o indivíduo é responsável, pelo menos deve acreditar nisso, deve agir como se fosse responsável; essa é uma ficção mais reguladora do que a da desresponsabilização. Não se trata de se comportar como culpado ou de aceitar a não valorização de si mesmo pelos outros. Trata-se de compreender que, em última instância, o sujeito permanece sujeito ao rejeitar a "amputação", a desconsideração incessante, cheia de si e tão burra, uma burrice mecânica, eficaz, sistêmica, que às vezes também pode ser institucional. Desde o instante em que se coloca o pé no universal, não se trata de fugir daquilo que se é. A despersonalização é personalização. Contradição? Não, simples paradoxo, como nos ensina a filosofia moral de Jankélévitch. Se o universal fosse apagamento deliberado da pessoa, seria recalque, talvez negação, e, finalmente, a sombra de si mesmo, uma ferramenta ao serviço do imperialismo cultural. O universal acolhe em seu seio todas as singularidades, a partir do momento em que estas se mostram prontas para tentar a aventura da sublimação.

> Apenas abri os olhos que tinham vendado e já querem me afogar no universal? E os outros? Aqueles que "não têm boca", aqueles que "não têm voz". Tenho necessidade de me perder na minha negritude, de ver as cinzas, as segregações, as repressões, os estupros, as discriminações, os boicotes. Precisamos botar o dedo em todas as chagas que zebram a libré negra.[33]

Durante a análise, os distintos momentos de verbalização ocorrem com frequência, sem ordem predefinida. E, às vezes, o ciclo recomeça, já que a reminiscência da dor existe. Nenhuma sessão está realmente encerrada; há um longo percurso segundo o qual é possível falar de evolução, porém haverá sempre o incurável e, com ele, momentos de impasse, paradas, golpes doloridos, bolores; e ali, o analisando deverá retomar o trabalho de tecelagem, não ceder ao azedume que o assalta, à amargura bem real e justificada.

Todos temos nossas razões para sofrer das nossas insuficiências e das injustiças a que fomos submetidos. Fanon aspira ao universal, quer ser simplesmente um homem; nada obstante, também gostaria de se jogar a corpo perdido em sua "negritude", como se se tratasse de um oceano dos mais elementares, um oceano para todos, um universal justamente. E se trata de apenas um. Eu também gostaria de me perder na negritude, como se fosse a minha – aliás, o companheirismo com Fanon permite isso, ver como os *parentescos internos* são grandes entre todos nós.

Se a literatura carrega em si a verdade da humanidade, é porque, por meio do estilo, todos nós podemos experimentar a negritude, a nossa, enterrada ou bem visível, a realidade do homem e da mulher, a grande dor oceânica da falta, de não ser nada, de ser *a última das condenadas*. Como Fanon, eu percorri tal caminho: "Continuando a inventariar o real, esforçando-me em determinar o momento da cristalização simbólica, encontrei-me muito naturalmente às portas da psicologia junguiana."[34] As portas haviam inspirado em mim a noção de individuação e, por extensão, a de insubstituibilidade; me inspiraram da mesma forma a retornar e afastar a noção de individualismo, insuficiente para compreender a riqueza do processo e, sobretudo, sua possível conivência com a criação de um mundo comum, no sentido arendtiano, ou seja, o estado de direito.

Na análise, alguns pacientes reclamam às vezes: eles têm a impressão de não sair do lugar, de ter entendido tantas coisas; apesar disso, se sentem presos na armadilha, na roda do ressentimento. Então, durante a sessão, eles chegam para deixar o azedume, a inveja, o ciúme que podem oprimi-los, dizer que não querem mais isso, mas que está ali, e que é preciso deixá-lo em algum lugar, pedir desculpas e irritar-se com o seu analista, gritar com ele, aborrecidos por esse espelho que pode permanecer em silêncio e em cuja face buscam o menor olhar ou suspiro.

Por ser psiquiatra, e porque teria sido um excelente psicanalista, se o tempo lhe tivesse dado essa oportunidade. Fanon sabe descrever muito bem os indivíduos durante a sessão, em especial algumas especificidades envolvendo aqueles que vivenciam a si próprios como "negros"; e ele descreve como isso continua a ser uma alienação, na medida em que eles sempre buscam se comparar, seja ao se desvalorizar, seja se revalorizando. Isso é exaustivo, pois nem durante a própria a sessão a comparação consegue parar. Ela será interrompida, mais tarde, se o tratamento operar seu trabalho salvador. Porém, nos primeiros momentos, o indivíduo que se sente negro não dispõe nem mesmo do inconsciente para tirá-lo dali, já que o inconsciente coletivo no qual se encontra imerso (ele, o colonizado, que vem das Antilhas, lembra Fanon), esse inconsciente coletivo não é solidário com a estrutura cerebral de tal antilhano, remetendo à "imposição cultural irrefletida", segundo a qual "ser negro" é obrigatoriamente estar do lado obscuro, estrangeiro, do lado do mal, do lado da ausência de luz. É preciso ser negro para pensar assim, para ousar causar tanto mal a si mesmo e acreditar que, por ser negro, não se é Luminoso. É tão irreal, tão falso, que parece ser burrice. Como um ser pode pensar isso de si mesmo, isso não faz o menor sentido, dizemos nós, todos aqueles que não são fisicamente negros. Contudo, a certeza some quando damos uma volta pelo lado dos inconscientes coletivos e individuais que aparecem para entregar alguns dos segredos das neuroses coletivas e individuais. Ali, a estupidez humana global, aquela dos homens entre si, que brincam de se odiar, revela-se por inteira:

No inconsciente coletivo do *homo occidentalis*, o preto, ou melhor, a cor negra, simboliza o mal, o pecado, a miséria, a morte, a guerra, a fome. Todas as aves de rapina são negras. Na Martinica, que é um país europeu no seu inconsciente coletivo, quando um preto *azul* faz uma visita, exclama-se: *Que maus ventos o trazem?*[35]

Esses seres que carregam consigo o fardo do nascimento "azarado", aquilo que acreditam ser o nascimento azarado ou a quem se explica que, de fato, se trata de um grande azar, são inúmeros, e seu número não diminui. É preciso então reparar esse mal que causam a si mesmos, que interiorizaram até revesti-lo das melhores justificativas: repará-lo está longe de ser tarefa simples, quiçá improvável; ainda aqui, o percurso que mais experimento como analista continua a ser o da criação de outra coisa, de uma verdade futura possível, que não seja capturada pela realidade da alienação. Esse mal que causam a si mesmos, todos aqueles que foram julgados pela sociedade como fora dos limites demarcados da respeitabilidade, todos eles já o viveram ao menos um instante, e às vezes esse instante dura para sempre: são as mulheres, os estrangeiros, os homens que amam os homens, as mulheres que amam as mulheres, os homens que vivem somente como "filhos" não reconhecidos pelo pai, não amados pela mãe – a lista é infinita, e sua dignidade imensa, e seu trabalho analítico é tão respeitável que seria preciso desejar ser bem mais capacitada do que realmente é, a fim de servi-los no empreendimento grandioso da sublimação. A história das singularidades danificadas, ao lado da grande História, eis a história verdadeira, das individualidades em movimento, que constroem a liberdade e a desalienação a sós, no máximo, com os aliados que escolheram para si.

> Os pretos são comparação. [...] Eles são sempre tributários do aparecimento do outro. Estão sempre se referindo ao menos inteligente do que eu, ao mais negro do que eu, ao menos distinto do que eu. Qualquer posicionamento de si, qualquer estabilização de si mantém relações de dependência com o desmantelamento do outro.[36]

A sentença é verdadeira para todo homem do ressentimento: é preciso compreender bem o mecanismo tortuoso, regular, panóptico; o sujeito só toma conhecimento de si por meio da rivalidade mimética (René Girard), sob o olhar do outro, em relação ao outro; sobretudo, ele vincula seu valor ao valor do outro e sua segurança, à desvalorização do outro. Se não houver "desmantelamento" do outro, vivido somente como parte adversa, rival, concorrente, há risco de desmantelamento de si mesmo, pois o homem do ressentimento é um "eu" inexistente, muito infantil e com uma inteligência emocional febril: ele não pode considerar um mundo onde as singularidades conseguem coexistir. Se algo é dado a alguém, é porque obrigatoriamente foi retirado dele, ele é vítima dessa ordem. Ele não pode admirar o outro. Ele só pode sentir ciúme ou inveja, e isso provoca seu próprio desmoronamento psíquico. Mas ele não se importa, pois, com o avanço de seu mal, ele se torna cada vez mais impermeável à doença. Depender do "desmantelamento do outro" – eis o que é provocado pelo mal do ressentimento, e podemos ampliar a sanção, generalizá-la, abrangendo o ambiente histórico e social do indivíduo – é tornar-se dependente do desmoronamento do mundo, do declínio. É preciso persuadir-se do desmoronamento do mundo para afinal deixar florescer, sem qualquer embaraço, seu próprio ressentimento e gozar sua vitimização.

Em vez da dependência perante o desmantelamento do outro, Fanon desenvolve uma defesa do homem – simplesmente o homem, nem branco, nem preto –, e esse homem é ele, ele também, ele junto, ele apesar. "Sou um homem e é todo o passado do mundo que devo recuperar."[37] A História que nos antecede, a História dos povos, aquela da liberdade em combate, em toda parte, no mundo, tentando elaborar uma história em comum, a da civilização humanista, do aperfeiçoamento humano, diria Condorcet,[38] essa narrativa que remete tanto à literatura quanto ao real, tanto ao desejo ou à vontade quanto a alguns fatos; sim, essa história é "escrita", pretendida, orientada, desejada, ela é "verdadeira" nesse sentido, porque é construída, porque tenta ser mais do que é, porque tenta ser fecunda para um futuro maior, tenta não envergonhar demais o estado de direito que dela se avizinha. Fanon rejeita ser determinado apenas pela sua memória coletiva: esta e não aquela, como se as memórias dos homens pudessem ser fatiadas e repartidas como as terras. Fanon inventa a única moral viável para os negros, uma moral destinada a todos, uma moral que não quer "ser a vítima da Astúcia de um mundo negro".[39]

Reconheço que há outras maneiras de agir para restaurar um orgulho ferido. No entanto, por mais legítimas que sejam, elas não têm a durabilidade do método universalista. Os *post-colonial studies*, os *cultural studies*, os *subaltern studies* são essenciais, pois nos ensinam como descontruir a história em sua versão majoritária. Deveríamos ser capazes de fazer isso sem eles, porém isso *só* acontece raramente. Seu aporte é, portanto, decisivo. No entanto, como toda tendência cultural, tais correntes devem manter-se vigilantes e críticas sobre si mesmas, evitando derivar para a binaridade, para a essencialização que elas próprias denunciam – aliás, com frequência. Assim, o pacto com a noção do universal se faz necessário e retoma seus direitos. A diversidade, teste de credibilidade da universalidade, e a universalidade, teste de credibilidade da diversidade.

Cuidar do colonizado

"Devo me lembrar, a todo instante, que o verdadeiro *salto* consiste em introduzir a invenção na existência."[40] Essa citação, todos deveríamos acalentá-la pois ela é uma porta voltada para um canto do horizonte, uma linha na qual investir para sair do balaio do ressentimento. "No mundo em que me encaminho, eu me recrio continuamente."[41]

Essa criação vitalista de si por si mesmo, nós a encontramos em Bergson de modo inaugural, mesmo que o sentido difira bastante, pois o lugar do "eu" é ainda bastante inexistente na Antiguidade, nessa escultura de si, muito ligada – e com razão – ao mundo ao redor, à cidade e ao cosmos. O paradoxo que é preciso perceber aqui é como a ideia de invenção é compatível com a ideia de herança. Somos depositários do antes, desse passado interminável, dado o modo como ele estrutura nossas neuroses; somos herdeiros dessas vidas outras, múltiplas, e buscamos o que afinal elas poderiam nos transmitir, às vezes apesar delas próprias. "Não sou escravo da Escravidão que desumanizou meus pais."[42] Se fosse preciso afirmar uma única verdade humanista, seria esta: nada deve aprisionar um ser, certamente não os outros, tampouco ele próprio pela sua incapacidade para a liberdade (Wilhelm Reich); nem o passado nem o futuro obstruído. É preciso proteger o humanismo que protege os homens de suas insuficiências e de sua "complacência no mórbido";[43] é preciso "tratá-los", para que eles tenham vontade de continuar a procurar. "Há, de um lado e do outro do mundo, homens que procuram."[44] Alguns poderão se surpreender com o fato de que a "procura" seja uma questão, e, mais ainda, que "procurar" seja, de certo modo, um resultado do cuidado ministrado aos seres. No entanto, "procurar" permanece como um dos maiores desafios da existência, uma maneira de articular desejo e ação. "Procurar" descreve isto: colocar em movimento uma inteligência, uma vontade, e, em seguida, uma tentativa de experimentação, de não se ater apenas à teorização.

Assim, para a analista que sou, ministrar um cuidado é também permitir ao analisando colocar-se novamente *em busca de* – ele, que muitas vezes havia perdido o desejo das coisas ou da vida – torná-lo capacitário, no sentido de que ele pensa ser capaz de desenvolver novos possíveis e escrever um novo trecho de sua vida sem permanecer escravo da neurose coletiva. Ronald Laing fala dos "*nexus*" nos quais estamos todos emaranhados:[45] *nexus* familiar em primeiro lugar, esse nó formado pelas neuroses dos outros, daqueles que nos antecederam, e também *nexus* cultural, o grande nó da neurose coletiva, bem como o nó das neuroses bilaterais (se eu puder me expressar assim), pois somos todos implicados em grandes círculos e também nos encontros mais intimistas e geradores de conflitos. O "eu" é muitas vezes filho ou filha, cônjuge, irmão ou irmã etc. Eis que as neuroses se dividem, se duplicam, e os *nexus* se tornam espécies de fractais que formam dobras, cujo segredo Deleuze ou Leibniz sabem decifrar, porém os sujeitos com frequência têm dificuldades em interpretar. Falamos de tratar os indivíduos, dar a eles acesso às dobras e, sobretudo, à sua hermenêutica criadora. O fim da repetição começa aqui, na possibilidade de desatar os nós, quiçá até deixá-los para trás caso sejam impossíveis de desfazer, cortá-los.

Há falhas junto às quais não convém ficar, pois, tal qual um abismo, elas aspiram, atraem pela vastidão de sua vertigem. Não é bom acreditar ser mais forte do que realmente se é. Face às suas neuroses, é preciso permanecer humilde – corajoso sim, mas humilde. Há combates que é preferível não travar, não para ajoelhar-se, mas para travar outros, com uma chance de vitória maior. Claro, não se trata de modo algum de desistir dos combates que prometem ser muito complicados, ou perdidos de antemão; se assim fosse, não haveria História nem começos, nada além da repetição. A sábia mistura entre o combate travado e aquele que é deixado de lado, ainda que não de modo definitivo, é o caminho do homem livre que experimenta sua individuação, medindo seus esforços, ao mesmo tempo que não os poupa. Nada está escrito por antecipação, e encontrar o combate pelo qual será elaborada uma saída não é trivial. Há os amores, as amizades e aqueles que tratam profissionalmente.

Seria preciso listar uma série de critérios para explicar a ética de quem trata, a ética da psicanálise, teria dito Lacan, seus limites, a busca da justa distância, a justa empatia, o justo nível de envolvimento e, de modo mais geral, a ética institucional na qual está inserido aquele que cuida, a própria organização institucional que favorece ou impede tal ética. Mais do que decretá-lo, é preciso provar o cuidado. Ao citar o exemplo da Argélia, Fanon discute os vínculos impossíveis entre a medicina – se esta for praticada pelos colonos, sejam eles competentes ou não – e a população local. Gostaríamos que a medicina estabelecesse um território autônomo, protegido das alienações sociais e culturais e, em especial, das violências e dos preconceitos, porém, tal *círculo para o abrigo de* não existe. "Em momento algum, numa sociedade homogênea, o doente desconfia de seu médico."[46] Essa frase nos faz recordar aquilo de que se esquece com muita frequência: a saber, que toda medicina é política, à medida que ela depende das condições de possibilidade oferecidas pelo regime político para ser exercida de maneira rigorosa. Isso não significa que não existam indivíduos médicos dignos desse nome, praticando uma medicina respeitável do ponto de vista ético e científico; na verdade, a medicina enquanto tal, enquanto política pública do cuidado, não existe sem o e/Estado de direito. Ministrar cuidados exige, caso se queira que esses cuidados sejam duradouros e eficazes: ir além da mera técnica individual de tal ou qual cuidador e, sobretudo, decifrar em que círculo "institucional"[47] esse cuidado se inscreve. Pois o consentimento ao cuidado também depende do tal consentimento geral institucional. É claro que nenhum colonizado pode aceitar um cuidado de um médico inserido, mesmo a contragosto, na dominação colonial, por mais que esse cuidado seja técnico e relevante. Fanon narra isso muito bem: como cuidar e governar são indivisíveis de certo modo, como a ausência de um governo democrático, que respeite o direito dos indivíduos, torna impossível ministrar um cuidado cuja natureza benéfica seria inquestionável. Ora, o cuidado não suporta a suspeita. A base do cuidado é a confiança na pessoa e no sistema institucional que cuidam, e não apenas na competência técnica.

Esse é um dado difícil de ser desconstruído, pois o homem do ressentimento, ao menos aquele que se encontra à beira do ressentimento, ainda com um pé para fora, possivelmente curável, esse homem precisa ser cuidado. Ora, como todo ser que sofre de alguma psicose ou neurose severas, ele não consente e argumenta que não necessita disso ou que o médico é indigno de sua confiança. A partir daí, a transferência não opera, a confiança não é dada, o consentimento não é esclarecido, e tudo fica obstruído. Fanon chama isso de "reduções ativas" ou "entalhes na existência do colonizado", ou seja, tudo que confere "um aspecto de morte incompleta"[48] à vida do colonizado. O colonizado que rejeita um cuidado do qual ele realmente necessita condena a si próprio. Um mecanismo semelhante se abate sobre o homem do ressentimento. A dominação colonialista tem como efeito transtornar todas as relações do colonizado com a sua própria cultura,[49] diz Fanon, e poderíamos acrescentar, com o seu próprio corpo, pois a relação que temos conosco é, ela própria, mediada por essa cultura.

Conhecemos a problemática nosocomial,[50] que preocupa numerosos espaços institucionais de cuidado, posto que a higiene insuficiente seja perigosa para os doentes. Existe um nosocomial psíquico, aquele que destrói o bom ambiente de um coletivo de cuidado, explica Jean Oury[51] – o assédio gerencial, por exemplo. Além das disfunções institucionais, há a disfunção cultural, ou seja, aquele do regime político e socioeconômico no qual se insere o cuidado. É evidente que o colonialismo produz um "nosocomial" psíquico e físico, é inegável que ele impede estruturalmente a administração de cuidados. A partir daí, cuidar é entrar em modo de resistência, de maneira oficial ou oficiosa, é provar a separação que é sua com essa contaminação mais geral, a fronteira na qual cada um se transforma para proteger o paciente e não agravar seu estado. Fanon certamente não é o primeiro a narrar a história trágica do casamento entre o totalitarismo e a medicina, ou como esta destrói os corpos dos indivíduos para que aquele totalitarismo seja ainda mais eficaz. O surgimento do Estado de direito, depois da Segunda Guerra Mundial, vai justamente imbricar o regime de direito e o direito à saúde, sem dúvida pelo lado da cobertura universal da seguridade social (na França); porém, vai produzir um limiar qualitativo e protetor dos valores médicos, sobretudo ao estabelecer as regras da integridade científica médica. Nesse sentido, teoricamente, os valores e os princípios do Estado de direito são protetores do corpo dos indivíduos.

Este é um ponto concreto que mostra, aliás, pelo seu aspecto positivo, que todo Estado de direito se apresenta como um regime biopolítico. Daí que tal regime biopolítico deva estar a serviço do corpo dos indivíduos e de sua liberdade: eis aí todo o problema, já que, por trás das boas intenções, dormitam e viravoltam intenções mais conservadoras e liberticidas. Resultado: muitos militam, justificadamente, na tradição liberal para produzir uma teoria do governo limitado, que deixe o corpo dos cidadãos fora de suas prerrogativas. No papel, parece ser uma boa solução; somente no papel, pois, uma vez mais, a ausência estatal ou institucional de regulação não significa ausência de interferências sobre o corpo dos homens e das mulheres. Daí então, segundo a ótica mais minimal possível, ainda assim irredutível, ser melhor buscar produzir um impacto positivo da política sobre os corpos individuais – esse "positivo" sendo definido pelos próprios cidadãos ao entregarem essa reflexão para a representação nacional, e/ou ao a assumirem mais diretamente por meio de ações de democracia participativa e de desobediência civil. Quando Fanon descreve a consulta entre o médico e o colonizado, a confusão incessante dos mal-entendidos, é fácil reconhecer em sua descrição a situação bem conhecida de um cuidado impossível de ser ministrado, a partir do instante em que o ambiente é atravessado por relações de força e de dominação. É bastante parecido com o homem do ressentimento, que vivencia com frequência o sentimento de ser um "colonizado" em sua casa, como um ser humilhado, despossuído de suas prerrogativas, desqualificado, desconsiderado. Por esse motivo, a literatura sobre o colonialismo é rica em ensinamentos para decifrar os mecanismos do ressentimento, e a mesma ambivalência vai caracterizar o eu ressentista e o colonizado no que se refere à própria ideia de ser tratado.

A descolonização do ser

Fanon é um autor-chave para compreender o vínculo entre o ressentimento e a História, a estrutura do caráter de um ser e a história atual e ancestral de um povo. Também é um pensador-chave para entender como um "eu" – que teria todos os motivos para experimentar o ressentimento, por ser originário dali, de uma história coletiva dolorosa e ainda prisioneira da armadilha da dominação cultural – será mais forte do que esse jugo, e conseguirá escapar, pela obra, pela reflexão, pela criação filosófica e militante, pelo engajamento coletivo, e também pelo engajamento individual, de um "eu" fora do alcance do ressentimento. Não se tornar prisioneiro do ressentimento, ter dele plena consciência, nunca negar sua força, por vezes sua justificativa, porém nunca ceder, nunca aceitar. Tensão dura, que se nota no estilo amplo e igualmente tenso de Fanon, por vezes quase poético e muito "médico" em sua descrição dos males dos colonizados. Poderíamos esperar que os acontecimentos de sua vida pessoal o tivessem ajudado um pouco mais. Porém, novamente o destino o persegue: acometido por uma leucemia mieloide, Fanon morre aos 36 anos. Naquele mesmo ano, já ciente da morte próxima, que lhe foi claramente anunciada após o diagnóstico médico, ele escreve *Os condenados da terra*. Estamos em 1960, e a tese defendida por Fanon é definitivamente afirmada: a colonização mais perigosa é a que se abate sobre o ser, aquela à qual o ser humano cede dentro de si mesmo, não aquela externa, política e econômica, aquela mais metafísica, mais ética, da interioridade de uma alma. "Sua análise insiste nas consequências da subjugação, não somente dos povos e dos sujeitos, e nas condições de sua libertação, que será, antes de tudo, uma libertação do indivíduo, uma descolonização do ser." [52]

O ressentimento é uma colonização do ser. Sua sublimação produz uma descolonização do ser, única dinâmica viável para fazer emergir um sujeito e uma aptidão para a liberdade. Fanon nunca renuncia à descrição da violência inaceitável que se abate sobre os povos colonizados e mostra como essa violência acaba por transformar os seres, conduzindo-os muitas vezes a enfrentar uma alternativa imunda entre passar ao ato contra si mesmo e contra o outro. A violência não deixa nenhuma escolha, ela produz apenas uma escolha forçada, da qual o sujeito sempre acaba por se tornar seu prisioneiro, novamente subjugado. Ao escrever o prefácio da primeira edição de *Os condenados da terra*, em 1961, Jean-Paul Sartre discute a *liquidação* representada pelo empreendimento colonial: liquidação cultural, em que é preciso negar a língua do outro, fazê-la desaparecer, não reconhecer nela qualquer legitimidade linguística digna desse nome.

A violência colonial não tem somente o objetivo de garantir o respeito desses homens subjugados: procura desumanizá-los. Nada deve ser poupado para liquidar as suas tradições, para substituir a língua deles pela nossa, para destruir a sua cultura sem lhes dar a nossa: é preciso embrutecê-los pela fadiga.[53]

E Sartre descreve então perfeitamente essa dupla coerção na qual está inserido aquele que sofreu a violência da dominação desde sempre, externamente, e que, pouco a pouco, deixou-se contaminar por ela, em seu interior.

[Os colonizados] estão entalados entre as armas que apontamos contra eles e as tremendas pulsões, os desejos de carnificina que sobem do fundo do coração e que eles nem sempre reconhecem, porque não é de início a violência *deles*, mas a nossa, voltada para trás, que se avoluma e os dilacera; [...] Essa fúria contida, que não se extravasa, anda à roda e destroça os próprios oprimidos.[54]

O diagnóstico correto é difícil, na medida em que a justificação da violência é legítima; no entanto, essa legitimidade não basta para validá-la enquanto ferramenta terapêutica útil para o indivíduo que sofre ou sente essa violência, pois inevitavelmente ela se voltará contra ele, quer ele tenha ou não consciência disso, quer deseje ou não esse retorno. As "tremendas pulsões" liberadas não produzem uma história viável para o indivíduo, e menos ainda do ponto de vista coletivo. Só produzem, finalmente, um "aviltamento comum".[55] O aviltamento é um mal bem descrito pelo grande representante da teoria crítica, discípulo da escola de Frankfurt e das teorias da reificação, Axel Honneth, quando apresenta os contornos da sociedade neoliberal atual, que produz desprezo de modo generalizado. O aviltamento é o mal que apodrece as almas ressentimistas; elas não são mais capazes de entregar uma ética do reconhecimento, argumentando que sofreram uma ausência de reconhecimento, o que, aliás, é verdade.

Porém, produzir reconhecimento para o outro é ainda uma nova etapa que a mera ausência de reconhecimento não pode invalidar. Aquele que se aventura pelo caminho da individuação necessariamente será obrigado a passar pela ética do reconhecimento, mesmo que para isso seja necessário inventá-la integralmente pela sublimação, ainda que não tenha sequer cruzado com ela ao longo de sua vida. Existe a vida literária, existe a leitura para ser reconhecido, existem as artes para ser reconhecido, nem que seja pelo sentimento estético. A experiência da beleza é uma ética do reconhecimento que não pronuncia seu nome. E quando os seres falham, quando são incapazes de nos dar um pouco de reconhecimento que nos faz tanta falta, é preciso então nos agarrarmos à vida que passou e fazermos uma aliança com os mortos, os grandes artistas, muitas vezes não reconhecidos, que nos antecederam. É preciso fazer uma aliança com a cultura para escapar ao desastre do aviltamento programado.

É verdade que, às vezes, somente a violência pode acalmar a violência, ou como escreve Sartre em seu prefácio, a violência das armas do colonizado pode fazer calar a violência do colono. Sem dúvida; porém, trata-se exclusivamente de "violência"? Isso não é tão certo, pois pode também se tratar de legítima defesa. Caso esta última se revele, a médio e longo prazo, pura violência, ela terminará por destruir os próprios colonizados. A violência nunca é um processo de construção duradouro. É potência de destruição, eventualmente de destruição do mal, o que é totalmente legítimo e, por vezes, necessário, mas não constitui dinâmica de edificação e extração do ressentimento. A violência é tautológica, produz apenas a si mesma. É repetição. Possui a força mecanicista e mortífera da repetição.

Sartre, por ser filho de um idealismo cujos efeitos da tempestade ele não precisou sofrer, acredita de modo quase romântico na ideia de uma violência capaz de, afinal, liquidar as "trevas coloniais".[56] A fórmula possui um estilo implacável, típico de Sartre: isso ressoa e parece que estamos a escutar a prosa de *As mãos sujas*, igualmente orgulhosa e audaz: "A arma do combatente é a sua humanidade. Porque, no primeiro tempo da revolta, é preciso matar; abater um europeu é matar dois coelhos de uma só cajadada, é suprimir ao mesmo tempo um opressor e um oprimido: restam um homem morto e um homem livre."[57]

Digamos o seguinte: resta um homem que redescobre sua aptidão para a liberdade, no entanto, ele ainda não é livre, pois será preciso agora investir essa liberdade na construção de um sujeito – até então inexistente, e que se encontra à mercê de um inconsciente machucado e de uma consciência igualmente infeliz –, bem como na construção de um mundo comum; e, para isso, aqui também a violência por si só não será o bastante.

Sozinha, a violência do ódio não produz nenhuma saída das trevas; inversamente, ela instaura um fenômeno pós-traumático que aprisiona o sujeito e o adoece. Enquanto clínico e psiquiatra, Fanon tem pleno conhecimento disso, e é certamente por essa razão que, apesar de uma militância muito ativa, ele não conclama à violência generalizada, em particular ele impõe a si mesmo a produção de "cuidados", para permitir que uns e outros escapem.

No entanto, tenho consciência de que a filosofia de Fanon não é tão clara assim, e que há uma ambivalência real quanto à sua posição a respeito do emprego da violência. Ao declarar-se "argelino", ao adotar uma espécie de nova identidade e usar o codinome de "Ibrahim", Fanon demonstra que pode ser radical e paradigmático. Tornar-se outro, mesmo quando se trata de estabelecer um vínculo com algo que sempre foi; é uma sublimação total, revolucionária "até o fim". É radical no surgimento de um novo sujeito, na construção, no laço com o futuro. Mas isso não remete à destruição. Sem dúvida, Fanon podia se mostrar mais conciliador perante a violência dos outros, aquela dos próprios colonizados, mas quando se tratava dele mesmo, seu *ethos* médico continuava ali, apesar de tudo. Com essa mudança de identidade, estamos nas fronteiras do "cuidado de si", na medida em que esse "si" é objeto de uma nova escultura.

Quer seja pessoal ou endereçado ao outro, é necessário compreender que o ato de "cuidar" é político, no sentido que ele permite edificar uma nova vida para o interessado, e que ninguém se engana a respeito da necessidade de articular política e cuidado, ou ainda que a verdade do político se situa nessa solidariedade ainda por nascer, permitindo que as individualidades de todos possam florescer. O cuidado é assim um engajamento político, e não uma ação supérflua, assimilável a uma forma de caridade ou compaixão. Cuidar é permitir a vida futura, individual e coletiva, é rejeitar o irreversível que pode produzir uma violência à qual nada se opõe.

Restaurar a criatividade

Aqui também o que é dito por Fanon a respeito da colonização, ou seja, a respeito de seu contrário, a descolonização, pode ser dito sobre o ressentimento e sua superação. O homem do ressentimento sofre a colonização dentro de si. Não é mais um ator: é simplesmente "um espectador sobrecarregado de inessencialidade".[58] Ou seja, o inessencial o corrói e vai acabar por destruí-lo. Ser roído pelo inessencial e, inversamente, acreditar estar com a razão e de posse do sentido de justiça, eis o logro provocado por esse sentimento distante do razoável. Em seguida, baseado nesse axioma enganoso, o indivíduo passa a ser incapaz de produzir um raciocínio claro e objetivo, um pensamento crítico que comprovaria sua capacidade de julgar. Se eu também quis conservar essa expressão – "aqui repousa o amargo" –, isso se deu para ecoar esse território de nossa alma, inseparável do território bem real da sociedade na qual vivemos e também da família, ou melhor, da infância – esse território que nos viu crescer e vivenciar nossas primeiras experiências dolorosas. Nele, será preciso enterrar para fazer frutificar, encontrar a justa medida do recalque, deixar de lado sem, no entanto, abandonar, avançar sem negar, ancorar-se, em suma, sem se tornar prisioneiro do pertencimento. Fanon explica com frequência que o ganho em personalidade, entendido como individuação, é corolário da perda de pertencimento,[59] na medida em que cada um experimenta a separação para finalmente ser, para existir enquanto homem, e não somente enquanto tal ou qual, tal mulher, tal negro, tal outro.

Eis novamente um paradoxo, que Jankélévitch poderia perfeitamente explicar: o fato de que nossa territorialidade lida tanto com o pertencimento quanto com o "des-pertencimento", o laço e o "des-laço". É preciso nos ancorarmos muitas vezes para compreender que uma cidadania do mundo é igualmente possível, que é preciso delimitar um espaço-tempo próprio a nós, aqui e agora, para nos libertarmos das fronteiras desenhadas por ele e percebermos que todo homem pertence a um além de tais ou quais fronteiras. É preciso que algo permaneça, *aqui repouse*, para que o indivíduo se expanda para além e descortine o mundo como seu horizonte.

"Aqui repousa o amargo": isso remetia ao longo processo que teria começado, para mim, com *Métaphysique de l'imagination*,[60] nos confins das escritas de Henry Corbin, de Hölderlin e de Derrida, com o magnífico texto do primeiro dedicado a Blanchot, *Demeure*. No pensamento de Corbin, a ilha, o mar, o oceano são temas essenciais para a compreensão do mundo *imaginal*,[61] que ele define, para que a alma surja. O *mar imaginal*[62] é esse território de água, entre visível e invisível, *espelho*, de certo modo, do mundo imaginal, e que propõe para a alma outros tipos de experimentações sensíveis e metafísicas.

"Aqui repousa o mar" remetia àquele sentimento oceânico, inaugural e terminal, no qual navegam as almas em busca de si mesmas. E os versos de Hölderlin ressoam: "O mar toma e devolve a lembrança. O amor também demora o olhar debalde. O que perdura porém, fundam-no os poetas."[63] Eis o laço indefectível entre um mar não geográfico, um mar cognitivo e psíquico, um território da alma, que devolve a memória ou a toma, e que confere, para aqueles que o entendem, que não temem descobrir este lugar, uma aptidão para a poesia e, logo, para a territorialidade real, que antecede qualquer espaço no mundo.

Habitar o mundo como poeta, disse Heidegger, logo ele que nem sempre o havia habitado como poeta. O amargo transformado em mar imaginal é o contrário das "experiências dissolventes"[64] comentadas por Fanon, quando ele descreve o tipo de divertimento que se abate sobre a juventude colonizada. É possível dizer a mesma coisa da juventude atual, entregue muitas vezes ao universo mercantil da distração, pois os pais estão com frequência ausentes, incapazes de contrabalançar esse assalto tentador, mas que pode se mostrar devastador quando a educação vem a faltar. Não quer dizer que os jovens dos bairros periféricos, filhos da imigração, sejam colonizados, tal comparação é descabida, apesar de muitos brincarem de consolidar esse tipo de diagnóstico e, a partir daí, esse tipo de ressentimento. Não se trata disso, pois a colonização do ser ultrapassa as fronteiras étnicas e periféricas. Toda criança, deixada só diante de um certo tipo de diversão, pode se tornar um colonizado em sua alma, sem necessariamente ter consciência disso. Experiências "dissolventes" e geradoras de adição, poderíamos acrescentar hoje – experiências falsamente compensatórias, que não produzem nenhuma estabilidade duradoura do eu. Pelo contrário, um sentimento o oprime, como uma espécie de apatia. São numerosos os jovens afundados por trás das telas, que perdem pouco a pouco o gosto pela implicação com o mundo que os cerca. E nos rastros dessa descrição das experiências dissolventes, Fanon segue os passos de Reich, apesar de não o nomear, pois, assim como ele, faz o diagnóstico de uma focalização do número, ou seja, da responsabilidade "dos" indivíduos, da massa formada pela ausência de sujeitos.

> A maior tarefa é compreender a todo momento o que se passa entre nós. Não devemos cultivar o excepcional, procurar o herói, outra forma do líder. Devemos erguer o povo, engrandecer o cérebro do povo, enriquecê-lo, diferenciá-lo, torná-lo humano.[65]

A tarefa é clara: é dever de cada um elaborar as condições de possibilidade de uma responsabilidade de agir no mundo, sem a necessidade de ser excepcional. Essa não é a questão. Em vez disso, o desafio está no cotidiano regular, educacional, trabalhoso, o único operante, não desistir e engrandecer o cérebro, apostar na multiplicação das experiências estéticas, existenciais, que permitem que o espírito "cresça". Cuidar e educar – novamente, tarefas reivindicadas como essenciais para o ato de governar. Lembramos das páginas de Reich sobre a democracia no trabalho.

Uma vez mais recaímos nesta obsessão que gostaríamos de ver partilhada pela totalidade dos homens políticos africanos; a necessidade de esclarecer o esforço popular, de iluminar o trabalho, de desembaraçá-lo de sua opacidade histórica. Ser responsável num país subdesenvolvido é saber que tudo repousa definitivamente na educação das massas, na elevação do pensamento, no que se chama um tanto precipitadamente de politização.[66]

Essa verdade não está de modo algum circunscrita apenas aos países subdesenvolvidos. É a verdade do estado de direito, da exigência de constituir uma racionalidade pública e individual. Nós sabemos disso, é claro; mas, infelizmente, continuamos a nos iludir a respeito unicamente da questão de um bom governo, ao restringir tal questão ao problema do governo político, no sentido de máquina executiva do poder político, de uma equipe presidencial e ministerial, enquanto a questão de um bom governo se estende num ciclo bem mais longo do que o mero exercício de um mandato presidencial. A questão de um bom governo não é exclusivamente a do momento executivo, situa-se anteriormente, na educação e no cuidado. Somos muitos, trabalhamos para fazer emergir a questão correta do bom governo para criar as suas condições de legitimação e de eficácia, exatamente pela educação e pelo cuidado ministrados aos indivíduos – aqueles indivíduos que, afinal, deverão eleger o governo, em seu sentido restrito e representativo. Essa questão é inseparável da geopolítica, ainda mais nesses tempos globalizados em que toda soberania nacional é compartilhada, na medida em que participa de instâncias multilaterais e esbarra nas disposições "capacitárias" dos países vizinhos.

Tais afirmações não devem gerar mal-entendidos que inscrevam Fanon em algum irenismo ilusório. Existe nele a ideia de um emprego legítimo da violência, uma violência inseparável do grande movimento de libertação de uma nação e dos homens. Em Fanon, a liberdade se define como "desalienação". Ora, em relação a um processo de alienação que pode ser assimilado pela "negação cultural" de uma nação, no caso a colonizada, diante do que ele denomina "obliteração cultural",[67] quanto à essa negatividade impossível de ser vivida, a violência da resposta permanece como possibilidade, às vezes até mesmo a única. Em *ultima ratio*, a violência pode ser legítima. Ela assinala igualmente, pelo menos em suas primeiras manifestações, uma espécie de saúde, uma rejeição do inaceitável. Transcorrido o tempo da reação, a violência terá obrigatoriamente de se reinventar de modo sublimado e criar outra coisa. No entanto, a dificuldade aumenta, pois os processos de alienação colonial têm esse aspecto terrível de esvaziar os indivíduos de sua cultura, exatamente de sua força, dos recursos que poderiam ajudá-los a resistir ao opressor; é preciso ajudá-los a criar uma ordem de normas de vida. Ao descrever a cultura dos colonizados, Fanon faz uma crítica ácida e a define como "cada vez mais estreita, cada vez mais inerte, cada vez mais vazia".[68] Isso porque a violência abre espaço para o ressentimento, e este começa a roer a cultura por dentro.

> Ao cabo de um ou dois séculos de exploração, produz-se uma verdadeira emaciação do panorama cultural nacional. A cultura nacional converte-se num estoque de hábitos motores, de tradições indumentárias, de instituições fracionadas. Observa-se pouca mobilidade. Não há criatividade genuína, não há efervescência. Miséria do povo, opressão nacional e inibição da cultura são uma só e mesma coisa.[69]

Em resumo, uma cultura colonizada se torna a caricatura dela mesma; de todo modo, se ela fosse outra coisa, seria certamente destruída pelo ocupante. Existe, é claro, a clandestinidade para resgatá-la, e isso vai permitir salvar muitas pessoas, de modo individual; entretanto, a clandestinidade não é o bom lugar para educar uma massa maior de indivíduos nem para constituir um território de recursos capacitários para sua emancipação. Isso levará Fanon a dizer que não é possível basear-se apenas na luta nacional pela independência para estabelecer uma independência cultural real. Não, a independência nascente será obrigatoriamente "assombrada"[70] pelo que ela foi durante tantos anos, um fantasma de si mesma. Não se pode renascer de suas cinzas imediatamente. É preciso a sublimação do ato crítico, e especialmente crítico em relação ao nascente delírio nacionalista que parece revestir todas as virtudes, enquanto muitas vezes leva o nome de uma reação.

Terapia da descolonização

Para tratar os colonizados e seus males, Fanon adota os métodos de François Tosquelles,[71] que fizeram a fama de Saint-Alban e estiveram nas origens da psicoterapia institucional cara a Jean Oury,[72] nas fronteiras da terapia social e da etnopsiquiatria[73] (aporte mais específico de Fanon). Numa abordagem psicodinâmica, defendem-se os laços entre a psiquiatria e a sociologia, entre a subjetividade e a história, ou ainda o que ele chama de "sociogenia",[74] a genética sempre contrabalançada pela sociologia, para explicar como "a história consiste na valorização sistemática dos complexos coletivos".[75] Laing,[76] Lacan, Foucault, entre outros, retomarão essa concepção social de uma loucura inserida num nó relacional. Tentar tratar os indivíduos sem buscar tratar a instituição que cuida deles ou a sociedade que os cerca faz pouco sentido na concepção de Fanon, herdeiro de Tosquelles. Já o dissemos muitas vezes: Fanon, sem deixar de ser psiquiatra, age politicamente também sobre o indivíduo, a instituição e a sociedade. Ele "cuida": tais são os desafios médicos e políticos, indissociáveis.

Fanon vai participar da emergência de um espaço de tipo novo, como Saint-Alban foi para Tosquelles, La Borde para Oury, Kingsley Hall para Laing etc. Tais pensamentos sobre o espaço são determinantes para cuidar bem, mesmo quando ocorrem desvios. É evidente que nesses lugares emerge uma nova terapêutica, uma reflexão sempre mais rica e paradigmática que chega para revolucionar uma maneira de pensar e de ministrar o cuidado. Para Fanon, será Blida-Joinville,[77] hospital no qual vai experimentar as técnicas da terapia social, ou seja, a abertura da instituição para o mundo e certos tipos de atividades e de papéis para as partes envolvidas. Ainda assim, Fanon jamais se desviará para as consequências extremas ao não optar pela assimilação total entre o mundo e o hospital. Não somente isso é falso; trata-se de um engano, algo que não seria de modo algum desejável do ponto de vista terapêutico. Mais tarde, ele vai consolidar sua abordagem no hospital Charles-Nicolle, em Túnis.[78] Fanon, aliás, observa no espaço da instituição psiquiátrica as mesmas disfunções de um estado colonialista, no sentido de que este impõe a alienação, dissolve a identidade cultural dos indivíduos, coisifica os seres e os classifica para melhor menosprezá-los e, por extensão, subjugá-los.[79] A tese de Fanon marca seu ingresso no mundo acadêmico, mas o importante situa-se além. Sua tese discute o modo pelo qual são descritos os transtornos comportamentais e psíquicos dos colonizados, dos "indígenas", e constitui, sobretudo, uma estratégia política e intelectual de desalienação.

Como sempre, para Fanon, o empreendimento é múltiplo. Isso vai lhe valer algumas inimizades e acusações de falta de rigor acadêmico, exatamente quando ele entrega um texto de rara intensidade e precisão, "dado que a filosofia é o risco que a mente corre de assumir sua dignidade";[80] essa é uma das respostas que Fanon endereça a um dos examinadores de sua banca. A filosofia para ele não é uma postura universitária; ela remete ao desafio existencial, ético e político. Nota-se aqui o tom solene, grandiloquente e sincero do discurso de Fanon, que demonstra que ele está colocando em jogo sua vida de homem quando reflete e se torna psiquiatra; demonstra que as coisas não são tão facilmente cindidas, mesmo quando ele busca escapar de seus determinismos. Essa vigilância é a prova de uma preocupação permanente diante das múltiplas reificações, a de sua história individual e coletiva e a da instituição, às vezes igualmente sectária.

Nos editoriais escritos por ele para o jornal interno do hospital psiquiátrico de Saint-Alban, o estilo tanto é clínico quanto terrivelmente pessoal, e é difícil então saber quem se esconde por trás desse "eu" que enuncia. Quem fala? Fanon, o psiquiatra? Com certeza. Fanon, o homem? Fanon, o negro que tem consciência da necessidade de escapar desse particularismo, mesmo na ocasião de assumi-lo completamente? Quem fala? Fanon, em nome de alguns pacientes que não têm forças para se expressar? No editorial de 26 de dezembro de 1952,[81] ele faz o retrato de um homem fatigado, um homem que poderia escorregar – parece, quem sabe? – no ressentimento. Nunca saberemos. Simplesmente, esse homem vivencia sua existência como a de um "esquecido", como alguém que esperou a vida inteira por algo que nunca veio, e que se encontra com 40 anos, ali e exausto, sem que o mundo tenha respondido às suas expectativas. De quem Fanon está falando? Dele mesmo? Ele ainda não chegou aos 40, vai morrer antes.[82] O que ele poderia ter se tornado, um "esquecido"? Isso no caso em que ele não tivesse sido capaz de "sublimar" esse destino coletivamente sinistro, que foi também o seu?

Em outro editorial, de 6 de março de 1953, ele lembra que o homem deve poder viajar através do tempo, assumir a continuidade do passado, do presente e do futuro, em suma, possuir uma memória e a esperança de um futuro. Aquele que não conseguir manejar as três dimensões[83] será sem dúvida mais vulnerável do que um outro, do ponto de vista da saúde psíquica. Quanto a mim, prefiro falar das três dimensões do tempo, que são o *chronos*, o *aion* e o *kairos*, que me parecem mais precisas no que concerne à dialética do tempo e do sujeito – a saber, como um sujeito coloca em risco sua individuação e, por extensão, o esforço de desalienação ou de descolonização de seu ser, caso ele não seja mais capaz de praticar as três dimensões temporais que permitem sua inserção no mundo, na memória e na obra. Um sujeito que não consiga manejar as três dimensões pode se sentir "restrito" em sua capacidade de ser sujeito e, portanto, estar em sofrimento. A ameaça do ressentimento pode ocorrer em meio à falência de um tempo dialetizado: o *chronos* é o linear, a história, a continuidade, aquilo que me antecede e também o que me segue, a possibilidade de ver uma capitalização, uma pedra sobre a outra. Essa inscrição no tempo é necessária, porém, caso seja exclusiva, ela aprisiona num sentimento de esmagamento pelo tempo, pois o tempo passa, escapa, ele é mais forte do que nós. Então, é preciso o *aion* ou o sentimento de suspensão e de eternidade – um pouco de tempo em estado puro, como observa Proust. Um *aion*, o outro nome possível para a sublimação, a estância, a parada no sentido do domínio e da plenitude, não no sentido do impedimento. Aqui, o sujeito sustenta, respira, aproveita de um presente que não se altera e que lhe dá o sentimento de superar sua finitude ou a do outro. E, enfim, há o *kairos,* o instante a ser capturado, a possibilidade, quiçá o direito para cada um de fazer um começo, de fazer história: a ação do sujeito provocando um antes e um depois, por menos diferenciados que estes sejam; tentar o *kairos* como um direito e um dever do sujeito. A partir do momento em que o sujeito desiste de tentar o *kairos*, algo se obscurece em seu interior. Como já visto, o homem do ressentimento é justamente aquele que não está mais vinculado a essas três dimensões: seu presente é julgado inaceitável, prova da injustiça sofrida; seu futuro se torna inexistente, e com frequência seu passado remete a uma nostalgia ilusória, muito fantasiosa, que não tem nada a ver com a própria ideia de memória, mais factual, pois, mesmo que ela continue a ser uma narrativa, essa memória não deixa de ser uma vivência, capaz de se transformar em uma base, um apoio para o sujeito.

Eis aí talvez a diferença entre o ressentimento e a amargura, que também corre o risco do ressentimento, mas, talvez, somente o risco. O mal da amargura é muito pesado, porém não se traduz sempre politicamente pelo ódio ao outro. Ele remete antes a uma espécie de depressão no sujeito que a experimenta. Essa amargura, os exilados adultos a conhecem bem, sobretudo quando têm a impressão – correta – de terem sido obrigados a abandonar, juntamente com o seu país, seu *status*, o reconhecimento social a que faziam jus. Antes, eram professores, médicos, advogados, engenheiros, e se deparam agora com a obrigação de submeter-se a provas, tardiamente, sem qualquer equivalência, logo quando eles se encontram em meio a uma trajetória de forte vulnerabilidade psíquica, afetiva, econômica, familiar etc. Sabem manejar bem o retorno ao passado, na verdade o manejam em excesso. Esse passado é essencial para lembrar a eles quem são, mas se torna mortífero na medida em que relembra ao mesmo tempo que eles não são mais isso, ao menos exteriormente, socialmente. Esse vínculo com o passado, totalmente necessário, estrutural, para o sujeito, torna-se um não aliado, um enfraquecimento. O "des-vínculo" com o passado tampouco gera algum cuidado. Eis então um indivíduo espremido em um tempo que não mais existe, nem como *chronos*, nem como *aion*, nem como *kairos*. Como se não houvesse mais uma inscrição no interior do tempo, o que é impossível, claro, ele se torna a "desrealização" mais forte, e o mal, mais sorrateiro. Então, o sujeito perde sua vitalidade, pouco a pouco; não sucumbe ao ressentimento mais hostil. Afoga-se na amargura sem conseguir fazer alguma coisa com esse "amargo".

Ora, é exatamente aqui que ainda é possível transformar o amargo em mar, fazer a separação (a mãe), deixar para trás a imagem de si mesmo tal como se acreditava ser, abandonar a necessidade da imagem de si, ir em direção à obra, obrar. Alguns conseguem de modo intermitente. Vão escrever e, no tempo da escrita, salvam-se por um instante. Com frequência, porém, a amargura retorna, bem como o desânimo. Seria quase necessário não largá-los nem por um segundo, pelo menos durante um longo tempo, aqueles que foram como que comprimidos pelo exílio, exílio que se encontra ali e que lembra a eles que o tempo passa e que sua finitude não foi sublimada, logo quando eles tinham as cartas na mão, em outro lugar, prontos para realizá-la. Trata-se de seres feridos verdadeiros, que detêm recursos de grande qualidade e que merecem toda nossa atenção, pois ainda é possível acompanhá-los nesse território que é o mar.

Mas nunca é fácil ter de reinventar sua vida depois dos 50 anos, há algo como um muro invisível, uma fronteira além da qual se considera que a coisa não seria totalmente impossível, embora tardia, incapaz de fornecer a ilusão de eternidade. No entanto, nada disso é novo; para a juventude, a eternidade sempre foi uma ilusão, mas ela se torna, transcorrida mais da metade da vida, ainda mais difícil de sustentar; então as almas se dobram diante da falta de ilusões, falta sadia, falta madura, sem dispor dos meios para enfrentar a nova maturidade. Meu trabalho será, primeiro, recolocá-los nesse caminho possível de invenção da vida depois dos 50. É falso acreditar que o desafio seja um luxo para indivíduos que podem permitir-se estar em interrogação – subentenda-se, não asfixiados pelo instinto de sobrevivência. Esses últimos, nós os encontramos raramente na clínica privada; no entanto, são muito mais numerosos nos centros médicos sociais. O mal está mesmo onipresente ali. Alhures, nas sessões de um consultório particular, há todos os destinos, locais e imigrados, naturais do território e exilados, ricos e precários, homens e mulheres, todos atingidos de modo distinto pela amargura, todos querendo não sucumbir a ela, sem necessariamente saber como fazer para não submergir. Todos exaustos por causa dessa amargura, impotentes, incapazes de produzir outra vitalidade. No entanto, são os primeiros a reconhecer que se trata ainda de um longo caminho, entre os 30 e os 50 anos. Tento fazê-los sorrir um pouco e digo que, afinal, vai ser preciso arrumar uma ocupação, e que seria melhor buscar algo que faça sentido para o sujeito. Ocupar-se, o sorriso está ali, o olhar mais luminoso no rosto; encontrar uma ocupação que satisfaça o desejo do sujeito, o sorriso apaga-se novamente, e a angústia diante desse fundo imenso, constituído pelo não conhecimento de si, cresce.

Um desvio por Cioran

Sempre pensei que a literatura, a arte, o melhor das humanidades seriam uma saída possível para todos os que experimentam a amargura, haveria na experiência estética uma escapatória possível. Não é tão simples, sei bem, na medida em que o esforço exigido pelas humanidades é grande, e que os atingidos pela amargura não gostam de mais nada, especialmente do esforço. Em relação à leitura daqueles que sublimaram a amargura, a experiência tampouco é trivial, pois se trata de uma faca de dois gumes, visto que propõe uma espécie de elevação ao quadrado da experiência abissal.

Tomemos Cioran. Não se pode dizer melhor do que ele a respeito da lassidão que oprime todo o seu ser, sua amargura, até mesmo seu niilismo, um modo de ter sido abandonado para sempre pela vida, ao mesmo tempo uma capacidade poética que chega para contradizer esse abandono. *Sobre o inconveniente de ter nascido*[84] é uma fórmula genial para expressar a presunção dessa história, a nossa, tão pequena, tão minúscula, e que, no entanto, nos asfixia. É, de fato, verdadeiro *o inconveniente de ter nascido*, ninguém pode negá-lo; e para acrescentar mais uma camada sobre a tristeza, ou sobre o sentimento abandônico, é preciso ler os aforismos de *Larmes et des saints*.

> Tudo já existiu. A vida lembra uma ondulação sem substância. As coisas nunca se repetem, mas parece que vivemos nos reflexos de um mundo passado, do qual prolongamos os ecos tardios.[85]

A proeza é maravilhosa, Cioran narra o amargo, a ausência do gosto de viver, a ausência de sentido, quase o tédio, a ausência de desejo. Para falar desse amargo, ele fala de ondulação sem substância, de reflexos, de um fluxo que já se assemelha ao do mar, mesmo se ele não quer validá-lo como tal. O mar é uma ondulação com substância, uma ondulação magistral. Para nós, que lemos Cioran, mesmo presos a nossa amargura, a poesia da frase não pode nos deixar incólumes; há algo nessa grande capacidade sublime do criador que chega para nos salvar, apesar de não conseguir salvá-lo a si mesmo. E Cioran é esse escritor: hábil para nos salvar, mas desajeitado para se salvar. "Nenhuma volúpia supera aquela que sentimos com a ideia que poderíamos ter permanecido em estado de pura possibilidade":[86] eis o mal que pode acometer as almas por demais sensíveis, que recaem na melancolia por terem fechado esse grande mundo irreal dos possíveis, de certa maneira o mundo da infância, e que adentram a incessante experiência do luto e da renúncia, os altos da decepção, com o dever de fazer alguma coisa com isso, logo após descobrir que não somos nada. Cioran inventa "a catástrofe do nascimento", da qual ninguém se recupera e que, de certo modo, constitui a base profunda do ressentimento que pode nos destruir. Não somente essa finitude inaugural, mas também esse nada que nos constitui, nós que somos tanto e em demasia. "Depois de mim, o dilúvio, esse é o lema inconfessado de cada um, e se admitimos que outros possam sobreviver a nós, é com a esperança de que serão punidos."[87]

Essa é a visão anti-humanista, digamos, misantropa do homem segundo Cioran: um ser cujo egoísmo só é igualado por sua mediocridade, sua ausência de amplidão, recolhido sobre seu minúsculo eu. Se acreditarmos nele, a pequenez do homem torna impossível a saída do ressentimento, eis o seu destino.

Ou, então, é preciso ler nas entrelinhas e acreditar, apesar de tudo; e Cioran é, ele próprio, uma prova de que existem alguns seres que escapam do torpor ressentimista por meio do estilo. E, às vezes, até mesmo com um humor cáustico. É o caso de Cioran, pois nunca se sabe realmente qual é o tom de sua diatribe: melancólica, ressentimista, gentil, irônica? Qualquer perspectiva deprimente, exatamente por ser deprimente, é verossímil.[88] Perdoemos a Cioran sua falta de elaboração perceptiva, exatamente porque ele tem estilo e pode se vangloriar de ser um antimoderno, ou seja, uma palavra que aprendeu a navegar sobre as ondas da modernidade sem sucumbir ao seu charme, mantendo, apesar de tudo, forte individuação. Pois não se pode duvidar do "eu" de Cioran, mesmo quando ele não deixa de reduzi-lo. Ao narrar esse trecho da cabala, ele não demonstra qualquer complacência pelo homem; o humor que manifesta, humor ácido, é a marca inegável desse sujeito que ele despreza.

Tzimtzum. Essa palavra risível designa um conceito fundamental da cabala. Para que o mundo pudesse existir, Deus, que era tudo e estava em toda parte, consentiu em se contrair, para deixar um espaço vazio que não fosse por ele habitado; é nesse vazio que o mundo tomou forma. É assim que ocupamos o terreno baldio que nos foi concedido por misericórdia ou por capricho. Para que nós fôssemos, ele se contraiu [...]. Pena que não tenha tido o bom senso e o bom gosto de permanecer inteiro!

Em suma, um Deus que não escapa da insuficiência. Cioran não escolheu a via mais confortável: foi ao encontro da náusea, tentou uma sublimação da náusea, aquela que sentimos perante nós mesmos e perante os outros. Diante dessa "catástrofe do nascimento", ele propõe uma fórmula sublime, que vai passando de origem em origem. Vê-se aqui também o parentesco possível entre a melancolia, a amargura e a nostalgia, no sentido de uma dor ligada ao ninho inaugural. "Em vez de me contentar com o fato de nascer, como o bom senso recomenda, eu me arrasto para trás, eu recuo mais e mais em direção a não sei que começo, eu passo de origem em origem."[89] Quase se poderia ver aqui a dolorosa descrição da abordagem freudiana, que convida o paciente a retomar a confrontação com o começo, com os começos, aliás, pois eles se tornam múltiplos ao longo da vida, e o paciente que às vezes resiste, pensando que vai operar desse modo apenas uma espécie de regressão ineficaz. De fato, "passar de origem em origem" não é um bom método, pois não há origem definitivamente primeira. Do lado de cá da história, não há uma estabilidade irredutível, enfim, algo que fosse a causa de tudo ou do nada que somos. "Aumentar a carga sobre o nascimento nada mais é do que o gosto do insolúvel levado até a insanidade." Cioran está bem consciente do impasse, e a própria noção de insanidade vincula-se à noção de saúde para mostrar até que ponto escolher tal caminho equivale a escolher a doença. Eis o mal que rói aquele que mergulhou no ressentimento, no sentido de que ele faz prova de uma "avidez pelo impasse", definida aqui como "obsessão do nascimento", e que indica, de fato, a obsessão por uma não solução, rejeição muito característica do psicótico diante de uma saída.

Para Cioran, não é o caso de tratar. A cura não tendo sentido algum, o tratamento parece esvaziado de qualquer substância. No entanto, o que representa cuidado para outros, e até mesmo para ele, é simplesmente seu estilo. Cioran permanece sendo, para os demais, um atravessador de muralhas, uma via que nos permite, a nós leitores, produzir uma saída, mesmo se essa pode ser chamada de tudo, menos de simples, já que o desânimo pode nos invadir quando o lemos. No entanto, pelo seu estilo, permanece um recurso estético e terapêutico. E o estilo pode revelar-se ético, ao nos fazer um chamado à sublimação. Há em Cioran uma forma de moralista, como um La

Rochefoucauld[90] do mundo moderno, igualmente duro, igualmente engraçado, igualmente triste. Por trás do estilo terrível, há uma retidão, ainda que Cioran seja o primeiro a não se iludir em relação a si mesmo, por conhecer bem demais seus vícios e suas insuficiências. No entanto, abandonar-se à "embriaguez da desolação" não é dado a todos; aqui também, será preciso ter estilo ou ter um estilo de vida que não deixe qualquer dúvida sobre o *status* do indivíduo, ou seja, ter estilo e ser também um canalha é algo possível ou então é preciso ser um santo. Para os outros, caso não resistam às suas pulsões mortíferas, permanecerão sendo os medíocres que já eram inicialmente.

"Ser incapaz de resistir a si mesmo, eis aonde leva a falta de educação no tocante à escolha de suas tristezas."[91] Ou seja, lamentar-se sobre sua própria sorte, por mais justa que seja essa lamentação, é indigno, é a prova de uma falta de "saber-ser"[92] inegável. "Escolher suas tristezas", fórmula implacável para dizer que nem todas as melancolias têm a mesma natureza, e que há tristezas que o indivíduo deve saber deixar de lado, para não cair no ridículo. Essa verdade ética é dita em Cioran pela única via do estilo, pois ele não se autorizaria a apresentar-se como moralista. Fanon também, ao retomar as palavras de Césaire e ao produzir as suas próprias palavras. Ele sabia ter estilo, ele sabia até "cuidar" do seu estilo e permitir pelo caminho literário sua "exfiltração" da sociedade patriarcal; mas Fanon também sabia, de modo mais concreto, mais factual, ministrar seus cuidados aos demais, dedicando uma atenção das mais banais.

Fanon terapeuta

Ao ler os editoriais de Fanon no jornal interno do hospital onde trabalhou, descobrimos seus métodos de tratamento: como ele organiza o tempo dos pacientes ou como sugere essa organização, como busca recriar um tempo capacitário. Quando estamos doentes, acometidos de um distúrbio psíquico ou simplesmente desanimados, essa é uma das primeiras consequências: a desorganização do tempo. Não mais saber como enfrentar o tempo que se estende à nossa frente, tornar-se apático, incapaz de fazer qualquer coisa, afundar nessa inércia, refugiar-se ali e maltratar-se. Há então algo quase mecânico, ritualístico, que é preciso substituir para recolocar o sujeito em movimento: propor a ele atividades, não para diverti-lo nem para ocupá-lo bestamente, mas para devolver a ele as chaves para o sentido da ocupação; no começo, o sujeito segue apenas as diretivas e, aos poucos, uma espécie de dínamo interno passa a funcionar; em seguida, ele reaprende a orientar seu espaço-tempo de um jeito mais pessoal.

Cuidar é isso. Pode ser muito simples, aparentemente muito humilde, e essa é sem dúvida a razão pela qual o trabalho dos que cuidam é tão pouco valorizado, porque é muito técnico, de uma tecnicidade quase invisível, próxima de um *savoir-faire* e de um "saber-ser". Saber acompanhar o outro quando este sofre, não constrangê-lo, não envergonhá-lo, não entediá-lo nem indispô-lo, estar ali como se não estivesse, ser invisível, sem deixar que haja dúvida sobre o fato de que o sujeito não foi abandonado a si mesmo, de que ele conserta sua autonomia danificada sem ser julgado por isso.

Produzir este cuidado tornou-se tão difícil num mundo que só se saboreia e admira a performance. O cuidado humilde, simples e eficaz, Fanon o aprendeu com Tosquelles: "simplicidade da linguagem empregada", "chamar os doentes pelo seu próprio nome", "organizar um quadro de horários para romper a indiferença e a inércia", "impedir o enfermeiro de se tornar um elemento perturbador", "aplicar a regra dos três 'oito': trabalho, distração, repouso", "manter as relações dos doentes com o ambiente externo, necessidade de escrever", "viver plenamente, comemorar as festas religiosas tradicionais", "permitir as distrações" etc.[93] São regras que fazem parte do bom senso, podem se aplicar a todos aqueles que atravessaram uma fase de enfraquecimento de si, e todo aquele que cuida deveria sempre delas recordar-se. Fanon não acredita de modo algum na evidência do cuidado: aquele que se define como "cuidador" pode ser um elemento perturbador. Daí a importância de conferir se "aquele que cuida" não estaria abusando de seu papel, se mantém a distância correta, se por trás desse cuidado não está em operação um mecanismo de poder bem fácil de ser estabelecido. O cuidado aqui visa ser capacitário e permitir ao paciente manter os "laços" com seu ambiente mais vital, não obrigatoriamente o ambiente familiar, mas seu ambiente para a vida, ou seja, conservar um contato com o mundo como recurso estético, perceptivo, sensível, intelectual. Necessidade também de escrever, criar uma narrativa, colocar palavras, verbalizar ou simplesmente desenrolar um fio de escrita, logo quando o sujeito sofre um sentimento de fragmentação. Convite à disciplina para organizar esses dias que podem parecer intermináveis e que muitas vezes são o espaço de uma ineficácia – portanto, de uma culpabilidade ou mais geralmente de uma lassidão. Festejar as grandes datas da consciência coletiva, esse também é um modo de se ligar aos outros, ao mundo que continua a correr, e ao mundo ancestral que nos antecedeu. Não se trata de proselitismo religioso, que fique claro; trata-se de aceitar a presença de um ritual em seu formato mais elementar – eis o festivo, a comunhão com os outros, o sagrado em seu aspecto mais convivial, e não sectário. Recriar vínculos com a noção de "trabalho" quando se está doente.

Fanon teme ver os pacientes infantilizados, tornados ainda mais frágeis por uma supermedicalização. Tratá-los significa responsabilizá-los, não puni-los ou superprotegê-los. Descreve assim seu ideal da profissão: "cada vez que abandonamos nosso ofício, cada vez que abandonamos nossa atitude de compreensão para adotar uma atitude de punição, nos enganamos".[94] De que serve publicar um jornal dentro de um hospital? Para que não haja um fechamento sobre si mesmo, apatia, vitimização e exclusão dos pacientes. "Num navio", escreve Fanon, com uma sensibilidade quase ingênua, "é banal dizer que estamos entre céu e água; que estamos isolados do mundo; que estamos sós. Justamente, o jornal luta contra o *laisser-aller* possível, contra essa solidão [...] todos os dias, essa folha traz vida a esse navio."[95] Encarar o hospital como um navio e o tratamento como uma travessia demonstra a humanidade do gesto de cuidado de Fanon. Nenhuma irreversibilidade ao construir sua afirmação. São travessias de vida, de sofrimento, e ele, como chefe de serviço,[96] assume as responsabilidades de um capitão que se une à sua tripulação, tripulação essa constituída tanto pelos pacientes quanto por aqueles que cuidam. Todos os pacientes, bem como o corpo envolvido nos cuidados, são convidados a manter um diário e a participar na redação do jornal coletivo.

Com frequência, Fanon se comove com a falta de empenho dos envolvidos na tarefa, logo ele, que sabe como essa obrigação é virtuosa, terapêutica, capacitária, pois recoloca o conjunto dos indivíduos no caminho do "fazer", e de uma vida mais digna. "Escrever é certamente a mais bela descoberta, pois isso permite que o homem se lembre, permite que exponha na ordem aquilo que aconteceu e, sobretudo, permite comunicar-se com os outros, mesmo com os ausentes."[97] Poderíamos acrescentar que escrever permite a projeção no futuro e no mundo, que escrever continua a ser a última – ou a primeira, isso depende – das mobilidades temporal e espacial. Escrever é reencontrar o movimento, e as frases de Fanon em *Pele negra, máscaras brancas* ecoam com um novo sentido, menos metafísico e mais clínico: "O Homem é movimento em direção ao mundo e ao seu semelhante."[98] Ora, quando a capacidade física de movimento está comprometida, é preciso ir recuperar no fundo da alma e do coração esse resto de energia psíquica para recolocar-se em movimento, e isso pode passar pela escrita, não aquela espontânea e prazerosa, fruto da inspiração, mas aquela que está relacionada a uma travessia obrigatória, menos evidente, mais trabalhosa, cuja prática muitos custam compreender. A escrita como inspiração poderá retornar mais tarde, para compartilhar seus prazeres. Aqui, não se trata disso; trata-se antes de recuperar como for possível um ser machucado, enfraquecido pela vida e por si mesmo, tirá-lo do desânimo, quiçá da amargura, e, para tanto, convidá-lo, obrigá-lo quase, a tomar o caminho da escrita, como outros farão ou se obrigarão a tomar banho. É mais do que uma higiene corporal; ou então, aplica-se o sentido nobre do termo, e não somente o sentido da ordem pública. Essa escrita é um "cuidar", um gesto terapêutico que é possível fazer para o outro. Pacientes podem escutar o outro e mostrar-lhe o caminho da escrita. Colocar no papel o que ele diz, suas dúvidas, suas dores, suas tristezas, reinscrevê-lo no interior de um círculo ético, acolhê-lo nesse espaço com empatia. Preocupar-se sempre em envolver o paciente, implicá-lo, torná-lo ator, sem comandá-lo. Longe de ser simples, pois ele não quer necessariamente ser ator, não quer nada, não mais, é um doente da vontade, pois esta encontra-se soterrada debaixo de um monte de angústias e neuroses severas, pesadas demais para serem mexidas e, sobretudo, dolorosas demais. Ele não quer, e, no entanto, se não estiver implicado, e se perceber isso, também vai se rebelar:

> Há alguns dias, recebi uma resposta muito brutal. Perguntei a um paciente de Reynaud: "Que dia é hoje?" A resposta foi: "Como quer que eu saiba a data? De manhã, me dizem, levante-se; coma; vá para o pátio; ao meio-dia, me dizem para comer, ir para o pátio e depois deitar. Ninguém me diz qual é a data. Como quer que eu saiba que dia é hoje?"[99]

É preciso sempre comparar os princípios e as práticas, pois poderíamos esquecer que aqueles espaços dedicados ao cuidado são mais ambivalentes do que podem parecer. Se Fanon quer tornar capacitário, se quer envolver, nem por isso as equipes acompanham ou os pacientes se transformam em agentes. Se eu me alongo a respeito do assunto, sobre o modo de apresentar o cuidado e especialmente sobre o exemplo do hospital Blida-Joinville (1953), com Fanon – mas poderia ter falado de Saint-Alban, de La Borde ou de Kingsley Hall, ou ainda de tantos outros lugares que tentam tratar de maneira diferente e fazer a sociedade avançar, em espelho –, isso ocorre justamente para ilustrar uma maneira de lutar contra a doença psíquica, em especial contra a depressão e todos os modos de depreciação de si, que descambam para o ressentimento. E, suma, mostrar que às vezes basta fazer pouca coisa – a vastidão do pequeno. Por outro lado, trata-se de fazê-lo de modo regular, disciplinado, para diariamente desafiar essa vontade errante que é a nossa.

Eis um exemplo muito concreto para relatar como um psiquiatra decididamente singular opera numa estrutura coletiva das mais modestas, como, por meio de sua diferença, ele alimenta um procedimento de política pública de cuidado e de solidariedade, como ele se empenha em rearticular a saúde psíquica dos indivíduos e a saúde pública.

O espaço onde o cuidado é reinventado, nós também tentamos colocá-lo em prática no Departamento de Filosofia do hospital GHU-Paris, setor de "Psiquiatria e Neurociências".[100] Ainda estamos distantes, bem no início. Qual é o desafio? Montar um serviço voltado para o cuidado, dedicado aos demais serviços hospitalares, dedicado aos que cuidam e aos pacientes, dedicado à invenção clínica, apoiando fortemente as humanidades, tanto do ponto de vista teórico e acadêmico quanto do ponto de vista experimental. Espaço aberto para apoiar todos os demais, tão necessários e tão esgotados. Nem mais nem menos do que a invenção solidária e médica no interior das instituições coletivas. Isto posto, é preciso manter-se vigilante, como nos ensina Fanon, pois aquilo que é tão evidente não o é de modo algum para todos, e o tempo e os recursos materiais e humanos são escassos para tamanha ambição. Mesmo assim, desistir dessa ambição não faz nenhum sentido. Seria como abandonar a medicina nas mãos dos charlatões ou abandonar as novas tecnologias de saúde, tão determinantes e capazes de nos levar para uma nova era.

Reconhecimento da singularidade

Em um editorial de abril de 1954, Fanon comenta um ofício ministerial no qual se recomenda, justificadamente, que os pacientes sejam chamados pelos seus nomes completos (por exemplo, não usar o nome de solteira para mulheres casadas), e que lhes seja permitido conservar seus objetos pessoais, roupas ou alianças. A coisa parece óbvia hoje, apesar da política de conservação dos objetos pessoais enfrentar com frequência dificuldades, em especial devido a esse objeto pessoal interativo e complexo, o telefone celular. Lembramos da investigação sociológica assassina de Goffman, que desvenda o funcionamento interno dos hospitais psiquiátricos e os procedimentos de "deterioração da identidade",[101] totalmente arcaicos e perigosos para os pacientes, que terminam sendo projetados em uma situação que menospreza a si próprios, completamente danosa e contraproducente do ponto de vista do cuidado. A reificação predomina nesses espaços ditos de cuidado, que terminam por se revelar anti-humanistas.

Fanon comenta então: "A cada grande golpe da vida, o homem precisa reencontrar suas dimensões, precisa assegurar suas posições. Não devemos colaborar para a destruição dessas posições."[102]

As palavras são fortes, e não acreditamos que estejam destinadas apenas ao território do hospital. Na empresa, opera a mesma reificação, assim como na escola ou em toda instituição pública, como se ela tivesse prazer em "destruir as posições" do indivíduo para colocá-lo sob tutela e retirar dele qualquer gosto de individuação. Quando participamos desse sistema generalizado de reificação, nós "colaboramos" – e podemos entender aqui a referência histórica ao regime de Vichy.[103] Produzimos a colonização dos seres, enquanto deveríamos participar de seu fortalecimento.

O apego aos pequenos detalhes não tem um objetivo totalitário, como se poderia justificadamente supor ao ler *Manicômios, prisões e conventos*, de Erving Goffman. Em sua análise, Goffman demonstra que o funcionamento asilar dos anos 1960 é exatamente o de uma reificação total, na qual se busca controlar todos os detalhes da vida do paciente, sem deixar a ele a possibilidade de qualquer iniciativa que proporia algo específico para sua personalidade. Trata-se de uma tentativa de normalização, talvez até de estigmatização. Nada deve escapar da instituição total, como a denomina Goffman. A recusa da singularidade faz dessa instituição um espaço de mutilação do indivíduo, e não de consideração e cuidado. Quando Fanon prega a atenção aos pequenos detalhes, isso está longe de ser uma proposta totalitária. Trata-se para ele de respeitar, no nível ínfimo e na intimidade, aquilo que o paciente considera como propriamente seu, seu nome, suas roupas, seus objetos pessoais, sua aliança etc. São posturas de fortalecimento, de consolidação e de reconhecimento de sua identidade, aquela que ele tem desde sempre, independentemente da experiência de travessia de sua vulnerabilidade.

É interessante notar que a análise pode ser estendida hoje ao funcionamento global da sociedade. O que fazer com a atenção ao pequeno, ao ínfimo, aos detalhes do singular? Haverá um espaço para isso na política, para o que alguns chamaram, aliás de modo justificado, de "infrapolítica", aquilo diante do que o Estado dá um passo atrás para permitir que floresça, sem recair no identitarismo, o que seria antinômico com o objetivo inicial de respeito pela singularidade.

A razão não pode ser introduzida na história e na sociedade de maneira forçada, e é vão imaginar que ela já se encontre operando ali de modo oculto. Por outro lado, este é o ponto destacado pela escola de Frankfurt, os esforços que visam racionalizar a vida social se revelaram devastadores, na medida em que instalam as condições para uma sujeição generalizada que não é mais percebida como tal por aqueles que sofrem seus efeitos, o que é um dos princípios de base do funcionamento da sociedade de normas. Tornou-se temerário confiar em projetos de transformação global da sociedade. É preciso renunciar, ao menos hoje em dia, a fazer a Revolução com R maiúsculo, e se resignar a vê-la em pequenas dimensões, no plano dos detalhes concretos da existência, sabendo que, a qualquer momento, o ótimo pode se transformar em seu contrário.[104]

O que nos ensina aqui a teoria de Frankfurt a respeito da reificação – não numa instituição voltada para o cuidado, mas no próprio seio dessas instituições mais gerais que são a sociedade e a História – é que estas últimas entram numa nova era, a das mudanças civilizacionais que não serão massificadas, padronizadas, com o possível desvio totalitarista. A partir daí, projeto coletivo rima também com insularidade experimental, espaços outros que sabem articular o endógeno local e o interesse geral, nacional – em suma, uma nova maneira de produzir interesse geral apoiando-se nas singularidades que pertencem ao Estado de direito.

Não se trata de uma defesa da falta de ambição, mas antes de uma preocupação em não destruir nossas boas intenções por meios inadaptados e muito arriscados em termos de consequências. Permanecer na fronteira correta é difícil, pois ampliar a generalidade permanece sendo um desafio crucial para a igualdade cidadã. É claro que há dois mundos que se enfrentam:[105] um é aquele em que a individuação é real, criadora, cujo talento é mutilado por abordagens muito verticais, pouco respeitosas do saber de cada um, sem falar do fato que somente essa abordagem de governança é realmente eficaz em termos de compreensão da complexidade dos desafios, e, sobretudo, da sutileza da resposta aguardada. Infelizmente, um alto nível de individuação é necessário aqui para tornar essa abordagem eficaz. Diante disso, há o outro mundo, no qual os indivíduos estão cada vez mais apegados ao individualismo e não à individuação, às vezes mais precários, mais curto-prazistas, menos conscientes da especificidade dos desafios atuais, oscilando entre o pedido de ajuda e a visão muito ilusória de um homem providencial, e simultaneamente a rejeição de um governo das elites, consideradas muito oligárquicas, e insuficientemente exemplares para serem dignas de reconhecimento enquanto chefes.

O segundo grande movimento que estrutura a sociedade atualmente é certamente ressentimista, ou ao menos com fortes tendências: os indivíduos estão presos na armadilha, alternam agressividade e depreciação; pueris, sentem-se desamparados, porém não se comprometem a extrair-se da postura de vítimas. Tal fenômeno remete à situação clínica bem conhecida dos pacientes que produzem o impasse "sem saída". Estes são extremamente engenhosos na ausência de solução: tudo que lhes é proposto já foi tentado e revelou-se ineficaz; tudo que não foi tentado é desvalorizado. Sua arrogância é imensa – sem dúvida, sua última defesa contra a invasão definitiva do menosprezo de si próprio; melhor do que ninguém, eles, que não produzem qualquer solução, sabem o que é uma saída. E, entretanto, não há saída. Contra a vontade feroz de impedir a produção de uma saída, no limite da psicose, não é fácil posicionar-se: propor uma saída, quiçá várias, é repetidamente rejeitado – esses pacientes desfrutam de seu único gozo ao derrotar seu analista; não propor nada, no entanto, não elimina a repetição do beco sem saída. É preciso buscar outro lugar onde trabalhar, um espaço onde a rivalidade mimética não seja capaz de se expressar, onde a "comparação", como diria Fanon, seja interrompida. É preciso tirá-los desse narcisismo que consiste em ser inconsolável ou incurável.

A recusa da saída é, para o doente psíquico, o único sinal que ainda lhe resta de seu sujeito; essa é sua maneira de tornar-se sujeito, retirar-lhe esse "negativo" o deixa ainda mais agressivo. Quando sobra apenas o transtorno como algo seu, é quase impossível abandoná-lo. Pouco a pouco, será preciso convencer sem dar a impressão de que há sujeito em outro lugar, justamente o seu, um sujeito em ação, diferente do sujeito sem ação. A ferramenta maravilhosa seria então o humor, a *vis comica*, é claro. Mas são sujeitos a quem falta o senso de humor, que encaram em geral muito mal o fato de que sua habilidade em produzir o impasse seja questionada de modo irônico. A doçura que o humor poderia trazer é inútil, ela indica imediatamente a incompetência do analista, que não percebeu, evidentemente, a grandeza do desafio e a relevância de sua singularidade. Trata-se aqui de patologias narcísicas profundas que se vangloriam de não serem manipuláveis, quando, de fato, o são, o que não é simples num tratamento que coloca a aptidão à liberdade no cerne de seu processo. Em seu editorial de dezembro de 1956, Fanon ilustra com um exemplo trivial a diferença irredutível que existe entre o funcionamento social clássico e a vida no interior de um hospital psiquiátrico. Ele escolhe o exemplo do esporte, pois este é muitas vezes empregado como elemento terapêutico. Contudo, ele fica arrasado ao constatar como os enfermeiros são incapazes de permanecer "enfermeiros", isto é, de desempenhar seu papel de árbitro adequadamente, e que viram cada vez mais "árbitros" no sentido estrito e clássico do termo, segundo as regras e os códigos do mundo externo, o que inevitavelmente provoca uma disfunção importante.

No hospital psiquiátrico, não podemos estabelecer uma lei geral, pois não estamos lidando com uma população anônima. Estamos tratando de pessoas bem determinadas e, na qualidade de terapeutas, temos de levar em conta essas pessoas, em especial suas nuances, essa necessidade de se adaptar a cada paciente internado. No hospital psiquiátrico, não podemos ouvir frases do tipo: "Não me interessa, basta fazer como todos os outros." Pois, justamente, o paciente deve reaprender a ser como todo mundo; muitas vezes, ele não conseguiu fazer como os outros, e é por isso que acabou ficando sob nossos cuidados.[106]

O homem do ressentimento compartilha com esse tipo de paciente o fato de que está acometido de uma patologia narcísica, e que se encontra demandante de um reconhecimento absoluto de sua singularidade, mesmo se a demanda é inaudível, pois ele a silencia sob a violência do afeto ressentimista, e a simples consideração dessa singularidade o faz sofrer, a tal ponto que ele percebe que se encontra a anos-luz de seu ideal de um eu. E o que ele compartilha igualmente com a descrição dos pacientes internados é a incapacidade de ser tratado de maneira geral: ele desaparece na multidão, mas essa multidão não é geral, é uma espécie de aura de seu ego em "mal de ser", uma forma extensiva de seu eu desfigurado, uma grande poça pulsional da qual se espera que saia o pequeno eu encolhido que ele é. Seria preciso acompanhá-lo 24 horas por dia, reconhecê-lo em sua singularidade, não colocá-lo sob pressão pelo dito reconhecimento dessa singularidade, estar simplesmente ali, fora do julgamento, na pura simpatia (no sentido de simplesmente estar junto, sem necessariamente precisar praticar uma empatia mais dispendiosa), mesmo quando ele continua a ser hostil. Uma vez mais, é melhor trabalhar no sentido da prevenção do ressentimento, pois, uma vez que a fronteira ressentimista tenha sido cruzada, é difícil retornar. Eu, que tantas vezes me sinto em sintonia com o pensamento de Jankélévitch, conservo um ponto de forte divergência: o ressentimento não me parece tão facilmente reversível; daí a defesa da necessidade do trabalho anterior para tentar preveni-lo, pois, uma vez que o limiar foi atravessado, alguma coisa da confiança biológica e intersubjetiva é, de fato, atingida, como se tivesse sido erodida. Jankélévitch denuncia a "filosofia do *já-vai-tarde*", aquela que prefere "esquecer", que perdoa para melhor se livrar da obrigação de justiça e de verdade; em suma, aquela que produz somente um simulacro do perdão. A partir daí, ele nos conclama a preferir o ressentimento, na medida em que este envolveria seriedade e profundidade. Por ser um autor sempre propenso à esperança, ele acredita que o ressentimento poderia ser prelúdio de um perdão cordial.[107] Não concordo com ele. Do mesmo modo que o esquecimento pode não estar ligado ao simulacro do perdão – um sujeito pode perfeitamente decidir esquecer e não perdoar –, não perdoar não produz necessariamente ressentimento, tampouco o ressentimento é sério ou profundo, digno e objeto de um conhecimento qualitativo. O ressentimento não é semelhante a uma mentira. Ele é uma construção puramente subjetiva que se desenvolve, como uma excrescência tóxica, sobre um sofrimento sério e profundo.

Saúde individual e democracia

Vincular saúde psíquica dos indivíduos e saúde democrática no sentido de questionar o bom funcionamento da sociedade, sua capacidade de resistir à sua própria entropia, e não necessariamente a manutenção de um imperturbável exercício virtuoso. Ter saúde é ficar doente e conseguir se recuperar, nos ensinaram Canguilhem[108] e tantos outros. A saúde democrática compartilha aptidão semelhante: saber enfrentar suas disfunções internas, não ser paralisada por elas, encontrar um meio de progredir mesmo que ventos contrários soprem incessantemente. Tais ventos não são obrigatoriamente a prova de um pluralismo salutar. Essa seria uma versão irenista do conflito, palco apenas de controvérsias cuidadosamente respeitosas com base em um consenso sobre as normas. As ventanias contrárias podem ser resolutamente contrárias, ou seja, antidemocráticas e anti-humanistas; logo, integrá-las, digeri-las sem por elas ser contaminado, é sem dúvida bem mais difícil.

Muitos consideram, justificadamente, que a analogia entre o corpo individual e o corpo coletivo não tem sentido; eles têm razão: a questão do número – da quantidade – é essencial para viciar o qualitativo. No entanto, evitar relacioná-los é igualmente ridículo, pois nossas sociedades são doravante constituídas por "indivíduos" que reivindicam sua individualidade, com mais ou menos saúde psíquica. Isso não deixa de ter consequências sobre o "corpo" coletivo, composto pela sociedade em seu conjunto, mesmo que o caráter orgânico e unitário seja cada vez menos perceptível de tão numerosos são os "corpos distintos" no interior do dito corpo societal. Estudar o funcionamento político e social de uma sociedade sem levantar a questão da psicanálise parece insuficiente. Apesar de não ser psicanalista, Axel Honneth soube reconhecer a necessidade de articular ambos, especialmente quando forjou o conceito de "reconhecimento". Por que a psicanálise seria tão essencial para o estudo da democracia, e não somente para o estudo das pessoas? Porque ela tem condições de "esclarecer as forças inconscientes que impedem os sujeitos [...] de agir de modo conforme aos seus interesses racionais".[109] Honneth, diferentemente de Habermas, dá um passo a mais na história da singularidade humana e no aporte teórico da psicanálise para a teoria crítica:

> Uma teoria crítica requer uma concepção realista da pessoa humana, tão próxima quanto possível dos fenômenos observados, e que também deve ser capaz de oferecer um espaço apropriado para as forças de ligação inconscientes, não racionais, do sujeito. Caso não levasse em conta esses motivos e esses afetos indóceis diante da reflexão, a teoria estaria efetivamente correndo o risco de sucumbir a um idealismo moral, o qual estaria presumindo demasiadamente os recursos racionais próprios dos indivíduos.[110]

Retornamos sempre à concepção ilusória da racionalidade isolada daquela das pulsões e das emoções, e de maneira mais simples, como se estivesse desconectada daquilo que constitui estruturalmente um indivíduo – a saber, sua finitude, sua angústia da morte, "os fundamentos existenciais de sua condição". Não integrar tais fundamentos à nossa maneira de pensar e de conceber a democracia em seu funcionamento político global condena este último a mais entropia.

Não se trata de modo algum de recair em uma caricatura do estudo das singularidades que compõem esse estado de direito, como parece ser a tendência atual, com a coleta incessante de dados pessoais, os quais não podem ser assimiláveis à pessoa humana. Trata-se de compreender que a saúde psíquica dos indivíduos produz um impacto inegável sobre o funcionamento da sociedade, sobretudo quando tal impacto se torna mais quantitativo. Em *Les Irremplaçables*,[111] busquei demonstrar o vínculo em relação a um indivíduo reificado, que se sentia substituível, intercambiável, não respeitado em seu ambiente, em especial o ambiente institucional e profissional, portanto público em sentido lato; como esse indivíduo pouco a pouco se cindia para resistir a esse maltrato psíquico e como, a seguir, ele adoecia. Estaria ele, em princípio, perfeitamente são? Ou, inversamente, como ele reforçava por meio da disfunção coletiva suas próprias disfunções internas, ligadas à sua história pessoal, ela também já articulada à história coletiva? A partir daí, esse indivíduo já não seria capaz de assumir a tarefa de proteger a democracia, isto é, de desejá-la e de se comprometer com ela. Pelo contrário, ele mergulharia nos delírios persecutórios e vitimários, em busca de um bode expiatório e de uma figura paterna capaz de lhe assegurar a falsa dupla crença de estar protegido e de poder liberar suas pulsões hostis sem precisar pagar o seu preço.

Do mesmo modo que a teoria das finanças já validou as ciências comportamentais,[112] inclusive de maneira oficial e nobelizada, a filosofia política deveria igualmente se articular com as ciências do comportamento, particularmente com a psicanálise, que se destaca por ser aquela que trabalha com a noção de inconsciente. A partir do momento que o ressentimento passa a ser definido como um dos mais perigosos males que afetam a saúde psíquica do sujeito e o bom funcionamento da democracia, passa a ser importante perceber como pode ser prevenido, do ponto de vista institucional e também clínico, o que remete ao estudo dos fenômenos mais pulsionais do tal ressentimento.

> Quer seja em suas fantasias pulsionais recalcadas, no destino impenetrável de seus vínculos ou em suas constelações afetivas inacessíveis à vontade, a pessoa humana aqui é sempre considerada do ponto de vista dos impulsos inconscientes, que impõem limites dificilmente superáveis à deliberação racional.[113]

Honneth prossegue, ao citar um segundo argumento importante para a justa elaboração de uma teoria crítica da sociedade, "explicativo" e não apenas "normativo". Compreender os "motivos da conduta humana" exige uma teoria psicanalítica.

> Para levar em consideração esses motivos opacos, estranhos ao Eu, tais como eles se expressam nas angústias, nas necessidades de vínculo, nos desejos de fusão, nas fantasias de submissão, é preciso uma teoria psicológica do sujeito, uma teoria da socialização, interessada na gênese dos afetos inconscientes na história individual do sujeito.

É óbvio que não podemos realizar essa proeza com todos os indivíduos que compõem uma sociedade, lembrando que não é desejável permitir que o político adentre esse território do íntimo. Logo, não se trata de produzir uma transparência sobre a vida dos seres, o que, inversamente, produziria uma verdadeira psicose e uma balbúrdia de falsos-*selfs*. Trata-se de compreender que nossas instituições – em sentido amplo –, da escola até a empresa, passando pela administração, pelos hospitais, pelas universidades etc., devem produzir cuidado suficiente para não fortalecer as vulnerabilidades inerentes à condição humana, ou seja, seus conflitos pulsionais, o sentimento melancólico da finitude, e prestar atenção para não produzir mais reificação – reificação essa que, após ter se voltado contra os indivíduos e ter provocado seu adoecimento, se voltará contra a própria democracia, ao desenvolver a tradução política desses transtornos psíquicos e, em especial, do ressentimento citado. A articulação com a psicanálise e, de modo mais geral, com as ciências humanas, será ainda mais necessária no futuro, sobretudo devido a essa consideração a respeito da importância da racionalidade emocional, inseparável de nossos processos racionais de decisão, pois se insere doravante num panorama digital e algorítmico. A técnica sempre concorre, de modo cada vez mais opressivo e potencialmente liberticida, com as ciências humanas, em sua busca pela compreensão da pessoa humana. Tecnologias propõem desde já um "rastreamento" das emoções pessoais por meio da coleta cada vez mais expansionista de dados ditos pessoais, indevidamente chamados assim, pois nada falam da verdade holística da pessoa. Todo dado é, desde já, pessoal, no sentido de que é capaz de "dizer" algo sobre as liberdades pessoais. A reificação da pessoa por meio dos dados digitais é o contrário de um processo analítico respeitoso da dignidade e da liberdade da pessoa humana.

O golpe contra a linguagem

Uma das manifestações mais explícitas e audíveis do ressentimento permanece sendo a utilização grosseira da linguagem. O homem do ressentimento, depois de um silêncio culpado, que se aproxima com frequência da dissimulação do subjugado, se "solta" e vomita seu rancor por meio da linguagem. Sua fala se transforma em vômito e, sobretudo, em possibilidade de sujar o outro. Este é o desafio: utilizar a linguagem não simplesmente como um veículo da verbalização de seus sentimentos ou como uma ferramenta de comunicação voltada para o outro, mas como um instrumento para golpear o outro. É preciso golpear, violentar o outro; e como não se pode fazê-lo pela violência física, a linguagem passa a ser empregada como violência. Insultar, depreciar pela palavra, deslegitimar, cobrir de ofensas, difamar, caluniar, injuriar. A linguagem se torna o primeiro território para expulsar esse fel e, sobretudo, para atingir esse outro que se supõe ser a causa do mal de que se acredita ser a vítima. A linguagem pode perfeitamente verbalizar a raiva, a recusa, a designação do outro como sendo o mal e o perigo: é até o fermento daquilo que pode, mais à frente, constituir uma nova legitimidade, a necessidade de estabelecer a justiça. A violência a serviço dessa causa também existe, e é legítima. Mas a misologia que ocorre hoje, sob a cobertura do anonimato e da delação permanentes, é prova da detestação ressentimista que oprime os corações.

Assim, não é somente um ataque ao outro que está em jogo, mas um ataque à própria linguagem, à sua capacidade de simbolização e de sublimação. É um retorno ao uso falsificado da linguagem, sofístico, complacente e vulgar, que permite empregá-la como um simples instrumento a serviço do poder, e não da crítica. A misologia descrita por Karl Popper se assimila a um ódio do *logos*, da cultura. Doravante, o homem ressentimista escolhe deliberadamente empregar a linguagem somente para degradar o outro, o mundo, as relações que ele mantém. A linguagem está a serviço de uma "des-simbolização". Não mais se encontra a serviço do espírito crítico, mas da pulsão. Se não vomitar a pulsão, é julgado inautêntico. Ora, é justamente o inverso que acontece: uma linguagem que não dispõe mais do poder da simbolização desaparece enquanto linguagem. Assimila-se apenas à pulsão, não controlada, e perde sua capacidade transfiguradora. Não é mais essa ferramenta essencial para a edificação da racionalidade pública, ela própria garantidora do Estado de direito e, mais globalmente, de uma sociedade humanista.

Atualmente, esses vômitos são quase permanentes nas redes sociais, sobretudo devido ao anonimato que rege a organização desses espaços. Anonimato unilateral, à medida que o homem do ressentimento vai vomitar seu ódio do outro, ao escolhê-lo como alvo, perfeitamente identificável, e sobre o qual uma violência física poderá vir a se abater, ratificando a violência da linguagem. Esse é o objetivo: atingir, desferir um golpe tão violento quanto possível, destruir a imagem do outro, pois hoje em dia essa imagem é quase consubstancial à própria identidade. Não se pode negar: trata-se aqui de uma fraqueza da sociedade moderna, ter consolidado tal falha narcísica e ter tornado a imagem ainda mais poderosa do que o fato. Nos encontramos hoje num mundo indefeso diante de novas formas de idolatria, que não estão mais voltadas exclusivamente à esfera religiosa e divina, deteriorando o espírito e a faculdade de juízo da mesma maneira ou talvez causando até mais estragos, na medida em que não existe mais qualquer transcendência. O ídolo não é mais o ícone, e ninguém se engana. O ícone se insere num registro de alienação, de adição, do distúrbio comportamental, do panóptico generalizado. Eis então as redes sociais presas à binariedade ridícula e bem conhecida, nada binária: vomitar seu ódio ou vomitar sua bajulação, ambos sendo indissociáveis e bastante equivalentes.

Os assim chamados *haters* podem agir em bandos organizados e praticar o assédio contra alvos específicos. O ódio linguareiro excita-se com a ideia de um alvo, mas não necessita de um para perdurar. É a primeira manifestação da pulsão ressentimista liberada, que se esconde ainda por trás do anonimato, embora aguarde sua hora, em massa, para poder finalmente esparramar-se à luz do dia. Claro, quanto a essa palavra "destruída", cujo valor foi desmonetizado, sempre há indivíduos que não desistem de praticar um discurso qualitativo, pois sabem que este é garantidor do Estado de direito, pelo menos de um resto de Estado de direito. Devemos ser-lhes gratos, pois a tarefa assemelha-se àquele tonel das Danaides,[114] incansavelmente incompleta, incansavelmente intranquila.

A profecia de Andy Warhol, formulada em 1968, a respeito dos quinze minutos de fama oferecidos a todos, realizou-se de modo invertido: doravante, cada um tem a certeza de desfrutar de seus quinze minutos de difamação no mundo das realidades fusionadas, física e virtual. De certo modo, os "Dois Minutos de Ódio" já prenunciavam em Orwell a emergência de um ritual de detestação coletiva diante do aparecimento de uma imagem e de um rosto, identificados como o "Inimigo do Povo" pela "Polícia do Pensamento". O ódio, o menosprezo, a difamação, o contrário da opinião pública (ao menos em sua tradição do século XIX), ou seja, uma espécie de "dis-*fama publica*",[115] isso tudo sempre foi instrumento de ordem moral e pública, certamente medíocre, porém eficaz.[116]

Aparentemente, difamar é menos mentir e mais manchar uma reputação. Mas só aparentemente, pois difamar é mentir sobre suas motivações. Não é buscar dizer a verdade, mas ofuscar aquilo que é considerado demasiadamente luminoso. É incitar a não mais amar o objeto amado. A difamação é uma incitação ao ódio que não diz o seu nome. Não necessariamente uma mentira sobre o outro, mas uma mentira sobre si. Entre o ódio, a difamação e a mentira, quais são os laços?

Em *A República*, Platão distingue "a mentira verdadeira" e "a mentira por palavras". Devemos "detestar" a primeira, porém não obrigatoriamente a segunda. A primeira é um ato deliberado de fraude: "A mentira verdadeira é detestada não só pelos deuses, mas também pelos homens."[117] Como os deuses não mentem nem enganam, a fabulação poética que pretende o contrário é assimilável a uma mentira, contra a qual a cidade e a educação devem se precaver. Esse é um dos argumentos platônicos para justificar a censura aos poetas: "Quando alguém disser tais coisas dos deuses, levá-lo-emos a mal e não lhe daremos um coro, e não consentiremos que os mestres as usem na educação dos jovens."[118] No tocante à "mentira nas palavras [discursos]", ele encontra por vezes uma justificativa:

> E quanto à mentira por palavras? Quando e a quem é útil, a ponto de não merecer o desprezo? Não será em relação aos inimigos e aos chamados amigos, quando, devido a um delírio ou a qualquer loucura, intentam praticar qualquer má ação, que ela se torna útil, a fim de os desviar?[119]

Dito de outro modo, a mentira se justifica se for útil do ponto de vista do interesse geral, na medida em que é preciso empregá-la para desviar alguém de uma ação danosa.[120] Assim, tal remédio não pode ser utilizado por todos. Deve estar reservado para os "médicos", protegido do uso pelos profanos: "Portanto, se a alguém compete mentir, é aos chefes da cidade, por causa dos inimigos ou dos cidadãos, para benefício da cidade; todas as restantes pessoas não devem provar deste recurso."[121] Finalmente, Platão fala da "nobre mentira",[122] ou seja, aquela dirigida aos cidadãos para protegê-los da discórdia, fazendo com que acreditem que nasceram todos da mesma terra, todos "irmãos na cidade",[123] ainda que dissemelhantes, alguns mais preciosos, posto que compostos de ouro, outros menos, posto que compostos de prata ou de bronze. Esse mito, defendido pelo dirigente político, é uma mentira que tem como utilidade primeira instrumentalizar os cidadãos, de tal sorte que não coloquem em dúvida a ordem preexistente. A República os convence de que suas desigualdades ao nascer não são arbitrárias, antes meritocráticas. O paradoxo, consciente ou inconsciente, passa a ser então o seguinte: para lutar contra a ausência de fraternidade entre os cidadãos, ou até contra a discórdia ou o ódio entre os semelhantes, o político mente, ao destilar um mito que, ao fim e ao cabo, pode despertar o ódio e o ressentimento que supostamente pretende evitar. Quiçá a razão do sucesso da difamação não surja justamente a partir daí. De fato, como explicar uma tal propensão da opinião para difamar? Qual seria o ressentimento inaugural que serviria de base para a instalação de tal pulsão? Seria então uma reação à mentira do poder, ou seja, em relação à sua usurpação e mitificação? Não se trata aqui de justificar a difamação nem de atribuir a ela um pseudopapel regulador, mas antes de colocar a seguinte hipótese: o ódio nasce da mentira do poder. É uma reação à usurpação falsificada em mito de fraternidade e de hierarquização. Aquilo que é apresentado como ordem social já é ódio, no sentido de que essa ordem é resultante da violência e da força de alguns, que prevaleceram sobre a força e a violência de outros. Vejamos o comentário de Rancière:

> Entre o artesão e o guerreiro, entre o guerreiro e o governante, impossível trocar de lugar e de função, impossível fazer duas coisas ao mesmo tempo, sob pena de arruinar a cidade. Barreira das ordens,[124] barreira da mentira. Nada resta da bela funcionalidade da divisão do trabalho. Era preciso que cada um fizesse a única tarefa que lhe era destinada por sua natureza. Mas a função é uma ilusão, assim como a natureza. Resta apenas o interdito. O artesão no seu lugar é aquele que, em geral, não faz nada mais do que confirmar, mesmo ao custo de uma mentira, a mentira decretada, como aquela que o coloca em seu lugar.[125]

Dos recursos ao ódio

O ódio surge subitamente como um retorno do Real diante do simulacro proposto, recalcado e negado. A psicanálise não considera o ódio uma mera reação, antes o relaciona a uma pulsão originária, autoconservadora. Não o ódio da mentira, mas o mentir sobre o ódio. No começo está o ódio, diz em substância Freud, num contraponto à constatação, tão mais apaziguadora, segundo a qual *no princípio era o Verbo*, como escreve Julia Kristeva.[126] A cena da Horda basta para conter o ódio dos filhos? O campo da rivalidade mimética das democracias ultraliberais é uma cena da Horda em perpétua repetição. O ódio é mais antigo do que o amor. Nasce da recusa que o eu narcísico opõe ao mundo externo, produzindo as excitações.[127] Outro mito, bíblico, fala também da impossível fraternidade. O primeiro assassinato é o do ódio por seu irmão, da impossibilidade ontológica de Caim ser "o guardião de seu irmão". Ele confirma a incapacidade atual da cultura de sublimar o ódio original. A cultura é menos o interdito do assassinato do irmão do que os recursos existenciais oferecidos ao homem para resistir ao abismo de seu desejo. "Sou eu o guardião de meu irmão?" não é uma pergunta, e sim uma mentira para Deus e para si mesmo, pois Caim sabe que ser homem é ter sido criado, e ser irmão, apenas ter sido criado e ser irmão. O ódio é inerente à fraqueza da criatura.

Resta a *philia*, outro nome da cultura e de uma resistência ao ódio.

> Os processos sucessivos de unificação e de ampliação dos grupos humanos que marcam o devir antropológico são as concretizações históricas do processo de individuação psíquica e coletiva que caracteriza o devir das sociedades humanas, regidos pela economia libidinal, na medida em que esta consiste em transformar a energia psíquica das pulsões em energia social do desejo, o que é a condição de constituição de uma *philia* – isto é, de uma durabilidade do laço social.[128]

É tristemente revelador que a grande rede social Facebook tenha escolhido a amizade como novo território da novilíngua. A amizade, assim como a cultura, exige um pouco mais de "mistério". Lembremos do diálogo entre Oronte e Alceste em *O misantropo*.

> ORONTE
> Que o céu me arrase, se eu agora minto!
> E para confirmar agora o que eu sinto,
> Permita que o abrace, de igual para igual,
> E que em sua amizade eu possa ter local.
> Toque lá, por favor. O senhor me credita
> Sua amizade?

> ALCESTE
> Senhor...

> ORONTE
> O quê? Inda hesita?

> ALCESTE
> Senhor, a oferta que me faz é muito honrosa
> Mas a amizade deve ser misteriosa.[129]

"Irmãos", em vez de e no lugar de "amigos", assinalará certamente uma próxima etapa para a rede que, de maneira contrária, serve tão bem aos ódios parricida e fraticida. A força do espaço virtual é agrupar os ódios sem, surpreendentemente e por enquanto, prejudicar sua proliferação. Eles coexistem, apesar de sua antinomia. A virtualização das fronteiras torna possível a justaposição das cenas primitivas sem que as hordas se devorem entre si. A modernidade não levou ao desaparecimento da Horda; ela a multiplicou e propôs um novo desafio para a cultura, o de engendrar uma resiliência diante do desdobramento dos ódios. O Nome-do-Pai se apagou diante do Nome-dos-Pares,[130] ainda mais feroz. Tal como o príncipe de Maquiavel, que toma partido do Povo contra os Grandes, o Nome-do-Pai é para o sujeito e sua emancipação um adversário menos temível do que o Nome-dos-Pares.

Nada de novo sob o sol. Posterior à Primeira Guerra Mundial e antecedendo a segunda, *O mal-estar na civilização* já apontava a falência da cultura em conter a pulsão de morte.

> A questão decisiva para a espécie humana é saber se, e em que medida, a sua evolução cultural poderá controlar as perturbações trazidas à vida em comum pelos instintos humanos de agressão e autoagressão. Precisamente quanto a isso, a época de hoje merecerá talvez um interesse especial. Atualmente os seres humanos atingiram um tal controle das forças da natureza, que não lhes é difícil recorrerem a elas para se exterminarem até o último homem.[131]

O diálogo entre Charles Péguy[132] e Jules Isaac[133] já traduzia por si só uma cenografia das mais terríveis e cuja ambivalência ainda perdura: a imensa amizade de dois homens e a injunção do primeiro ao segundo, considerando que a tolerância leva ao aviltamento: "é preciso odiar."

Sei que alguns poderão defender a visão primitivista do ódio como último bastião contra a agressão do outro. Nada de mais verdadeiro, caso esse ódio se assimile a uma autodefesa real, e não fantasiosa. Quanto a mim, a simples leitura da obra de Péguy basta para demonstrar que o homem não é ressentimista, apesar de ferido e antimoderno – a antimodernidade talvez seja a única maneira de viver a modernidade e permanecer crítico a seu respeito. Seu estilo imenso e sublime fala por ele e dá provas de sublimação perante a eternidade. Quero acreditar que seu chamado ao ódio traduzia o temor de ver a República destruída pelo seu próprio aviltamento; aviltamento de seus valores e de sua tentação relativista, que não passa de uma paródia da noção de tolerância, normativa e não permissiva, como se acredita com demasiada frequência.

O *mundus inversus*: conspiracionismo e ressentimento

Um tal ódio contra o outro é dirigido igualmente às instituições, mas também à imprensa, que supostamente deve "orientar" a opinião pública e, portanto, se torna suspeita de ser enganosa. Esse ódio, hoje transformado em ressentimento, constitui um quadro de vida e de pensamento bastante repugnante, pois, do ressentimento ao delírio conspiracionista, basta um passo – essa é a versão coletiva do delírio persecutório pessoal. Pós-verdade, fatos alternativos (*alternative facts*), desinformação (*fake news*), universo de permanente má-fé ou, ainda pior, universo que torna o verdadeiro o resultado de um procedimento falso, viciado, o verdadeiro inteiramente fabricado pelo fechamento, pela recusa em pensar de outro modo, pela certeza psíquica de ser vítima de uma injustiça e de uma ordem que me desacredita. Seria preciso um livro inteiro dedicado apenas a essas questões; quanto a mim, evitarei desenvolver aqui esse tipo de reflexão. O estado da arte já é hoje bastante consistente e deve multiplicar-se no futuro, tamanho é o assalto contra a racionalidade. Penetramos em uma era pulsional forte, que não vai se acalmar simplesmente fazendo apelos à razão – razão essa que foi desprestigiada há tempos e colocada ao lado do conspiracionismo.

Marc Angenot[134] já havia observado o parentesco indiscutível entre o ressentimento e a ideologia conspiracionista, um alimentando o outro, sem descontinuidade.

> No coração do ressentimento, encontramos uma axiologia invertida ou virada do avesso, de ponta-cabeça: a baixeza e o fracasso são indicadores de mérito, e a superioridade cá embaixo, os instrumentos e produtos dessa superioridade são condenáveis pela natureza das coisas, pois ao mesmo tempo são usurpados e desvalorizados em vista de alguma transcendência moral construída pelo ressentimento. A axiologia do ressentimento vem para radicalizar e ao mesmo tempo moralizar o ódio do dominante. O sucesso é o mal, o fracasso, a virtude: eis aí, resumida numa pequena fórmula, toda a "genealogia da moral". "Ninguém pode reinar inocentemente", dizia Saint-Just.[135]

Essa era, aliás, a força do raciocínio de Saint-Just, seu caráter inevitável e, portanto, a prova de sua ideologia, pois nada podia abalá-lo, era tão infalível quanto a palavra religiosa dogmática. Por que era necessário sacramentar o regicida? Porque se tratava de matar a função do rei e, sobretudo, de compreender que Luís Capeto,[136] sendo o rei, era implacavelmente, e desde sempre, usurpador – o que é verdade. Desde sempre, era um espoliador dos direitos do povo, quer tenha sido um rei bom ou mau – tais considerações são irrelevantes para esse raciocínio. O ressentimento produz uma lógica semelhante, ao estabelecer uma inversão de valores: caso alguém seja rico e saudável nesse universo iníquo, é porque se trata de um cúmplice de um universo iníquo, pois este é sistêmico e não considera de modo algum o valor individual das pessoas. Assim, uma tal inversão de valores só poderá conduzir ao surgimento totalitário, igualitarista no sentido reificador: em vez da reificação dominante, irá se desenvolver a reificação dos dominados, que se tornam então os dominantes. O círculo vicioso não se rompe, ele simplesmente beneficia outro grupo. O ressentimento não é assim um pensamento voltado para o estabelecimento da justiça social, mas uma ideologia, uma relação de forças que busca se assentar e promover os interesses de um novo grupo, que se considera espoliado.

> Nos discursos do ressentimento, funciona uma dialética erística[137] sumária, isto é, algo parecido com *A arte de ter sempre razão* [de Schopenhauer] [...], de ser inacessível à objeção, à refutação, bem como às antinomias detectadas em si mesmo, o conjunto formando um dispositivo inexpugnável e também uma reserva duradoura: a vitória nunca chega, sempre restam prejuízos antigos que não foram corrigidos, cicatrizes que lembram o passado e suas misérias, o antigo e deposto grupo dominante permanece hostil e arrogante, e – caso não tenha sido possível livrar-se dele totalmente, aniquilá-lo por meio de alguma "solução final" – mantém sempre algumas vantagens que se tornam um obstáculo infinito para a bela imagem que se gostaria de ter de si mesmo.[138]

É preciso aniquilar o antigo grupo dominante para esperar restaurar uma "imagem de si" mais adequada ao ideal do Eu dos sujeitos ressentimistas. Enquanto não houver a aniquilação dos outros, há uma espécie de mordedura na alma, uma ferida, a do azedume, que se torna tão forte a ponto de ser insuportável. Na loucura genocida da ultrassolução, aquela que faz o problema "desaparecer", em vez de resolvê-lo, ocorre exatamente o mesmo mecanismo: acreditar que a erradicação total poderá, finalmente, apaziguar, acalmar a pulsão ressentimista, restabelecer a ordem justa, enquanto na verdade o que está sendo organizado é simplesmente uma nova ordem desigual, cuja antiga vítima agora se tornou o carrasco. Compreende-se facilmente que se trata de um mecanismo sem fim, exceto se acreditarmos que a erradicação foi total; mesmo assim, seria ela uma visão romântico-mafiosa e detestável, a crença de que a erradicação do outro é possível, e que a nova "pureza" permanecerá ilesa. Não, novos ressentimentos surgirão, pois somente o trabalho de desconstrução da pulsão, e não sua liberação, poderá contê-la e, quiçá, acalmá-la. Esse trabalho, ninguém pode evitá-lo, nem individual nem coletivamente. É um trabalho que nunca se completa, pois a história individual e coletiva carrega incessantemente novos desafios a serem superados. Ao não ser feito, o trabalho psicanalítico precisa, de certa maneira, ser desacreditado, e a ele é necessário opor uma ordem "infalsificável", infalível das coisas, "mitológica", no sentido de que essa ordem vai propor uma leitura do mundo ilusoriamente "grandiosa", aquilo que Angenot denomina de "elementos extradialéticos", aqueles que não poderão ser refutados por um simples raciocínio científico, sempre alvo de suspeição.

> Além de seus raciocínios tortuosos, o pensamento do ressentimento também é reconhecível pelos seus elementos extradialéticos, isto é, por "mitos" de predileção. Adepto da denegação e da suspeição, esse pensamento é grande consumidor, e também produtor, de certos tipos de "mitos" fartamente conhecidos: mito do Complô, da Conspiração celerada, mitos das Origens, do Enraizamento, mito do Vingador, que nascerá entre os Seus. Percebe-se o efeito de persuasão de tais mitos: são concebidos para contribuir na Grande Explicação desse *mundus inversus*, desse mundo pelo avesso onde eu e os meus não ocupamos nosso merecido lugar.[139]

A noção de *mundus inversus* é muito importante para compreender o laço indefectível que une ressentimento e pensamento conspiracionista: por sua capacidade holística, esse pensamento está apto a responder a todas as questões e a todas as falhas do mundo atual. Corresponde a uma espécie de solução mágica, capaz de responder a tudo, podendo explicar todas as mágoas narcísicas do indivíduo ressentimista, e que permite, além disso, uma maravilhosa diluição de sua responsabilidade. O raciocínio conspiracionista é bem conhecido na psiquiatria, característico das estruturas paranoicas que interpretam todo e qualquer sinal externo num único e mesmo sentido – a saber, a validação de sua tese inicial. Não há saída. "Vários cientistas políticos [...] diagnosticam, na cultura pública atual, a ressurgência vigorosa de uma *lógica paranoide*, cujas teorias conspiratórias, tanto de direita quanto de esquerda, constituem os sintomas."[140] Uma das marcas da psicose é impedir a saída, impedir o cuidado ou a reparação; é por essa razão que é tão difícil, talvez quase impossível, curar esse mal.

A tese paranoica é ainda mais difícil de ser desconstruída justamente por se apresentar como a encarnação da máxima clarividência. A paranoia joga um papel importante, não esqueçamos: o de restaurar a pulsão narcísica do sujeito, devolver a ele o sentimento de uma inteligência – ele, o menosprezado, o não reconhecido. Aquilo que a sociedade lhe nega, a paranoia lhe oferece em uma bandeja de prata, e é, portanto, bastante lógico que se agarre a ela, pois nela se encontra a única reparação de fácil acesso. É preciso recordar que, em meio a esse grande movimento de destruição do outro, a psicose permanece sendo sempre um pensamento de autoconservação, consciente ou inconsciente. Esse dinamismo, essa energia autoconservadora levam a questionar a qualificação de "doença" no que se refere à psicose, tamanha potência de vida dentro de um "mal". No entanto, se lembrarmos as definições mais dinâmicas e subjetivas da doença em Canguilhem, para citarmos apenas ele, a doença é vista como uma "inovação do vivo"[141] para perdurar em seu ser enquanto um corpo sadio. É uma inovação do vivo com "intenção de cura",[142] escreve ainda Canguilhem. A psicose não tem nenhuma "intenção de cura", ela é geralmente uma negação da doença. É preciso diferenciar bem a negação perversa da doença da anosognosia,[143] que traduz um distúrbio neurocognitivo.

O uso metafórico da saúde nos ajuda a perceber a dinâmica interna do sujeito e da democracia, por se mostrar relevante para descrever o tipo de *vis medicatrix naturae* que é necessário implantar, inventar, consolidar, conceitualizar, de modo a proteger as saúdes dos indivíduos e da organização onde ele vive. A educação e o cuidado têm como objetivo último a edificação dessa *vis medicatrix naturae* capaz de produzir as inovações com intenção de cura, ou seja, as reformas voltadas para a manutenção da durabilidade democrática.

O ressentimento sempre operou – para o adepto da denegação – como uma reação ao desencantamento, *Entzauberung*, esse conceito central em Max Weber. As ideologias do ressentimento estão intimamente ligadas às ondas de angústia em relação à modernidade, à racionalização e à desterritorialização. A mentalidade da *Gemeinschaft*,[144] homogênea, quente e estagnada, tem tendência a azedar nas sociedades abertas, frias, racionais e técnicas. O ressentimento, que recria uma solidariedade entre pares rancorosos e vitimizados e valoriza o recuo identitário, surge como um meio para reativar sem grandes custos o calor, a comunhão num irracional caloroso, no momento em que se é confrontado com mecanismos de desenvolvimento sociais e internacionais, anônimos e frios, "monstros frios" incontroláveis, os quais, justamente, não permitem nem táticas nem vitórias coletivas.[145]

Angenot tem clareza ao enxergar a associação entre ressentimento e desencantamento, no sentido de que uma ausência de sublimação desse último torna inelutável o ressentimento. Para preveni-lo, sem ter de passar pela obrigação de sublimação da angústia, único desafio verdadeiro, podemos evitar sua expansão ao zelar para não reforçar os processos extremos de racionalização e de desterritorialização, que provocam inevitavelmente um sentimento de reificação e logo, por reação, uma resistência que rapidamente prefere submeter-se à paixão vitimária em vez de engajar-se numa resistência mais ativa, de tipo cívico e democrático.

Em busca da expansão do Eu, I

É intelectualmente ridículo e eticamente perigoso negar as condições existenciais do indivíduo, psíquicas e sociais, não ver suas interações profundas e acreditar que uma racionalidade pré-fabricada vai conseguir administrar a liberação não controlada das pulsões mortíferas do indivíduo. Hermann Broch, em sua grande obra dedicada à *Théorie de la folie des masses* [Teoria da loucura das massas], defendia o ensino da psicologia política e o estudo dos fenômenos de loucura coletiva,[146] o que ele chamava de "cegueira ordinária e embriaguez vulgar".[147] Caso nada fosse feito nesse sentido, dois fenômenos corriam o risco de acontecer, ambos igualmente danosos para a "contaminação psíquica das massas",[148] quais sejam "o crescimento da irracionalidade e a perda de racionalidade":[149] o primeiro mais relacionado a um transbordamento com conotação religiosa e o segundo, a um transbordamento com aspirações populistas, ambos sendo, evidentemente, fenômenos conexos.

Por que falar de "psicologia política"? Porque Hermann Broch tem plena consciência de que não existe uma entidade mística dita "a massa", como se fosse uma entidade própria com uma vontade única. A psicologia coletiva é o estudo das "condições externas nas quais o Eu se vê colocado, em decorrência da presença de um grupo sociológico tal como a massa".[150] Quando o Eu não pode mais se articular ao mundo, isto é, quando ele se considera excluído e não consegue mais transformá-lo, mesmo minimamente, pouco a pouco, diante dessa impossibilidade de "expansão do eu" pelo mundo, produz-se seu exato contrário: qual seja, uma "retratação do eu" que leva o indivíduo a "recair em um sentimento oposto ao êxtase, o sentimento do medo, que, como se sabe, remete sempre ao medo de morrer".[151] Ora, o Eu só pode resistir às suas pulsões mortíferas, à sua angústia do vazio e da morte, se for capaz de praticar uma espécie de suspensão desses assaltos, opondo a eles uma energia vital criadora e uma força de sublimação.

Para tanto, existem várias alternativas; a expansão do Eu pode se fazer de diversas maneiras: o amor e a amizade, no sentido aristotélico do termo, ou seja, mais amplo do que a mera afinidade eletiva, são uma causa, uma oportunidade de crescimento, de aumento do Eu, digamos. A experiência estética, a arte, as humanidades, igualmente. Vimos também que a *vis comica* era uma forma de expansão do Eu ou, mais exatamente, uma dinâmica de desconstrução muito eficaz do encolhimento do Eu, pois ela derruba constantemente a representação do mundo, julgada por demais estereotipada e restritiva. O riso continua a ser uma forma de discernimento. Fui educada por esse riso, até me dobrar de quatro, imediatamente cair de quatro, imediatamente ver as coisas por baixo. Rir para desconstruir a ilusão de posse: "o conhecimento do mundo, o conhecimento do não Eu, se torna uma maneira sublimada de possuir o mundo, em suma, uma sublimação das pulsões. Possuir realmente o mundo inteiro revelou-se impossível, mas é possível possui-lo simbolicamente, e então se pede a essa relação simbólica que faça aquilo que o valor possessivo primeiro não logrou fazer: abolir o tempo."[152] Sabemos que a ilusão contemporânea moderna propõe prescindir da simbolização para "expandir" o Eu, que ela transforma esse desafio, estritamente ético, intelectual, metafísico, simbólico, em um desafio material e técnico. É claro, isso não dá certo, isso cria dependência e uma falsa capacidade compensatória: mas assim que o wi-fi deixa de funcionar, o pânico se instala nas barraquinhas mentais. A expansão do Eu não é efeito de um Eu todo poderoso; é exatamente o inverso. É a prova de que o Eu conhece seus limites e sabe da necessidade de sublimá-los para não ser vítima de seus possíveis desvios mortíferos. A simbolização é a antítese do todo-poder, na medida em que a ausência é aceita, mas o sujeito produz com ela uma relação qualitativa que permite superar as dores da ausência de posse. Esse é um dos ensinamentos inaugurais da psicanálise: como resistir à separação, à ausência do objeto e do outro, como resistir a esse "não Eu" invasivo que me circunda? No início, o bebê acredita que é inseparável da mãe, acredita certamente que ela é ele e ele é ela, mas a ilusão se desfaz muito rapidamente; provavelmente, logo após o parto, a intuição da separação é inevitável, e pouco a pouco para essa criança a educação ajudará a acompanhar a emergência da potência de simbolização: aqui repousa a mãe.

O que a separação significa

A separação não é o abandono, a recusa da dívida perante os mais velhos e, de certa forma, de dependência afetiva, a crença ilusória de ser independente, sem qualquer obrigação. Compreender nunca é assimilável a um gesto caricatural: é muito diferente aceitar a separação, considerá-la como um dever, aceitar determinada forma de longínquo, isso não leva obrigatoriamente o sujeito a uma negação do apego filial. No entanto, temer a separação sem nunca sublimá-la pode beirar a vitimização, já que o indivíduo não se sente mais protegido, aguardado, amado como o único e exclusivo. Nunca é tão límpido, e os "pais" físicos e bem reais não estão obrigatoriamente envolvidos nessa questão da impossibilidade de fazer o luto da proteção fantasiosa, quase mágica.

Há um autor cuja leitura esclarece toda a ambivalência de uma relação parental ao mesmo tempo imensa, que acompanha as maiores evoluções da criança, e que apesar de tudo sabe se retirar, ou em relação à qual a criança saberá não mais esperar aquilo que ansiava no passado. Mais uma vez, ambivalência.

No cais, ao se despedir de seus pais, que embarcavam para Nova York, Simone Weil[153] declara a eles: "Tivesse eu muitas vidas, dedicaria uma delas a vocês. Mas só tenho uma, e essa, eu a devo em outro lugar."[154] "Devo tudo a vocês", diz a criança a seus pais amados; essa dívida, porém, eu a devo também ao "fora", e é assim que o Aberto toma forma. O *"aqui repousa a mãe"* de Weil nunca impediu o acesso à sua infância.[155] "Tudo aconteceu como se o olhar familiar sempre tivesse unificado – e reunificado, quando necessário – seu ser, como se nenhum olhar externo a tivesse dissociado de si mesma. O olhar parental – sobretudo materno – confirmou, muito além da adolescência, a identidade dessa criança genial e agitada, que considerava *ter sido dotada de faculdades intelectuais medíocres."[156]* A separação nunca foi fácil, mas aconteceu. Com frequência, Weil, filha, queixa-se junto de Weil, mãe, que reclama da falta de cartas e, algumas linhas mais tarde, reconhece que a queixa é infundada, pois a vida de Simone se revela impiedosa em termos de disponibilidade de tempo para os outros. Seus pais estão onipresentes em seu coração e seu espírito, entretanto as estradas do mundo são infinitas, e não há retorno possível: é preciso ir, escrever, responder ao desafio do pensamento matemático e dos gregos, reagir a esse desafio de reconciliação dos tempos modernos e antigos; logo, a permanência junto ao seio materno parece improvável. Seria impeditiva. Perverteria a ambição educativa dos pais. Um mês antes de morrer, doente e consumida por uma fadiga devastadora, ela pensa neles: "Estou acabada, quebrada, além de qualquer possibilidade de reparação [...]. Na hipótese mais provável [...] talvez o objeto possa ser, não reparado, mas provisoriamente colado [...]. Acredito, estou quase certa que até esse conserto provisório só pode ser feito pelos meus pais, por mais ninguém."[157] Ao longo de toda a sua vida, Simone Weil tergiversou entre a consciência da distância e essa necessidade de uma unidade reencontrada, o desejo de amor como havia pensado Aristófanes em *O banquete* de Platão,[158] recordando a cada um de nós nosso destino original, o de ser um e somente um, anterior ao dois do homem e da mulher. Sua busca divina está certamente ligada a isso, a essa sensibilidade fusional. Ser colado(a), reparado(a) pelo Um, quem não sonhou com tal cura? Quanto a mim, quando essa fratura magistral aconteceu, eu já nem tinha mais acesso a tal compreensão. Acontece que a cada hora da manhã e da noite, e se fosse preciso, durante o dia, eles estavam ali, o pai e a mãe, a mãe e o pai, a avó também, não simplesmente como uma família; nesse instante, é quase outra coisa que acontece, como um dever para além das idades e da vida, uma fraternidade amorosa e silenciosa, responsável, ágil e eficaz. É como um mandamento.

Com catorze anos, Simone Weil havia caído em "um daqueles desesperos sem fundo da adolescência", consciente de não ser seu irmão,[159] cujo gênio já era conhecido – ou pelo menos ela disso estava convencida –, e o que a salvou foi esse sentimento de que a simples tensão do esforço, autêntico e persistente, esse esforço de atenção em busca da verdade,[160] que alguns chamariam de estímulo filosófico, somente isso poderia salvar sua alma de uma mediocridade garantida. Ela agradecerá mais tarde seu irmão e confidente André Weil, por ter lhe dito que "o futuro precisa dela"[161] e acrescentar que ela prefere a antiguidade dos gregos para poder se atracar a esse "futuro", tal como ele se apresenta. Em sua correspondência com seu irmão, Weil comenta a interpretação nietzschiana da tragédia grega e como, segundo ela, o filósofo se equivoca, ao descrever os gregos como "desesperadamente apegados" à proporção.[162] Para ela, a frase não é um oxímoro, mas demonstra uma incompreensão, pelo moderno, do espírito antigo. Não há desespero. Há sem dúvida o gosto amargo da necessidade, mas este se mantém, simultaneamente, junto com uma forma de felicidade, talvez de obrigação. Seria o sentido da sublimação, quase inato ou implícito? Nietzsche teria sabido criar somente a sublimação melancólica? Não importa, Simone Weil escolheu seu campo, o da medida e da harmonia, contra o dionisíaco, aquele da matemática e da geometria face ao caos ambiente, mesmo ela tendo-o experimentado numerosas vezes, em sua própria carne, nos anos que antecederam a guerra, ativos, moldando seu pensamento. Ela rejeita ser atraída pelo desequilíbrio, pela tentação da loucura. Todos aqueles que guardam os olhos abertos têm uma concepção dolorosa da existência.[163] Nem por isso se submetem à aniquilação e à angústia. Os gregos não tinham angústia.

Em busca da expansão do Eu, II: a democracia, sistema aberto de valores

A angústia, eis uma verdade dos modernos. Se a retração do Eu perdura, a angústia se aprofunda, e Hermann Broch descreve "uma angústia sem saída". Broch vai então apresentar distintos tipos de estruturas de "sustentação".[164] As mais tradicionais estão ligadas, em suma, à realidade material, à propriedade, à relação com o poder ou com a realidade intelectual com o conhecimento, ou ainda à realidade emocional, o desafio consistindo em criar "sistemas de valores" capazes de "banir o pânico",[165] em especial aquele ligado à finitude, ou ao perigo que o outro pode representar. Todos os nossos sistemas de valores procuram então acalmar nossa angústia existencial e liberar o sujeito de seu domínio, na tentativa de fazer alguma coisa. Em contrapartida, o ressentimento produz uma inversão desse sistema de valores; ele produz, de fato, um sistema de valores, do qual o sujeito não poderá se emancipar: pelo contrário, ele repetirá suas tendências pulsionais, as consolidará e produzirá um estado de fechamento sobre si mesmo e suas certezas. Broch nos faz então pensar em Karl Popper, quando descreve as "sociedades abertas", pois vai empregar um termo equivalente para definir um sistema de valores sadio *versus* um sistema que não o é.

Apesar de o homem tender naturalmente, como se obedecesse a uma espécie de reflexo condicionado protetor, a querer subsumir o mundo em seu sistema de valores, isso não impede que ele deva ser capaz de pensar que existe um resto, alguma coisa que resiste a essa síntese.

> Todo indivíduo, todo grupo social, toda categoria profissional etc. busca compreender o mundo de acordo com seu esquema de percepção específico, que é justamente o de seu sistema de valores, e a subsumi-lo ali completamente.[166]

Logo, o problema não está no fato de o indivíduo ou o grupo tentarem agir assim, a coisa é bastante natural num primeiro momento; o problema vai ocorrer se eles se aferrarem a isso e se tornarem incapazes de ultrapassar as fronteiras de seu sistema de valores, passando a acreditar que tudo que transgredir essas fronteiras será julgado ilegítimo exatamente por isso. Não se trata aqui de validar os sistemas relativistas que não hierarquizam seus valores nem seus raciocínios. Em vez disso, trata-se de produzir sistemas de valores compatíveis com o espírito crítico que podem acolher a discussão com raciocínios contraditórios, mesmo se estes forem rejeitados em seguida, mas que o façam de boa-fé, sem apelar à má-fé, tal como Schopenhauer[167] a teorizou. "Um sistema que se encontra sob a dominação de uma dogmática de valores pode ser descrito como um sistema fechado."[168] Esse é o caso clássico das religiões ou ideologias integristas e totalitárias. "Inversamente, os sistemas abertos se distinguem pelo fato de não procurar subsumir o conjunto dos fenômenos do mundo em um edifício dogmático de valores materiais, mas se esforçam em alcançar o valor absoluto desejado ao desenvolver sempre mais o sistema."[169] A ciência é um sistema aberto por excelência, que avança por estabilização sucessiva das verdades, mesmo que elas possam se apagar diante de um novo raciocínio que as questionem, de acordo com as próprias regras científicas.

Broch dá mais um passo para relacionar indivíduo e sistema de valores, aberto ou fechado, e descrever assim os recursos disponíveis para que o indivíduo possa resistir ao conjunto de suas pulsões mortíferas, pois praticar tal ou qual sistema de valores não deixa de ter consequências sobre o psiquismo do indivíduo e da coletividade. Evidentemente, todo sistema de valores presente no indivíduo não é fruto único dos valores individuais, mas remete a uma interação permanente entre a personalidade do indivíduo e as sociedades (familiar, cultural, institucional, econômica) nas quais ele evolui. Apesar da consciência de seu pertencimento a diversas comunidades – comunidades que exercem um papel tranquilizador –, Broch lembra a necessidade, para o indivíduo, de continuar a exercer uma função crítica perante elas, sob pena de alienar-se. Broch descreve o "tipo ideal de comunidade", que deve oferecer ao indivíduo ao mesmo tempo "um máximo de valores racionais e um máximo de valores irracionais, estes últimos simultaneamente sob a forma de um livre desenvolvimento da personalidade e sob a forma de sentimentos comunitários".[170] A tese de Broch é ainda mais interessante, pois não opõe o racional e o irracional; antes ela reconhece que ambos são essenciais ao homem.

Poderíamos acrescentar ainda que a razão, em seu conjunto, não se expressa necessariamente pela via científica ou segundo uma metodologia de certificação preexistente; pouco a pouco, a razão também inventa suas novas ferramentas de avaliação e de medida, ferramentas que eram até então consideradas insuficientes em termos de racionalidade científica. O fato é que o espírito humano e as emoções cognitivas conexas são tão animados pelo racional quanto pelo irracional, embora isso ainda não tenha sido – e talvez nunca venha a ser – comprovado cientificamente. Ambos são essenciais para "cuidar" da alma do indivíduo e propiciar recursos que lhe permitam superar sua angústia existencial e seu possível desvio em direção ao ressentimento. A verdade é que Broch é especialmente sensível à realidade irracional, pois experimentou, em sua alma e em sua carne, a inanidade do mundo no qual vivia, a Alemanha nazista. Certamente concebeu, em modo de espelhamento, uma forma de resistência mística, capaz de extirpar-se dessa deliquescência dos valores, mortífera, embora mantendo uma abertura. O misticismo de Broch é um sistema aberto, de modo algum dogmático; é um sistema que tampouco se deixa aprisionar pela mera lógica matemática. O cientismo pode causar verdadeiras carnificinas, bem como o fanatismo.

> Pode-se afirmar, sem risco de errar, que todo sistema de valores central, qualquer que tenha sido sua contribuição para a edificação da civilização, desmorona e degenera em uma verdadeira loucura coletiva, a partir do instante em que sua teologia se constitui em um sistema fechado autônomo e que se hipertrofia enquanto tal.[171]

Logo, é importante que o sistema central de valores seja capaz de produzir uma espécie de homeostasia regular, diante dos valores e dos "fatos" novos que ainda não foram experimentados nem pensados até então. Uma vez mais, a adaptação ao novo real não é imediata e pode provocar um sentimento de desestabilização profundo. Caso o sujeito se mantenha em seu sistema fechado, incapaz de novas simbolizações e sublimações, a consequência é inevitável: ele recai em uma psicose perigosa, para si mesmo e para a coletividade. Caso ele mantenha um sistema aberto, isso não significa de modo algum que estará imediatamente protegido dos assaltos de insegurança (material, emocional, intelectual) provocados por esse novo real, mas que será capaz de enfrentá-los. Broch fala então de um possível "dilaceramento psíquico",[172] que ele identifica mais com a neurose do que com a psicose, embora a neurose possa ser bastante severa. Se é possível estabelecer um diálogo entre Popper e Broch, é justamente porque ambos tentaram pensar a sociedade democrática como um sistema aberto, e que o segundo chegou até mesmo a considerar que o próprio objeto da democracia era "lutar contra a loucura das massas" e "trazer o homem de volta para dentro de um sistema aberto do sentimento de humanidade". Sem dúvida, a teoria de Broch está impregnada de profundo misticismo cristão, à medida que ele procura pensar a "conversão democrática"[173] de maneira análoga à conversão religiosa. Sob esse aspecto, não está tão distante dos pioneiros revolucionários franceses – ao menos de alguns, como o grupo ao qual pertencem Robespierre e Rousseau – que criticaram a religião devido a seu viés sectário, mas que buscaram compreender seu mecanismo de unificação e de produção de sentimento social. Rousseau falou de "religião civil" e Robespierre procurou sacralizar os princípios da República. Em meu livro *Les pathologies de la démocratie* [As patologias da democracia][174] procurei explicar esse fenômeno muito francês e formulei a seguinte hipótese: se a noção de laicidade é tão normativa na França, é talvez para permitir que cada um possa elaborar uma relação com a transcendência sem o dogma, pelo menos para permitir a existência de um território não conflitivo, possível e comum, nesse vínculo cívico e pessoal com a transcendência. "O esquema de todas as conversões religiosas pode então aplicar-se perfeitamente ao seu prolongamento secular."[175] O interesse do raciocínio de Broch – que é possível apreciar sem ter de compartilhar suas inclinações místicas – está em que permite compreender como a democracia deve "tender" para o indivíduo "na direção de um ganho constante de racionalidade"; e como esse ganho de racionalidade vai ele próprio convergir para um espaço muito pessoal, íntimo e de modo algum político.

O homem do subterrâneo: resistir ao abismo

Há vizinhanças muito perigosas entre o coração de um homem e o ressentimento, com frequência irreversível. Mas às vezes, na literatura, há uma redenção possível: de um lado, pelo estilo, como potência de simbolização, de outro lado, pelo enredo, que pode narrar essa inversão, essa impossibilidade para o homem de sobreviver, tal e qual, ao seu próprio ressentimento. Dostoiévski trata desse problema crucial, sobretudo em *Crime e castigo*, ao mesmo tempo que atravessa uma situação pessoal difícil, marcada pelas dívidas e pela amargura.

Em uma carta de 1865,[176] o escritor conta que perdeu o gosto pela comida, devido à obrigação de "jejuar" por falta de recursos para se alimentar direito. Ele explica então seu projeto de escrever uma história que seja "o relatório psicológico de um crime". O crime descrito é certamente odioso, apesar de ser possível acreditar que o triste destino do jovem rapaz, aspirante a criminoso, não seja justificado, pois ele é tão miserável quanto o mundo que odeia. O herói é pobre e, sem dúvida, está desesperado. Ele se deixa dominar por "ideias bizarras", escreve Dostoiévski, ideias que vão conduzi-lo à sua perdição, por meio da morte de outra pessoa – a saber, dessa "velha" senhora, "burra", "surda", "doente" e "agiota". Deveríamos classificar essa ação como um crime, ele se pergunta, se essa mulher já é muito idosa, vai morrer mais cedo ou mais tarde, sem a ajuda de ninguém, já que ela não passa de um reflexo medíocre e egoísta do mundo que a cerca. A resposta é positiva. É aqui que o livro acaba por salvar o autor do crime, ao condená-lo, não ao ressentimento e à reclusão em sua própria certeza fatal, mas ao arrependimento, ao lhe mostrar o caminho de uma via bem mais difícil, no entanto, salvadora.

> Questões insolúveis estão colocadas para o assassino, sentimentos inesperados e insuspeitos torturam seu coração. A verdade divina e a lei humana terminam por levar a melhor e ele acaba por se denunciar a si mesmo. [...] Os sentimentos de isolamento e de separação da humanidade que experimentara desde que cometeu o crime o consumiam. O criminoso resolve por si só redimir sua obra e assumir os sofrimentos.[177]

Esse estudo da reviravolta psicológica do criminoso permitirá a Dostoiévski elaborar uma nova figura do homem, que supera ao mesmo tempo o desencantamento e o ressentimento, embora flerte incansavelmente com ambos, sob o risco de sucumbir, ou seja, "o homem do subterrâneo".[178] Como traduzir melhor esse homem que, confrontado com as modernas revoluções, técnicas, urbanas, industriais, as quais ainda não encontraram sua moderação social e sua justa repartição – sobretudo porque a Rússia de então está longe desse caminho voltado para o Estado de direito –, esse homem que só dificilmente consegue, às vezes pagando o preço de sua própria vida e consciência, enfrentar um tal nível de insegurança material e imaterial. Então, ele sucumbe; tal como um Orfeu de um novo tipo, ele saberá atravessar essa itinerância subterrânea.

A literatura de fins do século XIX é aquela que assiste ao nascimento dos anti-heróis, os "homens sem qualidades",[179] medíocres, tristes, órfãos de uma bela estirpe e que se pensam igualmente órfãos de futuro, pois nada parece designá-los como eleitos. Foram ofendidos, terrivelmente ofendidos narcisicamente, então conferem a si mesmos "um direito ao crime",[180] do mesmo modo que Aragon afirmará mais tarde "um direito de ser feroz".[181]

Há outro grande escritor que também fará da itinerância na lassidão o *leitmotiv* de sua obra. Cada livro de Huysmans[182] traça um retrato desse indivíduo comprimido pela modernidade, cercado pela mediocridade atroz, em falta de transcendência, em busca de sentido, porém esbarrando somente no absurdo, com dificuldades diante de sua liberdade e seu talento, consciente demais para estar alegre: "a vida moderna atroz", "o americanismo recente dos costumes", "o elogio da força bruta", "a apoteose da caixa-forte", pensaríamos estar lendo uma descrição do mundo atual, fascinado pelo mercantilismo e pelo espetáculo das relações de força histriônicas. E, claro, essa denúncia do "gosto nauseabundo das massas", da rejeição do "pensamento altaneiro", da recusa do "impulso na direção do sobrenatural" e dessa sentença final que poderia até destruir a literatura, mesmo sendo a literatura a que sabe sublimar tudo: o fato de "repudiar o estilo".[183] Huysmans narra isso, os tormentos da modernidade e da consciência infeliz, sempre flertando com a amargura, sem nunca escorregar no ressentimento cristalizado, mantendo-se mais do lado da melancolia e da lassidão, de um desânimo que capitula, apesar de permanecer afeiçoado ao esforço pelo estilo. Pois não se pode negar a qualidade do estilo de Huysmans, o fato de que ele espeta como a ironia e possui uma mira certeira para falar da baixeza da alma, que ele percebe por vezes a graça de uma beleza, que ele conta como o indivíduo não escapa da modernidade, como se esta fosse uma espécie de pântano escuro. Uma simples olhada nos títulos das obras de Huysmans permite entender a sua busca, como indivíduo e como autor: encontrar o lugar onde pudesse se recolher, sem ser a presa do ressentimento; encontrar o refúgio, em suma. *Sac-à-dos* [*Mochila*] relata essa itinerância para além da guerra e da doença. À *rebours* [*Às avessas*][184] a torna definitivamente impossível, *Là-bas* [*Nas profundezas*] tenta novamente, *En ménage* [*Um casal*] a ridiculariza. "Viver longe do seu século",[185] eis o que seria preciso fazer, mas isso também é impossível. Essa é, aliás, uma verdade comum no mundo atual, o refúgio parece inalcançável, pois o ideal da conectividade sendo "não deixar restos", a realidade física do refúgio torna-se fisicamente impossível. De fato, sobram ainda a simbolização e a sublimação, logo a possibilidade de criar um refúgio em toda parte, quiçá a obrigação moral, já que há a proibição técnica. Huysmans não vivia ainda nesse panóptico gigante que é hoje o nosso, mas ele pressentia que o espírito moderno estava bem ali, nessa ideia de impor um imperialismo de novo tipo, a submissão a um espaço-tempo único e exclusivo.

Lembramos as linhas geniais que pareciam denunciar uma espécie de defeito, embora descrevam certamente a única maneira de habitar o mundo, qual seja, cada um sendo habitado por várias temporalidades. Não vivemos no mesmo agora, havia escrito Bloch. Afinal, por que seria isso um mal? Sim, as almas que possuem esse sentimento nostálgico encontram-se no exílio e podem recair no ressentimento, mas muitas vezes a nostalgia serve como refúgio, exatamente um território que propõe um "agora", um espaço-tempo em que a ilusão de conseguir viver serenamente permanece. Verdade é que a nostalgia é bastante intolerável, para si mesmo e para o outro. Ela exaure, ela isola, pois os demais se cansam de tentar, seja para impedi-la, seja para contradizê-la com argumentos racionais; mas essa é antes de tudo uma verdade existencial e emocional, que não suporta de fato o diálogo contraditório e, sejamos realistas, os que constatam a melancolia contemporânea, os nostálgicos, eles na verdade não estão errados; eles simplesmente escolhem, entre os inúmeros fatos decepcionantes, aqueles que confirmam suas teses. O que protege então os nostálgicos e os melancólicos de cair no ressentimento é o fato de que não estão mais na inveja, estão no lamento, na decepção, no esquecimento impossível de um passado ilusório, afinal isso os protege, pois não "desejam" mais nada desse mundo. "Qual um eremita, estava maduro para o isolamento, estafado da vida, nada mais esperando dela; qual um monge, outrossim, acabrunhava-o uma lassidão imensa, uma necessidade de recolhimento, um desejo de nada mais ter em comum com os profanos que eram, para ele, os utilitários e os imbecis."[186] Huysmans descreve perfeitamente isso, o desejo de não ter mais nada em comum com os outros, mas não como o homem ressentimista, que possui o desejo de fazer os outros pagarem pelo sentimento de estar excluído deste comum. As relações entre o nostálgico e a modernidade parecem aquelas de Durtal e da Sra. Chantelouve, a loba que salta sobre este último movida por todo o seu desejo, e este, ao repeli-la como pode, quase horrorizado pelo assalto concupiscente: "Não, respondeu ele. Definitivamente, não conseguimos nos entender; você quer tudo e eu não quero coisa alguma; melhor rompermos; nossa relação se arrastaria, terminando em amarguras e repetições."[187]

Pois ali onde o nostálgico não quer mais nada, a modernidade tudo quer, ela não quer renunciar: tudo aquilo que a técnica permitir será feito, a vontade de poder não deve ter limites, pois estes são entendidos como uma frustração irreparável, mais ainda, como um atentado ao progresso, quando, na verdade, o progresso está no campo do aperfeiçoamento das almas e, necessariamente, na sublimação dos limites, e não em sua negação. Compreende-se que é possível estender os limites, verificar até onde eles vão, mas compreende-se também que a modernidade não se contenta só com isso, e que ela confirma o fato de que o limite não é estrutural para o homem.

Se a literatura salva a História, é porque ela encara muitas vezes o caminho possível da redenção, desse homem do subterrâneo que resiste ao assalto ressentimista para finalmente escolher o caminho do arrependimento e de uma nova vida possível. Inversamente, aquilo que será chamado de História é com frequência o teatro de um ressentimento livre de seus ferrolhos, e que se pensa justamente como força histórica de mudança, quando não passa de inércia e covardia face ao engajamento. Aliás, a História carrega ao mesmo tempo o pulsional ressentimista e o tempo longo necessário para "reparar" o ressentimento, embora essa reparação não seja definitiva; porém, a História permite o surgimento de outra coisa: sair do ressentimento exige às vezes várias gerações, a psicanálise bem o sabe, nas suas clínicas familiares. São necessárias várias gerações para não mais reproduzir ou ficar aprisionado nas malhas da confrontação e na reação àquilo que foi produzido na família e no meio cultural de onde se vem. É preciso, às vezes, muitas "psiquês" para enfrentar uma ferida imensa.

Sem dúvida, Hegel veria aqui uma artimanha possível da razão – fazer uso da mais baixa das paixões humanas para transformar a História; esta é uma visão "otimista", pois Hegel acredita no sentido da História e em sua evolução irreversível. Logo, toda paixão, grande ou pequena, serve aos interesses da razão histórica. O espírito pós-moderno não compartilha da visão idealista do pensamento hegeliano, que concede a cada acontecimento um lugar nesse grande Todo que seria a História. Nem toda fase da História desempenha o mesmo papel ou tem o mesmo peso no advento civilizacional humanista. Os grandes momentos, coletivos, ressentimistas, provocam reações que produzem um movimento de regressão após o que é difícil levantar-se. Eis a História, em sua concepção progressista, que titubeia. A redenção, mais familiar à obra literária, seria preciso poder fazê-la aparecer com mais frequência no mundo "real" da sociedade, como uma espécie de sinal de "grande saúde", ou seja, como indicador da capacidade, para a sociedade e os indivíduos que a compõem, de experimentar a vastidão do tal sentimento "subterrâneo", e de encontrar igualmente os recursos para resistir ao seu abismo. Ficar doente e levantar-se, dizia Canguilhem. Aqui estamos. Atravessar os tormentos do ressentimento, mas não sucumbir diante do fato de poder torná-lo um momento histórico, cristalizado e passível de desembocar numa guerra ou numa detestação do outro, com as consequências clássicas que conhecemos.

Gostaria de poder cindir de modo mais preciso esses três *aqui repousa*, o amargo, a mãe, o mar; isso, contudo, parece improvável, dadas as suas dinâmicas intrincadas, que se relacionam, se garantem, se corrigem. Diante do ressentimento individual e coletivo, os antídotos se parecem: a questão da segurança material, ou melhor, de uma insegurança material sob controle, que não faça transbordar a insegurança emocional. Tal é o sentido de um combate político, socioeconômico: o de produzir um ambiente que seja o menos ansiogênico possível, capaz de apresentar-se como uma estrutura de sustentação possível, na medida em que, mesmo que não sustente deliberadamente, não provoque a impossibilidade de uma sustentação emocional. A materialidade pode não ser total. Muitas vezes, assim o é, mas remete, entretanto, a uma estrutura minimal que permite não questionar todo e qualquer fenômeno de proteção psíquica e física. Desse modo, a mera sustentação "material" não basta para evitar o ressentimento, uma vez que o afeto desregulado pode ter aumentado seu domínio sobre a alma de maneira mais profunda. Pierre Bourdieu já o havia notado, ao diferenciar as misérias de posição e de situação. Ali onde a segunda se refere a um fato objetivo, a primeira remete a uma distância pressentida, à comparação com esse outro que zomba de mim, ao sentimento de não reconhecimento e de humilhação, ao sentimento de não ter aquilo que me é "devido". As misérias de posição produzem o terreno perfeito para um desenvolvimento do ressentimento individual e coletivo, caso nada seja feito para acalmá-lo. Independentemente da sustentação material, econômica, há a "sustentação" simbólica, as capacidades de simbolização e de sublimação do sujeito para superar seus próprios desvios ressentimistas. Existem várias possibilidades: a *vis comica*, que permite uma inversão da angústia e um modo de se tornar insensível ao assalto das emoções tristes e mortíferas. A *vis comica*, vou dedicar a ela um novo livro, que dorme na gaveta há uns vinte anos, um dia, afinal, vai ter de despertar. As outras vias exploradas são as do estilo e da obra, poderia se falar de *poiesis*, desse ato de fazer e de pensar, esse ato que por vezes beira a arte ou o *savoir-faire*; e depois, é claro, há o caminho da *philia*, no sentido amplo do termo, o caminho das virtudes do amor e da amizade. Esses distintos territórios oferecem possibilidades de sublimação e de simbolização absolutamente determinantes para escapar ao rancor. Permitem duas coisas: a criação de um mundo comum e a expansão do Eu.

Alguns poderão pensar que o *aqui repousa a mãe* foi o tema menos abordado. Não é nada disso. Já tratei do assunto em outro livro, sobre o *pretium doloris*, sobre o risco do verdadeiro, da separação da faculdade de juízo própria, do luto da demanda pueril por proteção. O estado de saída da menoridade, escreveu Kant. A mãe, também é aquilo que Winnicott chamou de preocupação primordial da mãe, ou como um parente (pai ou mãe) se torna um recurso de sustentação desse mundo, como, graças ao cuidado que oferece, juntamente com uma elaboração imaginativa, ele acompanha a emergência da individuação na criança. Winnicott contou muitas vezes como ele mesmo se tornou psiquiatra. A história sempre é escrita *a posteriori*, já o sabemos, mas não é trivial que Winnicott escolha justamente esse episódio para descrever sua própria conversão ao cuidado, ou seja, o nascimento de sua vocação:

Mamãe, lá embaixo,
chora chora chora
Assim a conheci.
Um dia, deitado em seu colo,
como agora nesta árvore morta,
aprendi a fazê-la sorrir,
a estancar suas lágrimas,
a desfazer sua culpa,
a curar sua íntima morte.
Alegrá-la era a minha vida.[188]

Assim escreve Winnicott em 1963, em seu poema *The Tree*. Separar-se não é redutível à mera separação física, mas demonstra uma aptidão para a simbolização, por exemplo, fazer algo com isso, a tristeza infinita da mãe, sua depressão, apesar de ainda ser uma criança e do fardo ser pesado demais. Não negar essa dificuldade, mas aprender a crescer com ela e a afastar-se, a encontrar a distância certa para ministrar um cuidado para ela, mas sobretudo para si mesmo e para os outros, pois será preciso frear a repetição. *Aqui repousa a mãe*, são esses os primeiros lutos e as primeiras renúncias que operamos para crescer, o fato de manter a exigência do Aberto rilkeano, enquanto alguns dos caminhos próprios à infância se fecham. É preciso abandonar esse universo tão protetor de todos os possíveis, onde nada precisa ser realizado, tudo pode ser apenas imaginado, esperado, e todos se satisfazem dessa pura potencialidade, com um sorriso beato. O mundo da infância, o mundo dos adultos adiante da criança maravilhosa, que chega para reparar todas as falhas narcísicas, bastando-lhe apenas ser, nada mais. Só que, pronto, a coisa não é duradoura, nem para a criança, nem para os adultos, a primeira podendo ser devorada pela vastidão "benevolente" desse *todo-poder* parental, ou, ainda pior, ali deliciar-se. Também é preciso separar-se disso e inventar outra forma de Aberto, já envolvido com *o pretium doloris*, colocar um pé no risco e na morte, abandonar a grande miragem da pura potencialidade e não desencantar demais. Aqui repousa, em suma, o ideal do Eu, aquele transmitido pelos outros, mesmo amoroso, e então, começar a esculpir um Si.

"Aqui repousa" era para dizer: "ficou para trás", aquilo repousa, em paz, mas não só; uma parte de paz. Estará enterrado, superado, recalcado, sublimado, não sei, mas ficou para trás, com essa exigência, não repetir, não afundar na repetição involuntária. Não se trata de resistir ao inconsciente; de modo mais simples, trata-se de brincar com, compreender seus meandros e não se deixar seduzir pelo apelo tenebroso, se esse acontecer. Somos uns convalescentes, como escreve Nietzsche a respeito de Zaratustra,[189] desse homem que resiste ao ressentimento dos espíritos fracos, que estão profundamente "enfermos", mas não têm qualquer intenção de curar-se. Será ainda um "enfermo" aquele que rejeita definir-se como tal e considera a própria ideia de cura disparatada e condescendente? Em vez disso, o convalescente se encontra a meio caminho, entre a enfermidade a ser vencida e a cura ainda por conquistar. Ele atravessou, fez o esforço da travessia, aquela que o atormenta, a do "pensamento abismal". "Aqui há trovão bastante, até os túmulos aprenderão a ouvir!", declama Zaratustra, que enfrenta o assalto do vazio que poderia levá-lo. O ataque é real: "– Nojo, nojo, nojo – ai de mim!", Zaratustra cai no chão, como morto. Em seguida, aqui repousa o amargo, Zaratustra se levanta, pega uma maçã com a mão, cheira, prova, e a hora de conversar com o mundo surge novamente. Nietzsche tem então uma fórmula magnífica para dizer essa sublimação, da qual falamos desde o início, aquela que nos torna aptos a sair da caverna, aquela capaz de alimentar-se de experiências estéticas e de dar às nossas vidas o sentimento de uma existência digna desse nome. Como? Qual é o caminho proposto por Zaratustra? "Todas as coisas querem ser médicos para ti!",[190] ou seja, se Zaratustra souber prestar atenção e acolher a fenomenologia que o cerca, mesclar-se com a natureza: "Sai de tua caverna: o mundo te espera como um jardim." Se sabe, como Orfeu, nutrir-se dos véus da natureza – os véus de Ísis, dizia Hadot[191] – viver o mistério do vivo e não ser ferido pela sua vastidão, mas simplesmente consciente de seu *tremendum*,[192] se aprende a fazer isso, então sua alma aumentará, será semelhante ao universo, transcendendo a finitude, não ao negá-la, mas sendo capaz de sublimá-la e de elaborar a teoria do eterno retorno.

É claro que o *amor fati*[193] é uma teoria do antirressentimento, no sentido de que se trata de desejar cada coisa, o que quer que seja, de tal modo que ela possa eternamente retornar, nessa aposta bem nietzschiana que inventa a repetição criadora: "[...] Tudo se rompe, tudo é novamente ajeitado; eternamente constrói-se a mesma casa do ser. Tudo se despede, tudo volta a se saudar; eternamente fiel a si mesmo permanece o anel do ser."[194]

Inversamente, há aqueles feridos pelo devir, por lhes provocar o sentimento de serem suas vítimas. Há as "tarântulas",[195] descreve Nietzsche, para dar conta da natureza detestável do homem submisso à necessidade de vingança e que não consegue sair dessa "caverna de mentiras", constituído por sua "raiva" e sua vindita. Há, é claro, algo que remete a uma odisseia nessa capacidade do homem de vencer seu ressentimento, mesmo se não se trata de reproduzir o percurso de Ulisses. Mas, de fato, há ali uma epopeia, a do amargo que se transfigura em mar. É preciso ler *Os cantos*, de Pound,[196] mesmo que provoquem vertigem, de tanto que a língua dá voltas e a polifonia é grande. Um grande livro sobre a sublimação e a travessia da história, coletiva e individual.

> E pois com a nau no mar,
> Assestamos a quilha contra as vagas
> E frente ao mar divino içamos vela
> No mastro sobre aquela nave escura.

E assim começa a viagem, o mesmo apelo ao alto-mar de Melville, a mesma escuridão, a de uma consciência que sabe que pode morrer, que assume esse risco certamente para escapar de uma morte ainda mais certa, caso permaneça no cais. A nave escura se joga então.

Também é preciso ler *Os cantos* porque a atração pelo fascismo está ali. Desenha-se então, no interior da obra, a necessidade – como sempre – de uma dissociação com o autor. O estilo de Pound é uma batalha permanente, a de uma pluma tomada pelos seus tormentos e pelos seus entusiasmos, por sua vontade de uma renovação, de uma quase ressurreição da alma e do povo, mas sempre sentimos apontar a amargura, a virada em direção ao ressentimento, o estilo afinal salvando e evitando a queda definitiva.

Os *Cantos pisanos*, sem dúvida, descrevem esse estado de espírito, duro consigo mesmo e com os outros, duro e poético, duro e que, no entanto, às vezes abre mão de sua dureza.

> Governa-te que assim as pessoas te assumem
> Põe abaixo tua vaidade
> Tu és um cão exausto debaixo do granizo.
> [...]
> Põe abaixo tua vaidade
> Quão míseros teus ódios
> Criados na falsidade,
> Põe abaixo tua vaidade.[197]

E, sobretudo, a conclusão que ilumina tudo que foi por muito tempo obscurecido no discurso, como um sobressalto, uma ode à humanidade, à obra sobretudo, ao fazer e ao pensamento reunidos. Pois há em Pound esse sonho de uma junção entre o dizer e o fazer, entre o nome e o agir, entre *praxis* e *poiesis*. A esse respeito, Pound não deixa de citar, repetidamente, a expressão chinesa *zhengming*, que pode ser traduzida por "retificar os nomes". "A expressão vem das *Conversações de Confúcio*, e designa a ideia de uma adequação entre o nome (*ming*) e a realidade (*shi*). Segundo Confúcio, "somente um soberano que se comporta segundo o princípio do soberano pode ser chamado de soberano".[198] Esse dever de retificação dos nomes mostra o caminho da moral que ele tenta estabelecer, essa coerência entre o ser e o dizer, a última aposta – impossível – para conciliar totalmente a ordem sensível e a ordem simbólica, fazer com que o nome integralmente se encarne em um corpo, e que aquele possa virar obra, sem dissociar-se. Esse sonho da entidade, o da ausência de resto, é muito típico dos pensamentos absolutistas, e mais exatamente, aqui, fascistizantes, como se existisse, contra a impureza do outro, um sonho de pureza para si. Felizmente, os *Cantos* se sucedem e tecem uma teia mais complexa do que parece e, finalmente, se colocam do lado do impuro, daquilo que pode ser feito, daquilo que pode ser tentado, mesmo não sendo perfeito, mesmo se erra sua finalidade. O mar também pode ser dito com o naufrágio. Essa é a figura que Pound escolhe para dizer a verdade de seu ser.

Porém ter feito em vez de não fazer
isto não é vaidade
Ter, com decoro, batido
Que um Blum abrisse
Ter captado no ar a tradição mais viva
ou de um belo olho velho a flama invicta
Isto não é vaidade.
Aqui a falha está em não ter feito,
tudo na timidez que vacilou...[199]

Não é de modo algum um ataque contra o tremor dos vulneráveis, mas a denúncia daqueles que tremem e se resignam à covardia, que já nem percebem mais, que decidem – essa palavra é inadequada – que "decidem" não fazer nada. Para compreender a atração que Pound teve por Mussolini, assinalando assim sua falta de discernimento, é preciso analisar seu pensamento, afinal ingênuo, sobre a natureza do pseudogrande homem, mas muito alerta sobre o possível confisco do poder por oligarcas: "Você teme o único. Eu, os poucos."[200] Pound faz parte desse grupo de poetas que acreditam na aliança entre o "grande homem" e o povo, como se ambos pudessem salvar-se, um pelo outro. Visão muito idealista, em suma, e que esbarra na realidade das psiquês humanas, mas que acabará por esmaecer, à medida que os seus olhos se abrem, ao longo dos anos e dos *Cantos*, ao longo da pluma e da vida, ao longo do exílio e do asilo – pois Pound permanecerá internado por treze anos e acusado de alta traição, por ter sido um fervoroso admirador do fascismo. No grande movimento dos *Cantos*, ele reconhece essa errância e pede perdão:

[...] Que perdi meu centro
lutando com o mundo.
Os sonhos colidem
e estão despedaçados –
e que tentei fazer um *paradiso*
terrestre.
[...]

Deixe os Deuses perdoarem
o que eu fiz
Deixe aqueles que amo tentarem perdoar
o que eu fiz.[201]

O naufrágio, como figuração do amargo transformado em mar, o naufrágio, para dizer sua culpa e a do mundo, não para negá-la, para anunciar o nascimento da Europa, após duas guerras mundiais e o desastre do crime contra a humanidade. Já vimos, com Jankélévitch: junto com a Europa, nasce o imprescritível. "Como formiga solitária de um formigueiro destruído das ruínas da Europa, ego *scriptor*."[202] Se a figura de Pound é interessante, é também porque ela revela uma dimensão psicótica – até que ponto o asilo o protegeu de uma acusação de alta traição – não existe uma resposta simples. No entanto, a leitura dos *Cantos* basta para entender que há aqui uma palavra que cria obra e saúde, seguindo os meandros de uma alma ferida, que rumina seu entusiasmo, assim como outros remoem seu ódio. Ela também é febril, agitada, incompreensível. Essa palavra nos perde, nós, leitores, não só Pound, o indivíduo.

Gostaríamos sem dúvida que a arte da sublimação oferecesse mais do que uma apetência pela amargura. Isso acontece, pois sempre aparecem emergências inéditas, inesperadas. A função clínica da sublimação permite considerar de outro modo aquilo que Reich chamava de economia sexual, ou, ainda mais simplesmente, de vida sexual. Isso remete diretamente ao investimento libidinal freudiano: como, ao simbolizar, ao sublimar, o indivíduo aumenta o campo do investimento libidinal, reforça esse desejo de encontrar o mundo, de empenhar sua potência vital a serviço de um ideal superior. Extensão do campo da luta, dizem alguns, extensão do campo do investimento libidinal: de fato, a sublimação é teoria da ação e do desejo, onde acontece uma ética do reconhecimento para si mesmo e para os outros. Nesse gosto da amargura, há a consciência da agitação deletéria do mundo e uma aptidão à resistência, às vezes pelo engajamento, às vezes pela *vis comica*, às vezes pela fuga, escapar mesmo, evadir-se, o "fora de". Regularmente, não estar ali, não mais estar ali. Uma aptidão para a furtividade.[203] O território literário permite sublimar todos os ressentimentos e provar, justamente, a amargura das coisas, dos seres, das ideias. Mas existem territórios simbólicos que não são os da literatura, mas que podem nos trazer esse "magistral" que precisamos para não naufragar. O gosto da amargura, desenvolver essa faculdade, nos ajuda a nos tornar caminhantes do mundo. Porque não tememos esse gosto, porque sabemos apreciá-lo, ele aumenta a densidade do mundo, melhor dizendo, nossa representação do mundo.

Esse gosto do amargo é também um modo de curar o ressentimento.

Notas

1 C. Fleury, *Mallarmé et la parole de l'imâm* (2001), em especial o capítulo "Le tombeau d'Anatole", dedicado à morte de seu filho. A morte da criança continua a ser um luto impossível. A obra de Mallarmé ecoa esse grito silencioso, essa lágrima infinita. A "des-concepção" é uma noção desenvolvida pela graça do tratamento analítico (ver C. Fleury, *Le soin est un humanisme*, Gallimard, 2019) que descreve não só o luto da criança que viveu, mas também aquele do filho que nunca nasceu, tão esperado e para sempre inalcançável.

2 "L'universalité de Frantz Fanon", prefácio de Achille Mbembe, in F. Fanon, *Œuvres*, ed. La Découverte, 2011, p. 9.

3 Ibid., p. 10.

4 Idem.

5 Em francês, *soigner* significa tanto "cuidar" quanto "tratar". Fanon, sendo médico psiquiatra, exercia esse duplo papel. Ambos os termos serão alternativamente empregados aqui. (N.T.)

6 A. Mbembe, op. cit.

7 Ibid., p. 11.

8 Ibid., p. 12.

9 Neologismo empregado por alguns filósofos, dentre os quais Jean-Luc Nancy (*La déclosion – déconstruction du christianisme*, Galilée, 2005, edição portuguesa pela Palimage, 2017), que remete à saída da clausura/cercado/recinto (em francês, clôture/enclos). (N.T.)

10 A. Mbembe, op. cit., p. 19.

11 Frantz Fanon, "Peau noire, masques blancs" (1952), in F. Fanon, *Œuvres*, op. cit., p. 64. [Ed. bras.: *Pele negra, máscaras brancas*, prefácio de Lewis R. Gordon, trad. Renato da Silveira. Salvador: Edufba, 2008, p. 26.]

12 Aimé Césaire (1913–2008), poeta, professor e homem político, nascido como Fanon na Martinica. Trata-se de um dos primeiros intelectuais a defender o conceito de negritude, junto com Léopold Senghor. (N.T.)

13 Aimé Césaire, *Discours sur le colonialisme*, 1950. [Ed. bras.: "Discurso sobre o colonialismo", in F. Fanon, op. cit., p. 25.]

14 F. Fanon, op. cit., p. 64. [Ed. bras.: op. cit., p. 26.]

15 Idem.

16 Ibid., p. 65. [Ed. bras.: Ibid., p. 27.]

17 Ibid., p. 64. [Ed. bras.: Ibid., p. 26.]

18 "Qualquer que seja o domínio considerado, uma coisa nos impressionou: o preto, escravo de sua inferioridade, o branco, escravo de sua superioridade, ambos se comportam segundo uma linha de orientação neurótica. Assim, fomos levados a considerar a alienação deles conforme descrições psicanalíticas." Ibid., p. 105. [Ed. bras.: Ibid., p. 66.] (N.T.)

19 Ibid., p. 114. [Ed. bras.: Ibid., p. 72.]

20 Eugène Minkowski, "La Schizophrénie" (1927), in F. Fanon, ibid., p. 118. [Ed. bras.: Ibid., p. 76.]

21 Ibid., p. 119. [Ed. bras: Ibid., p. 76.]

22 Germaine Guex, "La Névrose d'abandon", PUF, 1950, p. 31-32, in F. Fanon, ibid., p. 118. [Ed. bras.: Ibid., p. 78.]

23 Aimé Césaire, "Et les chiens se taisaient", in F. Fanon, ibid., p. 83.

24 "*Petit-nègre*, literalmente preto--pequeno ou pretinho, é a expressão utilizada para designar uma língua híbrida, um patoá sumário criado no mundo colonial francês, mistura da língua francesa com várias línguas africanas. O termo patoá (*patois*) designa os diversos dialetos regionais da França metropolitana. O crioulo (*créole*) é o francês, bem mais elaborado, dos territórios do além-mar." Nota do tradutor brasileiro de Fanon, Renato da Silveira, em *Pele negra, máscaras brancas*, p. 35, aqui reproduzida *ipsis litteris*. (N.T.)

25 F. Fanon, ibid. [Ed. bras.: Ibid., p. 45-46.]

26 Ibid., p. 53. (N.T.)

27 Assim como na época colonial, hoje os franceses ainda se referem à França como "metrópole" ou "hexágono", em oposição aos departamentos e territórios de ultramar, as antigas colônias, que ainda permanecem ligadas ao Estado francês. (N.T.)

28 F. Fanon, ibid., p. 153. [Ed. bras.: Ibid., p. 103.]

29 Ibid., p. 155. [Ed. bras.: Ibid., p. 106.]

30 Ibid., p. 155-156. (N.A.) Fanon refere-se aqui a Albert Lebrun (1871-1950), presidente da França de 1932 a 1940, deposto pelos nazistas. [Com base em nota de Renato da Silveira na edição brasileira de F. Fanon, ibid., p. 106]. (N.T.)

31 Stéphane Mallarmé, carta a Henri Cazalis de 14 de maio de 1867, tradução de Sandra M. Stroparo in *Stephane Mallarmé: cartas sobre literatura*, disponível em *Tradução em Revista* (online) v. 2010/0, p. 18-65, 2010. (N.T.)

32 F. Fanon, op. cit., p. 176. [Ed. bras.: op. cit., p. 126.]

33 Ed. bras.: F. Fanon, op. cit., p. 159. (N.T.)

34 Ibid., p. 213. [Ed. bras.: Idem.]

35 Ibid., p. 216. [Ed. bras.: Ibid., p. 161.]

36 Ibid., p. 233-234. [Ed. bras.: Ibid., p. 176.]

37 Ibid., p. 247. [Ed. bras.: Ibid., p. 187.]

38 Marie Jean Antoine Nicolas de Caritat, conhecido como marquês de Condorcet (1743-17940), foi um matemático, filósofo e revolucionário francês, morto na prisão, autor de *Esboço de um quadro histórico dos progressos do espírito humano*, publicado postumamente. (N.T.)

39 F. Fanon, op. cit., p. 249. [Ed. bras.: op. cit., p. 189.]

40 Ibid., p. 250. [Ed. bras. : Idem.]

41 Idem.

42 Idem. [Ed. bras.: Ibid., p. 190.]

43 F. Fanon, "L'An V de la révolution algérienne", 1959, in F. Fanon, *Œuvres*, op. cit., p. 265.

44 F. Fanon, "Peau noire, masques blancs", op. cit., p. 249. [Ed. bras.: *Pele negra, máscaras brancas*, op. cit., p. 189.]

45 Ronald Laing, cuja escrita e até mesmo a prática do cuidado eu aprecio – embora sua prática tenha sido bastante criticada, às vezes de modo justificado: todos aqueles que tentam podem incomodar, se enganar, e exatamente pelos seus erros produzem avanços importantes, que serão desenvolvidos por outros, que se tornarão então seus devedores.

46 F. Fanon, "L'An V de la révolution algérienne", p. 357.

47 "As autoridades policiais reúnem todos os moradores do *douar* [acampamento] ou da aldeia, antes da visita obrigatória do médico. O médico que chega nesse ambiente de constrangimento geral nunca é um médico indígena [autóctone], mas sempre um médico que pertence à sociedade dominante e, muitas vezes, ao exército", in ibid., p. 355. O fato de o médico ser argelino não mudaria nada. Ele também poderia ser suspeito de submissão à ordem autoritária, o que tornaria novamente os cuidados inoperantes.

48 Ibid., p. 361.

49 Ibid., p. 363.

50 Nosocomial ou hospitalar: a autora emprega esse adjetivo de modo substantivado, a fim de abranger todas as questões envolvidas na instituição responsável pelo cuidado. (N.T.)

51 Ver Jean Oury, *O coletivo*. São Paulo: Hucitec, 2009. (N.T.)

52 Alice Cherki, "Prefácio da edição", de 2002 de *Les Damnés de la terre*, in F. Fanon, *Œuvres*, p. 424.[Ed. bras.: F. Fanon, *Os condenados da terra*, trad. José

Laurenio de Melo. Rio de Janeiro: Civilização Brasileira.]

53 Jean-Paul Sartre, "Prefácio", de edição de 1961 de *Les Damnés de la terre*, in F. Fanon, *Œuvres*, p. 437. [Ed. bras.: F. Fanon, op. cit., p. 9.]

54 Ibid., p. 439. [Ed. bras.: Ibid., p. 11-12.]

55 Idem. [Ed. bras.: Ibid., p. 12.]

56 Idem. [Ed. bras.: Ibid., p14.]

57 Ibid., p. 442. [Ed. bras.: Idem]

58 Ibid., p. 452. [Ed. bras.: Ibid., p. 26.]

59 F. Fanon, "L'An V de la révolution algérienne", p. 333.

60 C. Fleury, *Métaphysique de l'imagination*, Gallimard, 2020. (Folio).

61 Relativo à imaginação; neologismo da autora. (N.T.)

62 C. Fleury, op. cit., ver "o mar imaginal" no "Glossário".

63 Friedrich Hölderlin, in *Odes, élégies, hymnes* (1802), "Souvenir". [Ed. bras.: *Lembrança*, trad. Manuel Bandeira, in *Poemas traduzidos*. Rio de Janeiro: Editora José Olympio, 1976.]

64 F. Fanon, *Les Damnés de la terre*, op. cit., p. 578. [Ed. bras.: *Os condenados da terra*, op. cit., p. 160.]

65 Ibid., p. 579. [Ed. bras.: Ibid., p. 161.]

66 Idem.

67 Ibid., p. 613. [Ed. bras.: Ibid., p. 197.]

68 Ed. bras.: Ibid., p. 199. (N.T.)

69 Ibid., p. 614. [Ed. bras.: Idem.]

70 Ibid., p. 621.

71 Após cursar medicina na Universidade de Lyon, onde também assiste às aulas de filosofia, Fanon estuda psiquiatria. Em 1952, participa do programa de residência em psiquiatria do Hospital de Saint-Alban, sob a supervisão de François Tosquelles. Em 1953, aceita uma oferta para trabalhar no maior hospital psiquiátrico da Argélia, então colônia francesa, o Blida-Joinville, localizado em Argel, onde será médico-chefe de departamento. (N.T.)

72 Jean Oury (1924-2014), médico e psicanalista francês, interno em psiquiatria no hospital de Saint-Alban em 1947, quando entra em contato com a psiquiatria institucional de Tosquelles. Foi também fundador da clínica de Cour-Cheverny, chamada La Borde, em 1953, instituição que vai dirigir até sua morte. (N.T.)

73 Jean Khalfa, "Fanon, psychiatre révolutionnaire", in F. Fanon, *Écrits sur l'aliénation et la liberté*, parte 2, "Écrits psychiatriques", La Découverte, 2018, p. 164. [Ed. bras.: "Fanon, psiquiatra revolucionário: Introdução", trad. Célia Euvaldo, in F. Fanon, *Alienação e liberdade, escritos psiquiátricos*, org. Jean Khalfa, Robert J. C. Young, trad. Renato Nascimento. São Paulo: Ubu, 2020, p. 23.]

74 Ibid., p. 163. (N.A.) Ed. bras.: F. Fanon, *Pele negra, máscaras brancas*, op. cit., p. 28. (N.T.)

75 F. Fanon, *Altérations mentales, modifications caractérielles, troubles psychiques et déficit intellectuel dans l'hérédodégénération spino-cérébelleuse* (tese para obtenção do grau de doutor em medicina, 1951), in J. Khalfa, op. cit., p. 164. [Ed. bras.: "Um caso de doença de Friedreich com delírio de possessão alterações mentais, modificações de caráter, distúrbios psíquicos e déficit intelectual na heredodegeneração espinocerebelar"; tese de exercício apresentada à Faculdade Mista de Medicina e Farmácia de Lyon, defendida publicamente em 29 de novembro de 1951, para obtenção do grau de doutor em medicina, in F. Fanon, *Alienação e liberdade, escritos psiquiátricos*, op. cit., p. 363.]

76 Ronald Laing; Aaron Esterson, *Sanity, Madness and the Family: Families of Schizophrenics*, 1990. "A loucura pode ser vista como uma resposta particular a uma situação insuportável."

77 J. Khalfa, op. cit., p. 186. [Ed. bras.: op. cit., p. 23.]

78 Ibid., p. 198-199. [Ed. bras.: Ibid., p. 23.]

79 Ibid., p. 200-201. [Ed. bras.: Ibid., p. 54.]

80 F. Fanon, *Altérations mentales...*, op. cit., p. 203. [Ed. bras.: F. Fanon, epígrafe à sua tese de doutoramento, in *Alienação e liberdade*, op. cit., p. 298.]

81 F. Fanon, "Traits d'union", in *Écrits sur l'aliénation et la liberté*, op. cit., p. 287. [Ed. bras.: "Traço de união – editoriais de Trait d'Union, jornal interno do Hospital Psiquiátrico de Saint-Alban, dezembro de 1952 a janeiro de 1953", in F. Fanon, *Alienação e liberdade*, op. cit., p. 261-267.]

82 Fanon morre em 6 de dezembro de 1961, aos 36 anos, nove anos depois desse editorial. (N.T.)

83 "É preciso que o passado, o presente e o futuro constituam os três interesses predominantes da pessoa e é impossível ver ou realizar qualquer coisa de positivo, de valioso ou de duradouro sem levar em conta esses três elementos", in F. Fanon, op. cit., p. 290. [Ed. bras.: F. Fanon, op. cit., p. 266.]

84 Emil Cioran, *De l'inconvénient d'être né*, Gallimard, [1973] 1989. (Folio).

85 Emil Cioran, *Des larmes et des saints*, Le Livre de Poche, [1937] 1986, p. 21. [Obra escrita por Cioran em romeno, aos 25 anos, e profundamente revista e reescrita pelo autor em 1987, quando de sua publicação em francês]. (N.T.)

86 E. Cioran, *De l'inconvénient d'être né*, op. cit., p. 171 § IX.

87 Ibid., p. 222.

88 Ibid., p. 163.

89 Ibid., p. 27.

90 François de la Rochefoucauld (1613–1680), príncipe e duque. Após uma carreira militar bem-sucedida, caiu em desgraça e partiu para o exílio. Ao retornar a Paris, passou a escrever máximas e epigramas, obras que chegaram até nós. (N.T.)

91 E. Cioran, *Des larmes et des saints*, op. cit., p. 26.

92 *Savoir-être*, neologismo da autora, trocadilho com *savoir-faire* [*know-how*]. (N.T.)

93 Amina Azza Bekkat, "Introduction: du côté de chez Fanon" in F. Fanon, "Notre Journal", *Écrits sur l'aliénation et la liberté*, Paris: Éditions La Découverte, 2015, p. 321-322.

94 Idem.

95 Ibid., p. 324.

96 Em Blida-Joinville, Fanon assume a responsabilidade de duas alas: o pavilhão das mulheres europeias e o dos homens argelinos. Ver Jean Khalfa, "Introdução", in F. Fanon, *Alienação e liberdade*, op. cit., p. 42. (N.T.)

97 Amina Azza Bekkat, op. cit., p. 324.

98 F. Fanon, *Peau noire, masques blancs*, op. cit., p. 91. [Ed. bras.: *Pele negra, máscaras brancas*, op. cit., p. 53.]

99 Amina Azza Bekkat, op. cit., p. 325.

100 O GHU-Paris (Grupo Hospitalar Universitário) é uma estrutura montada em janeiro de 2019, a partir da unificação de três hospitais: Maison Blanche, Perray-Vaucluse e Sainte-Anne. Reúne 170 serviços distribuídos em 94 locais, cobrindo os 25 setores de saúde da capital francesa. Abrange ambulatórios de psiquiatria e psicologia para adultos e adolescentes, espaços para internação, locais para atendimento de adictos, entre outros. Atende cerca de 60 mil pacientes, o que equivale a um parisiense usuário para cada quarenta habitantes. (N.T.)

101 Erving Goffman, *Asiles. Études sur la condition sociale des malades mentaux*, Éditions de Minuit, 1968. [Ed. bras.: *Manicômios, prisões e conventos*, trad. Dante Moreira Leite, 9ª ed. São Paulo: Perspectiva, 2019.]

102 F. Fanon, "Notre Journal", in *Écrits sur l'aliénation et la liberté*, op. cit., p. 327-328.

103 Governo colaboracionista instalado na cidade de Vichy, entre julho de 1940 e agosto de 1944, sob a direção do marechal Pétain, durante a ocupação da França pelas forças nazistas. (N.T.)

104 Pierre Macherey, entrevista com Jean-Philippe Cazier, "Il n'y a pas de bon sens de l'histoire", *Chimères*, vol. 2, nº 83, p. 23-33, 2014.

105 A classificação é evidentemente "falsa" no sentido de que é excessivamente binária; ela permite, porém, perceber o antagonismo profundo que distingue as diversas correntes da sociedade.

106 F. Fanon, op. cit., p. 360-361.

107 V. Jankélévitch, *Le Pardon* (1967): "A filosofia do *bon-débarras* [filosofia do *já-vai-tarde*] é uma caricatura do perdão. [...] Se não houver outra maneira de perdoar senão esse livrar-se, então, melhor o ressentimento! Pois é o ressentimento que envolveria aqui a seriedade e a profundidade: no ressentimento, pelo menos, o coração participa, e é por essa razão que ele é prelúdio do perdão cordial."

108 Georges Canguilhem, *Le Normal et le Pathologique*, PUF, 2013. [Ed. bras.: *O normal e o patológico*, trad. Maria Thereza Redig de Carvalho Barrocas, 7ª ed. Rio de Janeiro: Forense, 2011.] (N.T.)

109 Axel Honneth, *Un monde de déchirements. Théorie critique, psychanalyse, sociologie*, La Découverte, 2013, p. 232.

110 Ibid., p. 233.

111 C. Fleury, *Les Irremplaçables*, Gallimard, 2015.

112 Em 2017, Richard Thaler recebeu o prêmio Nobel de Economia por seus estudos sobre a finança comportamental, a dita "psicologia da tomada de decisões".

113 A. Honneth, op. cit., p. 233.

114 Ver nota 105, p. 81. (N. E.)

115 *Fama communis* ou *publica*: expressão latina empregada nos processos judiciais, sobretudo durante a Idade Média, que se refere à opinião geral, voz pública, reputação. (N.T.)

116 Os parágrafos seguintes, referentes à relação entre o ódio, a difamação e a mentira, retomam um artigo anterior da autora. Ver C. Fleury, "La haine se ment" in "Dis-moi qui tu hais. À propos de quelques formes contemporaines de la haine", *Le Diable probablement*, nº 11, 2014.

117 Platão, *La République*, Livro II, 382a-382e. [Ed. port.: Platão, *A República*, Livro II, 382a-382e, introd., trad. e notas Maria Helena da Rocha Pereira. Lisboa: Ed. Calouste Gulbenkian, 15ª edição. Ver também Pierre Sarr, "Discours sur le mensonge de Platon à saint Augustin: continuité ou rupture", *Dialogues d'histoire ancienne 2*, vol. 36, n. 2, p. 9-29, 2010.

118 Platão, op. cit., Livro II, 382e-383c.

119 Ibid., 382a-382e.

120 Ver também sobre essa questão o artigo da autora: C. Fleury, "Typologie des mensonges dans l'espace public: quelle régulation numérique?", *International Review of Sociology*, vol. 25, 2015.

121 Platão, op. cit., Livro II, 388d-389d.

122 Ibid., Livro II, 414b.

123 Ibid., Livro II, 414e.

124 Ordem aqui, no sentido de categoria, grupo ou classe de pessoas que exercem determinada profissão ou estão sujeitos a regras específicas, religiosas, morais ou profissionais, ver Dicionário Houaiss. (N.T.)

125 Jacques Rancière, *Le Philosophe et ses pauvres*, Flammarion, 1983, p. 52. (Champs).

126 Julia Kristeva, *La Haine et le pardon*, Fayard, 2005, p. 421.

127 S. Freud, *Considérations actuelles sur la guerre et la mort*, Payot, [1915] 1986,

p. 35. (Essais de psychanalyse). [Ed. bras.: "Considerações atuais sobre a guerra e a morte", in *Obras completas*, vol. 12, trad. Paulo César Lima de Souza, São Paulo: Companhia das Letras, 2010, p. 209-236.]

128 Bernard Stiegler, *La Télécratie contre la démocratie*, Flammarion, 2006, p. 71-72. (Champs).

129 Molière (1666), *Le Misanthrope*, Ato I, cena II. [Ed. bras.: *O misantropo*, trad. Bárbara Heliodora. Rio de Janeiro: Zahar, 2014].

130 Trocadilho com *Nom-du-père* (Nome-do-Pai) e *Nom-des-Pairs* (Nome-dos-Pares), de mesma pronúncia em francês. (N.T.)

131 S. Freud, *Malaise dans la civilization*, 1929, p. 107. [Ed. bras.: *O mal-estar na civilização*, trad. Paulo César de Souza. São Paulo: Penguin & Companhia das Letras, 2011, p. 93.]

132 Charles Péguy (1873–1914), escritor, poeta, jornalista, intelectual engajado, é inicialmente próximo do socialismo libertário e anticlerical, até se tornar autor de obras de inspiração católica, mística e nacionalista. Morre em combate na Primeira Guerra Mundial. (N.T.)

133 Apud Nicole Loraux em "De l'amnistie et de son contraire", in *La Cité divisée. L'Oubli dans la mémoire d'Athènes*, Payot, 1997. Apud Naepels Michel, "Il faut haïr", *Genèses*, vol. 4, nº 69, p. 140-146, 2007.

134 Marc Angenot, "Nouvelles figures de la rhétorique: la logique du ressentiment", *Questions de communication*, nº 12, p. 57-75, 2007.

135 Idem. (N.A.) Saint-Just (1767–1794) foi um aspirante a literato, revolucionário, deputado, militar e integrante do comitê de Salvação Pública durante a fase dita do Terror, na Revolução Francesa. Intransigente e determinado, morre na guilhotina juntamente com Robespierre. (N.T.)

136 Louis Capet, ou Luís Capeto, dito Luís XVI, rei da França de 1774 a 1792, deposto pela Revolução Francesa e guilhotinado em 1793. (N.T.)

137 Erística é arte das controvérsias lógicas. (N.T.)

138 M. Angenot, "Le ressentiment: raisonnement, pathos, idéologie", in Michael Rinn (org.). *Émotions et discours. L'usage des passions dans la langue*, Presses Universitaires de Rennes, 2008, p. 83-97.

139 Idem.

140 M. Angenot, "Nouvelles figures de la rhétorique: la logique du ressentiment", op. cit.

141 "A doença passa a ser uma experiência de inovação positiva do ser vivo, e não apenas um fato diminutivo ou multiplicativo", G. Canguilhem, "Doença, cura, saúde", op. cit., p. 60.

142 "A doença não é somente desequilíbrio ou desarmonia; ela é também, e talvez sobretudo, o esforço que a natureza exerce no homem para obter um novo equilíbrio. A doença é uma reação generalizada com intenção de cura. O organismo desenvolve uma doença para se curar. A terapêutica deve, em primeiro lugar, tolerar e, se necessário, até reforçar essas reações hedônicas e terapêuticas espontâneas. A técnica médica imita a ação médica natural (*vis medicatrix naturae*)", G. Canguilhem, "Introduction au problème", in op. cit., p. 11-22. [Ed. bras.: "Introdução", op. cit., p. 11.]

143 Distúrbio neuropsicológico que impede o reconhecimento de alguma doença ou defeito físico pelo portador, mesmo quando evidente. (N.T.)

144 Comunidade, comunhão, companheirismo, fraternidade. (N.T.)

145 M. Angenot, op. cit.

146 Hermann Broch, *Théorie de la folie des masses*, [1955] reed. 2008, p. 13. (Éditions de l'Éclat).

147 Ibid., p. 8.

148 Ibid., p. 14.

149 Ibid., p. 20.

150 Ibid., p. 45.

151 Ibid., p. 48.

152 Ibid., p. 47.

153 Simone Weil (1909-1943), filósofa, mística e escritora francesa. Nascida numa família de origem judaica, de pais agnósticos, é aluna do filósofo Alain. Converte-se ao catolicismo, torna-se professora e militante. Participa da Guerra Civil Espanhola e trabalha durante algum tempo como operária. Engaja-se na Resistência e vai para a Inglaterra, onde morre de tuberculose. (N.T.)

154 Simone Weil, "Correspondance familiale", I, in *Œuvres complètes*, VII, Gallimard, 2012, p. 8.

155 "Para Simone Weil, não houve exclusão fora da infância", ver Robert Chenavier, "Avant-propos", in S. Weil, op. cit., I, p. 16.

156 Idem.

157 Idem.

158 S. Weil, "Écrits de Marseille", IV, in *Œuvres complètes*, VII, op. cit., p. 185.

159 André Weil (1909-1998), irmão três anos mais velho de Simone, foi um importante matemático, autor de numerosos trabalhos sobre Teoria dos Números e Geometria Algébrica. (N.T.)

160 R. Chenavier, op. cit.

161 S. Weil, "Correspondance familiale", op. cit. p. 438.

162 Ibid., p. 467.

163 Ibid. p. 475. "Sim, eles tinham uma concepção dolorosa da existência, como todos aqueles que guardam os olhos abertos, mas sua dor tinha um objeto; ela tinha um sentido em relação à felicidade para a qual o homem foi feito e da qual é privado pelas duras limitações desse mundo. Eles não tinham nenhum gosto pela desgraça, pela catástrofe, pelo desequilíbrio. Enquanto isso, em muitos modernos (acredito que inclusive em Nietzsche), existe uma tristeza ligada à privação do próprio sentido da felicidade; eles têm necessidade de se aniquilar."

164 H. Broch, op. cit., p. 48.

165 Idem.

166 Idem.

167 Arthur Schopenhauer, *Como vencer um debate sem precisar ter razão em 38 estratagemas*. Rio de Janeiro: Topbooks, 2003. (N.T.)

168 H. Broch, op. cit.

169 Idem.

170 Idem.

171 Idem.

172 Idem.

173 Ibid., p. 62.

174 C. Fleury, *Les pathologies de la démocratie*, Fayard, 2005. (N.T.)

175 H. Broch, op. cit.

176 Georges Nivat, "Prefácio", in Fedor Dostoiévski, *Crime et Châtiment*, Gallimard, [1866] 1975, p. VII-X. (Folio). [Ed. bras.: *Crime e castigo*, trad. Rubens Figueiredo. São Paulo: Todavia, 2019.]

177 Correspondência de F. Dostoiévski, carta para M. A. Katkov, setembro de 1865, in G. Nivat, op. cit.

178 "Notes du souterrain", publicado em 1864 na *Revue des Deux Mondes*; in G. Nivat, op. cit., p. XIII.

179 *O homem sem qualidades*, romance inacabado do escritor austríaco Robert Musil (1880-1942), escrito entre 1930 e 1932, e publicado postumamente. (N.T.)

180 "Notes du souterrain".

181 Louis Aragon, *Le Roman inachevé*, 1956. Ver C. Fleury, *Les pathologies de la démocratie*, cap. "De la frustration à la violence généralisée".

182 Joris-Karl Huysmans (1848–1907), nascido em Paris, filho de pai neerlandês e mãe francesa, foi escritor e crítico de arte. (N.T.)

183 Joris-Karl Huysmans, *Là-bas*, 1891. [Ed. bras.: *Nas profundezas*, trad. Mauro Pinheiro. São Paulo: Carambaia, 2018, p. 6.]

184 J-K. Huysmans, *Às avessas*, trad. José Paulo Paes. São Paulo: Penguin/ Companhia das Letras, [1884] 2011. (N.T.)

185 Prefácio do autor escrito vinte anos depois do romance. [Ed. bras.: J-K. Huysmans, *Às avessas*, op. cit., p. 293.]

186 J.-K. Huysmans, *À rebours*, 1884. [Ed. bras.: *Às avessas*, p. 133.]

187 J.-K. Huysmans, *Là-bas*, cap. 19. [Ed. bras.: *Nas profundezas*, p. 331.]

188 D. W. Winnicott, *The Tree* in Adam Phillips, *Winnicott, ideias e letras*, trad. Tales A. M. Ab'Sáber. São Paulo: Ideia & Letras, 2006. (N.T.)

189 F. Nietzsche *Ainsi parlait Zarathoustra*, 1883. [Ed. bras.: *Assim falou Zaratustra*, trad., notas e posfácio de Paulo César de Souza. São Paulo: Companhia das Letras, 2011, p. 215.]

190 Idem. [Ed. bras.: Ibid., p. 216.]

191 Pierre Hadot, *O véu de Ísis*: ensaio sobre a história da ideia de natureza. São Paulo: Loyola, 2006. (N.T.)

192 O *tremendum* é literalmente o "frêmito sagrado", típico da experiência do sublime e do terror (divino).

193 O *amor fati* (literalmente, "amor do destino") é a teoria nietzschiana, ética e metafísica, para significar que a sabedoria de Zaratustra baseia-se na capacidade de amar o devir e acolhê-lo como a própria potência do vivo e do real.

194 F. Nietzsche, op. cit., p. 269. [Ed. bras.: op. cit., p. 217.]

195 Ibid., p. 128. [Ed. bras.: op. cit., p. 94.]

196 Ezra Pound, *Les Cantos*, Flammarion, 2013. [Ed. bras.: *Os cantos*, trad. José Lino Grünewald. Rio de Janeiro: Nova Fronteira, 2006.]

197 E. Pound, *Cantos pisans*, in ibid., p. 564-565. [Ed. bras.: *Cantos pisanos*, in *Os cantos*, op. cit., LXXXI, p. 545.]

198 Expressão de Anne Cheng in Jonathan Pollock, "Éclatement et dissolution du sujet dans *Les Cantos* d'Ezra Pound", *Revue Silène*, fev. 2008. Disponível em <http://www.revue-silene. com/f/index.php?sp=liv&livre_id=107>.

199 E. Pound, Canto LXXXI, in op. cit., p. 293-294. [Ed. bras.: op. cit., p. 546.]

200 Na versão francesa, a tradução aparece literalmente como "Você teme o poder de um só homem, eu, o poder de alguns". E. Pound, "Cantos américains", in ibid., p. 431. [Ed. bras.: *Cantos americanos*, in ibid., Canto LXIX, p. 432.]

201 E. Pound, "Esquisses et fragments", in ibid., p. 820-821. [Ed. bras.: Ibid., CXX, p. 797.]

202 E. Pound, *Cantos pisans*, in op. cit., p. 502. [Ed. bras.: *Cantos pisanos*, in op. cit., Canto LXXXVI, p. 483.]

203 Com Antoine Fenoglio, desenvolvemos exatamente essa arte da furtividade, sob o conceito de *verstohlen* [furtivo, furtivamente], ou como produzir uma base indetectável, uma durabilidade estabelecida, que forneça aos indivíduos uma segurança do tipo "aquilo que não pode ser roubado (de nós)". Ver "Quel dessein pour la régulation démocratique?", C. Fleury-Perkins, Antoine Fenoglio, seminário *Design with Care*, Conservatoire National des Arts et Métiers, cadeira Humanidades e Saúde, 13 nov. 2019, in "Le design peut-il aider à mieux soigner? Le concept de proof of care", *Soins*, nº 834, abr. 2019].

Obras de Cynthia Fleury

Mallarmé et la parole de l'imâm. Dol-de-Bretagne: Éditions d'écart, 2001.

Métaphysique de l'imagination. Dol-de-Bretagne: Éditions d'écart, 2002.

Pretium doloris: l'accident comme souci de soi. Paris: Éditions Pauvert, 2002.

Dialoguer avec l'Orient. Paris: Presses universitaires de France, 2003.

Difficile tolérance. Em colaboração com Yves Charles Zarka.
    Paris: Presses universitaires de France, 2004.

Les pathologies de la démocratie. Paris: Éditions Fayard, 2005.

La fin du courage: la reconquête d'une vertu démocratique.
    Éditions Fayard, 2010.

Les irremplaçables. Paris: Gallimard, 2015. (Folio/Essais, 637).

Le soin est un humanisme. Paris: Gallimard, 2019. (Tracts, 6).

Répétition générale. Paris: Gallimard, 2020. (Tracts de Crise, 3).

Ci-gît l'amer. Guérir du ressentiment. Paris: Gallimard, 2020.
    Curar o ressentimento: o mal da amargura individual, coletiva e política.
    Rio de Janeiro: Bazar do Tempo, 2023.

Liberté, égalité, fraternité. Em colaboração com Mona Ozouf e Michelle
    Perrot. La Tour-d'Aigues: Éditions de l'Aube, 2021.

Ce qui ne peut être volé: Charte du Verstohlen. Em colaboração com Antoine
    Fenoglio. Paris: Galimard, 2022.

Un été avec Jankélévitch. Paris: Éditions des Équateurs, 2023.

Este livro foi editado pela Bazar do Tempo na cidade de São Sebastião do Rio de Janeiro, em junho de 2023. Ele foi composto com a fonte Lygia e impresso em papel Pólen bold 90 g/m² na gráfica Margraf.